Mme Ames

E.F. Benson

Writat

Cette édition parue en 2024

ISBN: 9789359948720

Publié par
Writat
email : info@writat.com

Contenu

CHAPITRE I

CERTES, la langue du petit-déjeuner, qui était pour la première fois ce matin-là, n'était pas de la teinte rougeâtre agréable à laquelle Mme Altham était en droit de s'attendre étant donné que la friandise en question n'était pas une langue en conserve ordinaire (il fallait prendre les choses comme on les trouvait). eux, si votre faux sens de l'économie vous a amené à commander des conserves) mais qui sortait d'un beau récipient en verre portant une étiquette éminente. Il avait plutôt la couleur du mouton froid, peu attrayant sinon absolument désagréable à l'oeil, tandis qu'au palais il manquait singulièrement de saveur. Dans l'ensemble, ce fut une grande déception, et avec raison, lorsque M. Altham partit à midi et quart pour se rendre au club local de Queensgate Street dans le but apparent de voir s'il y avait un nouveau télégramme sur les troubles au Maroc. , sa femme l'accompagna jusqu'à la porte de cette demeure désirable, autour de laquelle étaient regroupés une variété de chiens enchaînés dans divers états d'ennui et d'irritation, et se dirigea vers High Street pour lui faire personnellement une plainte justifiée. épicier. Elle serait désolée de devoir aller chercher sa coutume ailleurs, mais si M. Pritchard ne voyait pas le moyen de lui envoyer une autre langue (bien sûr sans frais supplémentaires), elle serait obligée....

Ce matin, il y avait donc une raison spéciale et impérative pour laquelle Mme Altham devait sortir avant le déjeuner dans High Street et pour laquelle son mari devait se rendre au club le matin. Mais pour éviter tout malentendu, on peut affirmer immédiatement qu'il y avait, chaque jour de la semaine, sauf le dimanche, une raison tout aussi impérieuse pour justifier ces expéditions. S'il faisait très humide, peut-être que Mme Altham n'irait pas dans High Street, mais mouillé ou bien, son mari allait dans son club. Et exactement la même chose s'est produite dans le cas de la plupart de leurs amis et connaissances, de sorte que M. Altham était certain de rencontrer le général Fortescue, M. Brodie, le major Ames et d'autres dans le fumoir, tandis que Mme Altham rencontrait leur des épouses et des sœurs faisant des courses comme la sienne dans High Street. Elle affichait souvent un dégoût supérieur pour les commérages, mais lorsqu'elle rencontrait ses amis entrant et sortant des magasins, il était courtois et raisonnable qu'elle discute quelques instants avec eux. Ainsi, si des événements marquants s'étaient produits depuis l'après-midi précédent, tous en étaient informés. Simultanément, un échange de pensées et de nouvelles similaires se déroulaient dans le fumoir du club, de sorte que lorsque M. Altham eut bu son verre de sherry et rentra chez lui pour déjeuner à une heure trente, il n'y avait probablement pas grand-chose d'important et intérêt qui n'était pas parvenu aux oreilles de lui-même ou de sa femme. Cela pourrait ensuite être discuté lors de ce repas.

Queensgate Street formait un angle droit avec High Street, débouchant dans cette artère au bas de sa pente raide, tandis que l'épicerie se trouvait au sommet de celle-ci. La matinée était une chaude journée de début juin, mais pour une femme aussi charpentée et aux membres actifs que Mme Altham, l'ascension n'était rien de plus qu'un exercice agréable, et la couleur vive de son visage (si différente des teintes décourageantes du petit-déjeuner) langue) n'était pas le résultat de ses efforts. Elle était là habituellement, et même si cela et l'inquiétude de ses yeux sombres et plutôt perçants auraient pu faire croire à un médecin, d'un simple coup d'œil (surtout s'il s'agissait de la grippe), qu'elle souffrait d'une légère élévation de température, il aurait été dans l'erreur. Ses symptômes ne trahissaient pas une chaleur anormale du sang, mais étaient le signe visible de son esprit vif et légèrement impatient. Comme les habitants de l'Athènes antique, elle était toujours à l'affût de quelque chose de nouveau (même si elle n'aimait pas les ragots), mais son esprit appréciait l'infinitésimal plus que l'important. Plus la nouvelle était petite, plus sa perception en était vive et plus elle la tenait fermement : les grandes questions ne produisaient sur elle qu'une vague impression.

Son mari, avocat à la retraite, était singulièrement bien adapté pour être le partenaire de sa vie, car son esprit ressemblait beaucoup au sien, et son appétit pour les nouvelles n'était pas moins rapace. En fait, la principale différence entre eux à cet égard était qu'elle mangeait sa nourriture comme un loup en hiver, alors qu'il la prenait tranquillement, à la manière d'un boa constrictor tranquille. Mais ses capacités n'étaient en rien inférieures aux siennes. De la même manière, ils pratiquaient les mêmes hypocrisies inoffensives les uns envers les autres et s'abstenaient poliment de remettre en question la sincérité de chacun. Un exemple a déjà été enregistré où un tel manque de confiance aurait pu se manifester, mais il n'est jamais venu à l'esprit de Mme Altham de dire tout à l'heure à son mari qu'il ne se souciait absolument pas des troubles au Maroc, alors qu'elle aurait trouvé cette conduite très étrange. de sa part, suggérer à M. Pritchard une note formulée de manière acerbe lui éviterait la montée en cette chaude matinée. Mais il était logique de poursuivre leurs quêtes ; s'ils n'avaient pas vérifié s'il y avait des nouvelles, ils n'auraient rien eu à dire au déjeuner. Dans l'état actuel des choses, la conversation ne leur manquait jamais, car cette petite ville de Riseborough était pleine d'intérêt et d'incidents, pour tous ceux qui se sentaient concernés par les affaires des autres.

Ce matin, la rue principale était pleine de monde, car c'était jour de marché, et la progression de Mme Altham était moins rapide que d'habitude. Des chariots de vendeurs ambulants s'entassaient sur la route depuis le bord des trottoirs, laissant un canal étroit à un trafic gonflé par des charrettes de fermiers et des troupeaux occasionnels de bétail poussiéreux et perplexe, arrivant de la campagne. Plus d'une fois, Mme Altham dut franchir la porte d'un magasin pour éviter l'égarement accidentel d'un groupe de porcs ou de moutons qui faisaient irruption sur le trottoir. Mais il était intéressant d'observer, au cours d'une telle pause forcée, le passage entravé du moteur de Sir James Westbourne, avec le propriétaire, au visage large et de bonne humeur, conduisant lui-même, et de conjecturer sur les affaires qui l'avaient amené dans la ville. Puis elle vit qu'il y avait son domestique assis dans la carrosserie de la voiture, tandis qu'il y avait deux valises sur le porte-bagages derrière. Il n'était pas nécessaire de formuler d'autres conjectures : il venait clairement de la gare du sud-est, au sommet de la colline, et se rendait chez lui à quatre milles de distance le long de la route de Maidstone. Puis il aperçut sur le trottoir quelqu'un qu'il connaissait et, arrêtant la voiture, entra en conversation.

Pour le moment, Mme Altham ne pouvait pas voir de qui il s'agissait ; puis, alors que la voiture repartait, apparut derrière elle la grande silhouette du Dr Evans. Mme Altham n'était pas assez stupide pour supposer que leur conversation avait nécessairement quelque chose à voir avec des questions médicales ; elle n'est pas arrivée à la conclusion que Lady Westbourne ou l'un des enfants devait certainement être malade. Pour une personne aussi intelligente, il suffisait de se rappeler que Mme Evans était la cousine germaine de Sir James. Elle entendit aussi la voix joyeuse du baronnet tandis qu'ils se séparaient en disant : « Samedi vingt-huit donc. Je vais le dire à ma femme. Cela, bien sûr, a réglé le problème ; il ne fallut qu'un instant d'emploi de son pouvoir de déduction pour qu'elle soit convaincue que le samedi 28 serait la date de la garden-party de Mme Evans. Il y avait alors de nombreuses garden-parties à Riseborough, car on pouvait s'attendre à ce que les fraises soient raisonnablement bon marché. Probablement la date n'avait été fixée que ce matin ; elle pourrait espérer recevoir la carte « À la maison » (de quatre à sept) avant le courrier de l'après-midi.

Les quartiers résidentiels de Riseborough se trouvaient à la fois au sommet de la colline sur laquelle se trouvait la ville, regroupés autour de la belle vieille église normande, et en bas, le long de Queensgate Street, qui passait dans le plus grand espace de St. Barnabas Road. Dans l'ensemble, on pourrait considérer que c'était Park Lane de l'endroit, et qu'il commandait les loyers les plus élevés ; chaque maison, en plus d'être complètement indépendante, avait un petit jardin devant avec une allée de calèches assez longue pour contenir trois voitures simultanément, si chaque cheval n'hésitait pas à mettre son nez à distance de frottement de la voiture qui le précède, tandis que le avant tout projeté un peu dans la route à nouveau. Mais il y avait aussi de bonnes maisons au sommet de la colline, où vivait le Dr Evans, et ceux qui vivaient en contrebas se considéraient naturellement comme avantageusement placés à l'abri des vents maussades de l'est qui prévalaient souvent au printemps, tandis que ceux du sommet se demandaient parmi eux.

pendant les journées d'été étouffantes, comment il était possible d'exister dans l'atmosphère sans air d'en bas. La partie centrale de la ville était commerçante, et c'était ici que les dames du lieu, tant d'en haut que d'en bas, se rencontraient avec un hasard si invariable, dans les heures qui précédaient le déjeuner. Aujourd'hui, cependant, même si la rue était si pleine, elle était curieusement déserte pour la collecte de nouvelles, et mis à part le fait d'avoir appris par déduction la date de la garden-party de Mme Evans, Mme Altham n'a rien trouvé à retenir. jusqu'à ce qu'elle arrive à la porte même de l'épicerie de M. Pritchard. Mais là, son jeûne prolongé fut rompu ; Mme Taverner était prête à donner et à recevoir, et après que l'affaire de la langue incolore fut conclue d'une manière parfaitement honorable pour M. Pritchard, les deux dames revinrent sur leurs pas (car Mme Taverner était de St. Barnabas Road). redescendre la colline.

Mme Taverner était tout à fait d'accord sur la forte probabilité que la garden-party de Mme Evans ait lieu le 28 ; et a commencé à se décharger d'informations bien plus sensationnelles. Elle parlait assez lentement, mais sans jamais s'arrêter d'elle-même, de sorte qu'elle pénétrait dans un espace de temps donné autant que la plupart des gens. Même si elle était temporairement interrompue par une interruption, elle gardait la bouche ouverte, afin de pouvoir continuer le plus tôt possible.

"Oui, trois semaines, comme vous dites, c'est un long préavis, n'est-ce pas ?" dit-elle; « Mais je suis sûr que les gens sont sages de donner un préavis long, sinon ils découvriront que tous leurs invités sont déjà occupés, compte tenu du nombre de fêtes qu'il y aura cet été. Mme Ames a envoyé des cartes de dîner pour exactement la même date, m'a-t-on dit. J'ose dire qu'ils ont convenu ensemble de passer une journée pleine de gaieté. Peut-être qu'on vous demande d'y dîner le 28, Mme Altham ?

"Non, pas pour le moment."

« Eh bien, ce sera une nouvelle pour vous, dit Mme Taverner, si ce que j'ai entendu est vrai, et c'est la gouvernante de Mme Fortescue qui me l'a dit, que j'ai rencontré en emmenant l'un des enfants chez le dentiste. »

"Ce serait Edward", dit Mme Altham avec infaillibilité. « J'ai souvent remarqué que ses dents étaient très irrégulières : une ici, une autre là. »

Elle parlait comme s'il était plus habituel pour les enfants d'avoir toutes leurs dents au même endroit, mais Mme Taverner comprenait.

"Très probable; en effet, je pense l'avoir remarqué moi-même. Eh bien, ce que j'ai à vous dire semble également très irrégulier ; Les dents d'Edward n'y sont pour rien. On en a parlé, alors mademoiselle — je ne me souviens jamais de son nom et, d'après ce que j'ai entendu, je ne pense pas que Mme Fortescue la trouve très satisfaisante — on en a parlé, m'a dit la gouvernante de Mme Fortescue, à l'heure du petit-déjeuner. , et il fut convenu que le général Fortescue accepterait, car si on vous demande trois semaines à l'avance, cela ne sert à rien de dire que vous êtes engagé. C'est sans aucun doute pour cette raison que Mme Ames a donné ce long préavis.

"Mais qu'est-ce qu'il y a de si irrégulier ?" » demanda Mme Altham, dansant presque d'impatience à ces circonlocutions.

« Je ne vous l'ai pas dit ? Ah, voilà Mme Evans ; On m'a dit qu'on lui avait demandé aussi, sans son mari. Comme elle marche lentement ; Je ne serais pas surpris si son mari lui avait dit de ne jamais se presser. Elle ne nous a pas vus ; sinon nous aurions pu en savoir plus.

"À propos de quoi?" » demanda la martyre Mme Altham.

«Eh bien, ce que je dis. Mme Ames a demandé au général Fortescue de dîner ce soir-là, sans demander à Mme Fortescue, et a demandé à Mme Evans de dîner sans demander au Dr Evans. Je ne sais pas qui est le reste du groupe. Je dois essayer de trouver le temps cet après-midi de rendre visite à Mme Ames et de voir si elle laisse tomber quelque chose à ce sujet. Il semble très étrange de demander à un mari sans sa femme et à une femme sans son mari. Et nous ne savons pas encore si le Dr Evans permettra à sa femme d'y aller sans lui.

Mme Altham était tout à fait stupéfaite.

« Mais je n'ai jamais entendu parler d'une telle chose », a-t-elle déclaré, « et j'imagine que ma mémoire est aussi » (elle a failli dire « longue », mais s'est arrêtée dans le temps) « claire et persistante que celle de la plupart des gens. Cela semble très étrange : il semblera que le général Fortescue et sa femme ne soient pas en bons termes et, à ma connaissance, il n'y a aucune raison de le supposer. Cependant, cela ne me regarde pas et je suis heureux de pouvoir dire que je ne me préoccupe pas de choses qui ne me concernent pas. Si Mme Ames avait voulu mon avis sur l'opportunité de le demander à un mari sans femme, ou à une femme sans mari, j'aurais été très heureux de le lui donner. Mais comme elle ne l'a pas demandé, je dois supposer qu'elle n'en veut pas, et je suis sûr que je suis très reconnaissant de garder mon opinion pour moi. Mais si elle me demandait ce que j'en pensais, je serais obligé de lui dire la vérité. Je suis très heureux d'être épargné par de tels désagréments. Cher moi, me voici de nouveau chez moi. Je ne savais pas que nous avions fait tout ce chemin.

Mme Taverner semblait encline à s'attarder, mais l'autre avait aperçu le visage de son mari regardant par la fenêtre connue sous le nom de son bureau, où il avait l'habitude de lire le journal le matin et de s'endormir le soir. C'était encore une fois très irrégulier, car la montre à son poignet lui indiquait qu'il n'était pas encore une heure et quart, heure à laquelle il commandait invariablement un verre de xérès au club, pour se fortifier pour rentrer chez lui. Peut-être avait-il entendu parler de ce projet social révolutionnaire dans le club et avait-il hâté son retour pour pouvoir en discuter sans délai avec elle. L'espace d'un instant, l'idée lui vint de demander à Mme Taverner de les rejoindre pour le déjeuner, mais, après tout, elle avait entendu ce que cette dame avait à dire, et l'une des plus petites bottes d'asperges ne pouvait pas être considérée comme suffisante pour plus de deux personnes. . Elle réprima donc son impulsion hospitalière et se précipita dans son bureau, alerte aux informations refoulées, même si elle n'avait pas l'intention de les laisser exploser d'un coup, car la méthode de tous deux était de laisser échapper les nouvelles comme par accident. Et, alors même qu'elle traversait le hall, une idée à la fois simple et ingénieuse pour vérifier la véracité de ce qu'elle avait entendu lui vint à l'esprit. Elle méprisait le plan de la pauvre Mme Taverner qui consistait à rendre visite à Mme Ames, dans l'espoir qu'elle laisse tomber quelque chose, car Mme Ames ne laissait jamais tomber les choses de cette façon, même si elle était experte dans l'art de les relever. Son propre plan était bien plus efficace. Cela s'harmonisait également bien avec le système de manque de sincérité mutuelle.

« J'ai pensé, ma chère, » dit-elle vivement en entrant dans son bureau, « qu'il est temps pour nous d'inviter à nouveau le major et Mme Ames à dîner. Oui : Pritchard a été raisonnable et m'enverra une autre langue et reprendra l'ancienne, ce que je suis sûr que je suis très heureux qu'il fasse, même si elle aurait été très pratique pour les saveurs. Pourtant, il est tout à fait dans son droit, puisqu'il ne le fait pas payer, et je ne songerai pas à le disputer parce qu'il les exerce.

M. Altham était un homme de ménage aussi passionné que sa femme.

"Sa couleur n'aurait rien de signifiant dans un plat salé", a-t-il déclaré.

« Non, mais comme Pritchard fournit gratuitement une nouvelle langue, nous ne pouvons pas nous plaindre. À propos de Mme Ames, maintenant. Nous avons dîné avec eux il y a un mois : je ne veux pas qu'elle trouve que nous manquons de l'échange d'hospitalités, qui, j'en suis sûr, est si agréable des deux côtés.

M. Altham réfléchit à cette question en caressant le côté de son visage. Il ne faisait aucun doute qu'il avait une courte barbe pointue sur le menton, mais à peu près à mi-hauteur de la mâchoire, les cheveux devenaient de plus en plus courts, et il était parfaitement rasé avant d'arriver jusqu'à son oreille. En fait, parmi les membres les plus jeunes et les moins respectueux du club, la question était toujours de savoir si le vieil Altham avait des moustaches ou non. L'opinion générale était qu'il avait des moustaches, mais qu'il n'en était pas conscient.

« Il est étrange que l'idée d'inviter Mme Ames à dîner vous soit venue aujourd'hui, dit-il, car je me demandais aussi si nous ne lui devions pas une certaine hospitalité. Et le major Ames, bien sûr », a-t-il ajouté.

Mme Altham eut un sourire éclatant de détective.

« La semaine prochaine est impossible, je le sais, » dit-elle, « et la semaine d'après aussi, car il y a alors une ruée parfaite d'engagements. Mais après, on aura peut-être une soirée libre. Comment cela vous conviendrait-il si je demandais à Mme Ames et à quelques amis de dîner le samedi de cette semaine ? Laissez-moi compter : sept, quatorze, vingt et un, oui ; le vingt-huit. Je pense que Mme Evans organisera probablement sa garden-party ce jour-là. Cela terminerait agréablement un tel après-midi. Et ce serait moins une interruption pour nous deux si nous abandonnions ce jour-là. Ce serait mieux que de perturber la semaine en sacrifiant une autre soirée.

M. Altham a sonné avant de répondre.

"Il est peu probable que Major et Mme Ames aient des fiançailles aussi longtemps", a-t-il déclaré. "Je pense que nous serons sûrs de les sécuriser."

On a répondu à la cloche.

« Un verre de sherry », dit-il. « J'ai oublié, ma chérie, de prendre mon verre de sherry au club. Le jeune Morton me parlait, même si je ne sais pas pourquoi je l'appelle jeune, et j'ai oublié mon sherry. Oui, je pense que le vingt-huitième serait très approprié.

Mme Altham attendit que la femme de chambre ait déposé le verre de sherry et ait complètement quitté la pièce avec une porte fermée derrière elle.

« J'ai entendu aujourd'hui une histoire très extraordinaire, dit-elle, même si je ne crois pas un seul instant qu'elle soit vraie. Si tel est le cas, nous constaterons que Mme Ames ne pourra pas dîner avec nous le 28, mais nous lui aurons demandé suffisamment à l'avance, afin que cela compte. Mais on ne sait jamais à quel point il peut y avoir peu de vérité dans ce que dit Mme Taverner, car c'est Mme Taverner qui me l'a dit. Elle a dit que Mme Ames avait demandé au général Fortescue de dîner avec elle ce soir-là, sans le demander à Mme Fortescue, et qu'elle avait également invité Mme Evans sans son mari. On n'y croit pas un seul instant, mais si nous demandions à Mme Ames pour la même nuit, nous en entendrions très probablement parler. Est-ce qu'on en a parlé au club ?

M. Altham affectait une insouciance qu'il était très loin de ressentir.

"Le jeune Morton a dit quelque chose du genre", a-t-il déclaré. « Je n'écoutais pas particulièrement puisque, comme vous le savez, j'y suis allé pour voir s'il y avait quelque chose à apprendre sur le Maroc, et j'en ai marre de ses bavardages. Mais il a mentionné quelque chose de ce genre. Voilà la cloche du déjeuner, ma chère. Vous pourriez rédiger votre note immédiatement et l'envoyer en main propre, car James sera déjà revenu de son dîner et lui dire d'attendre une réponse.

Mme Altham a immédiatement adopté cette suggestion. Elle savait bien sûr parfaitement que la qualité passionnante de la nouvelle avait ramené son mari à la maison sans attendre de prendre son verre de sherry au club, chose qui ne s'était pas produite depuis ce matin, il y a un an, où il avait appris que Mme Fortescue avait congédié son cuisinier sans caractère, mais elle ne songeait pas à l'accuser de duplicité. Après tout, c'était le désir aimable de discuter de ces questions avec elle sans perdre un instant qui était le motif à la base de son action, et un motif si louable couvrait tout le reste. Elle fit donc rédiger son billet avec une rapidité et une cordialité étonnantes, et le garçon aux bottes et aux couteaux, qui exerçait également la fonction de jardinier, fut chargé de se laver les mains et de faire sa commission.

La critique de l'action de Mme Ames, basée sur l'hypothèse que la nouvelle était vraie, suffisait à permettre une conversation animée jusqu'au retour du messager, et Mme Altham remit dans son assiette son premier bâton d'asperge et déchira le billet. . Un coup d'œil suffisait.

«Tout cela est tout à fait vrai», dit-elle. "Mme. Ames écrit : « Nous sommes vraiment désolés de devoir refuser votre aimable invitation, mais le général Fortescue et Millicent Evans, ainsi que quelques autres amis, dînent avec nous ce soir. Eh bien, j'en suis sûr ! Donc, après tout, Mme Taverner avait raison. Je sens que je lui dois des excuses pour avoir mis en doute la véracité de mes propos, et je me glisserai après le déjeuner pour lui dire qu'elle n'a pas besoin de rendre visite à Mme Ames, ce qu'elle envisageait de faire. Je peux lui éviter ce problème.

M. Altham a considéré et condamné la sagesse de cette erreur.

"Cela pourrait vous causer des désagréments, ma chère", dit-il. "Mme. Taverner pourrait vous demander comment vous en êtes certain. Vous n'aimeriez pas dire que vous avez invité les Ames à dîner le même soir pour le savoir.

« Non, c'est vrai. On voit les choses très vite, Henry. Mais, d'un autre côté, si Mme Taverner vient nous appeler, Mme Ames pourrait laisser tomber le fait qu'elle a reçu cette invitation de notre part. Je préférerais le faire savoir moi-même à Mme Taverner plutôt que de le laisser lui parvenir par des moyens détournés. J'y réfléchirai ; Je n'ai aucun doute sur ma capacité à inventer quelque chose. Parlons maintenant du nouveau départ de Mme Ames. Je dois dire que cela me semble une œuvre très bizarre. Si elle doit te demander sans moi, et moi sans toi, l'autre doit-elle rester seule à la maison pour le dîner ?

Car il ne faut pas s'attendre à ce que quelqu'un d'autre nous le demande toujours la même nuit. Il est fort probable que s'il y a une autre invitation pour la même nuit, ce sera pour nous deux, car je ne suppose pas que nous suivrons tous l'exemple de Mme Ames et modèlerons notre hospitalité sur la sienne.

Mme Altham s'arrêta un moment pour manger ses asperges, qui commençaient à refroidir.

"En fait, ma chère, nous suivons généralement l'exemple de Mme Ames", a-t-il déclaré. "On peut dire qu'elle est la leader de notre société ici."

"Et si vous me donniez cent raisons pour lesquelles nous suivons son exemple", dit Mme Altham avec un peu d'enthousiasme, ramassant une tête d'asperge tombée sur sa serviette, "je suis sûre que je ne pourrais pas vous donner une seule réponse que vous ayez. penserait raisonnable. Il y a une douzaine de nos amis à Riseborough qui sont aussi bien nés qu'elle, et autant d'autres bien mieux lotis ; non pas que je dise que l'argent devrait avoir quoi que ce soit à voir avec la situation, même si vous savez aussi bien que moi que vous pourriez acheter leur maison au-dessus de leurs têtes, Henry, et vous permettre de la garder vide, tandis que, tout le temps, moi, pour premièrement, ne croyez pas qu'ils en gagnent trois cents par an en plus de son salaire. Et quant à l'éducation, si les manières de Mme Ames vous semblent si dignes d'être copiées, je ne comprends pas ce que vous y trouvez à admirer, sinon qu'elle entre dans une pièce comme si tout lui appartenait, et regarde par-dessus la tête de tout le monde, cc qui est très ridicule, car elle ne peut pas mesurer plus de deux pouces sur cinq pieds, et je doute qu'elle le soit autant. Je n'ai jamais pu comprendre, et je ne pense pas pouvoir comprendre un jour, pourquoi aucun de nous ne peut rien faire à Riseborough sans demander la permission à Mme Ames. C'est peut-être ma stupidité, même si je ne sais pas si je suis plus stupide que la plupart.

Henry Altham se sentit responsable de cette harangue agitée. C'était imprudent de sa part d'avoir fait allusion au leadership de Mme Ames, car s'il y avait un sujet dans ce monde qui provoquait une sorte de frénésie et une absence totale de points chez sa femme, c'était bien celui-là. Désespérément, elle avait déjà tenté d'arracher le sceptre des petites mains potelées de Mme Ames et de faire tomber la couronne de sa tête visiblement petite. Lors de sa première venue à Riseborough, elle avait donné des réceptions qui étaient tout à fait lucullanes dans leur magnificence ; la musique régimentaire (au moins une partie) avait joué sous l'orme de son jardin à l'occasion d'une simple fête d'après-midi, tandis que lors d'un bal qu'elle avait donné (chose presque inconnue à Riseborough), il y avait eu un cotillon dans lequel les cadeaux coûtaient jusqu'à cinq et six pence chacun, sans parler de la peine. Elle avait organisé une fête pour enfants au cours de laquelle il y avait non seulement un arbre de Noël, mais un magicien, et lorsqu'un acteur distingué séjournait avec elle, elle l'avait fait, au lieu de le garder pour elle, ce qui était le plan de Mme Ames lorsque des personnalités éminentes étaient ses invités et invitèrent pratiquement tout Riseborough à déjeuner, à thé et à dîner. À toutes ces grandes réceptions, elle avait convié Mme Ames (en vue de sa déposition), et certainement à une occasion, celle du cotillon, elle avait entendu par la suite des témoignages irrécusables prouvant que cette dame avait fait remarquer qu'elle ne voyait aucune raison de le faire. pour un tel affichage. C'est pourquoi, jusqu'à ce jour, elle a eu des accès occasionnels d'étonnement volcanique devant la suprématie incontestable de Mme Ames et a fait des tentatives frénétiques occasionnelles pour la priver de son trône. Il n'y avait aucune méthode d'attaque qu'elle n'eût employée ; elle avait flatté et admiré ouvertement Mme Ames en face, dans le but de lui permettre de partager le trône ; elle l'avait maltraitée et calomniée dans le but de l'en retirer ; elle s'était abstenue de l'inviter chez elle pendant six mois d'affilée, et pendant six mois d'affilée, elle avait refusé d'accepter aucune des invitations de Mme Ames. Mais tout cela ne servait à rien ; les diffamations, elle le savait pertinemment, avaient été répétées à Mme Ames, qui n'y avait pas prêté la moindre attention, ni renoncé à sa cordialité plutôt condescendante, et malgré le refus de Mme Altham de venir la voir. sa maison, avait continué à lui envoyer des invitations au tarif habituel de l'hospitalité. En fait, depuis un an ou deux, Mme Altham avait réellement renoncé à toute idée de la déposer, et son mari, même s'il se sentait cette fois responsable de cette convulsion, pensait aussi qu'il aurait pu raisonnablement supposer que le volcan avait disparu. être éteint. Telle est pourtant l'habitude déconcertante de ces forces subliminales ; ils éclatent avec une énergie renouvelée précisément au moment où des personnes d'une prudence tout à fait moyenne pensent qu'il n'y a plus de vie en eux.

Il s'empressa de réparer son erreur et de calmer la tempête par un accord complet.

« Eh bien, ma chère, dit-il, il y a certainement beaucoup de choses dans ce que vous dites, car nous n'avons aucune raison de supposer que tout le monde demandera à son mari et à sa femme individuellement, ou que deux de cette nouvelle série d'invitations viendront toujours. pour la même nuit. Il y a aussi la question de la location de voitures qui, même si elle n'a pas beaucoup d'importance pour nous, sera un sujet important pour d'autres. Car chaque fois que mari et femme dînent dehors, il faudra deux voitures au lieu d'une. Je me demande si Mme Ames y avait pensé.

"Pas elle", dit Mme Altham, dont l'indignation suintait et jaillissait encore. « Eh bien, la plupart du temps, elle vient à pied, avec ses grands goloshes sur ses chaussures de soirée. Ah, je l'ai !

Une idée brillante lui vint, qui contribua grandement à lui redonner la sérénité.

« Vous pouvez être sûr, dit-elle, que Mme Ames a l'intention de demander uniquement à son mari ou à sa femme, selon le cas, et que cela compte. Cela lui fera économiser la moitié du coût de ses dîners, et maintenant que j'y pense, je suis sûr que je ne devrais pas être surpris d'apprendre qu'ils ont perdu de l'argent ces derniers temps. Le major Ames spéculait peut-être, car j'ai vu le *Financial News* sur la table la dernière fois que j'étais là-bas. J'ose dire que c'est ça. Cela explique aussi le très mauvais dîner que nous avons eu. Le saumon était de saison, je m'en souviens, mais nous n'avions que de la plie ou quelque chose de commun, et le désert d'hiver ordinaire, juste des oranges et des pommes. Tu l'as remarqué aussi, Henry. Vous m'avez dit que vous aviez du bordeaux qui ne pouvait pas coûter plus de dix-huit pence la bouteille, et qu'un verre de porto ensuite. Et le dîner d'avant, même s'il y avait du champagne, je n'avais que de la mousse. Pauvre chose! Je déclare que je suis désolé pour elle si telle est la raison, et j'en suis convaincu.

Mme Altham se sentit considérablement restaurée par cette explication et se releva vivement.

« Je pense que je vais simplement courir chez Mme Taverner, » dit-elle, « pour lui dire qu'elle n'a pas besoin de rendre visite à Mme Ames, puisque vous avez entendu la même histoire au club, afin que nous puissions être rassurés. que c'est vrai. Cela fera l'affaire ; cela expliquera tout. Et il y a le chariot de Pritchard devant la porte. Ce sera la langue. Je me demande s'il a dit à son homme d'enlever le pâle. Sinon, comme tu dis, ça servira pour les plats salés.

L'été était certainement arrivé pour de bon, et M. Altham, lorsqu'il sortait sur la véranda ombragée à l'est de la maison, pour fumer son cigare avant de se rendre au terrain de golf, constata que le thermomètre indiquait quatre-vingts degrés. à l'ombre. Aussi, avant de profiter de cet intervalle de quiétude qui succédait à ses repas et auquel il estimait devoir en grande partie la sérénité de sa santé, il monta changer son manteau de drap contre la veste légère d'alpaga qu'il portait toujours quand il faisait très chaud. . L'année dernière, se souvient-il, il ne l'avait pas mis du tout avant la fin juillet, sauf qu'une fois, il l'avait porté par-dessus son manteau ordinaire (car il était de confection lâche) en faisant une promenade sur une route extrêmement poussiéreuse. Mais la chaleur d'aujourd'hui réclamait certainement la veste d'alpaga, et il s'installa dans son fauteuil (après avoir tapoté le baromètre et observé avec satisfaction que la commotion produisait un tremblement vers le haut de l'aiguille, qui était déjà à « Set Fair ») se sentant beaucoup plus cool et confortable.

La vie en général était une affaire très cool et confortable pour ce gentleman satisfait. Même dans sa jeunesse, il n'avait pas fait preuve d'une vitalité très exubérante et il avait traversé ses premières années sans inquiéter ni lui ni ses parents. Comme un bon enfant qui mange et digère ce qu'on lui donne, M. Altham, même au début de sa jeunesse, avait accepté la vie exactement telle qu'il la trouvait, et s'était rarement demandé de quoi il s'agissait ni de quoi elle était faite. Ses émotions avaient été émues lorsqu'il avait rencontré sa femme, et il avait déjà essayé de lui écrire un poème – mais il y avait vite renoncé, en raison de la rareté évidente des rimes dans la langue anglaise, et depuis lors, son dossier émotionnel était pratiquement vide. Si le bonheur implique le pouvoir de vouloir et d'aspirer, cette qualité devait lui être refusée, mais son contenu était si profond qu'il n'y avait pas lieu de le plaindre du manque d'émotions les plus effervescentes. Tout ce qui l'intéressait lui appartenait en grande partie : il y avait le *Times* à lire après le petit-déjeuner, les nouvelles à glaner au club avant le déjeuner, le golf à jouer l'après-midi et un petit repos bien mérité à savourer avant le dîner. tandis qu'à des moments étranges, il regardait le thermomètre et tapait sur l'anéroïde. Il était d'une nature particulièrement aimable et se serait sans doute volontiers livré à de petits désagréments pour alléger les ennuis des autres, mais il n'a presque jamais trouvé nécessaire de pratiquer l'inconfort, car ceux avec qui il fréquentait étaient plongés précisément dans le même état d'esprit. léthargie du contenu comme lui-même. Presque totalement dénué d'imagination, aucun état d'âme ni questionnement ne se présentait à lui quant au sens des drames de la vie, et ses cotisations annuelles à l'hôpital local et certaines caisses paroissiales ne lui évoquaient pas plus que l'argent qu'il payait à l'hôpital local. gare pour son billet de train. Il était, en fait, tout à fait caractéristique de la société de Riseborough, qui était en grande partie composée d'hommes retraités de leur profession et passant leurs journées, avec des variations sans importance, exactement de la même manière que lui. Forcément, ils n'étaient pas conscients du vide étonnant de leur vie, car s'ils l'avaient été, ils auraient probablement trouvé la vie très ennuyeuse et auraient essayé de la remplir d'une sorte d'intérêt. En l'état actuel des choses, le golf, le jardinage et les commérages faisaient passer les journées si facilement et si rapidement qu'il aurait été vraiment dangereux de tenter de leur insuffler de la vie, car cela aurait pu produire du bouleversement et de la fermentation. Mais ces chroniques donneraient une impression très fausse si elles donnaient l'impression que la vie à Riseborough semblait terne ou vide à Riseborough. Les affaires des autres étaient une source d'intérêt si permanente qu'il ne s'agissait que d'un esprit détaché ou paresseux qui n'était pas perpétuellement stimulé. Et ce stimulus n'était pas de caractère alcoolique, et il n'était pas non plus suivi de réactions et de maux de tête après une indulgence excessive. M. Altham se réveillait chaque matin avec un palais propre, pour ainsi dire, et un appétit et une digestion tout à fait intacts. Jusqu'à présent, il n'avait pas besoin de chercher à occuper les heures de la journée avec du jardinage, comme le major Ames, ou avec des parties de bridge continues dans la salle de cartes du club ; ses journées étaient bien remplies sans ces distractions supplémentaires, qu'il méprisait secrètement comme des signes de sénilité, et il s'étonnait que le major Ames, qui n'avait encore, supposait-il, pas plus de quarante-cinq ans, se soit si tôt lancé dans un passe-temps qui était mieux adapté aux dames et aux septuagénaires. Ce n'était pas qu'il n'aimait pas les fleurs ; il les trouvait assez jolies à leur place, et était heureux quand, le matin, il regardait par la fenêtre de la salle de bains et voyait la rangée soignée de géraniums rouges qui longeait la bordure du mur, entre les calceolarias et les lobélies. Très probablement, lorsqu'il serait plus âgé et que d'autres intérêts se seraient estompés, il pourrait aussi se lancer dans le jardinage ; à l'heure actuelle, il préférait que l'employé consacre deux jours par semaine à superviser les opérations de James. Il serait certainement utile d'entretenir un potager, car il y avait un but intelligible en vue, à savoir la production de petits pois précoces et d'asperges géantes pour la table, mais comme le jardin de Cambridge House n'avait pas une capacité plus grande que était occupé avec un terrain de croquet et quelques parterres de fleurs, il était impossible de cultiver des légumes, et la production d'un nouveau pois de senteur rouge, dont le major Ames s'était vraiment ennuyé l'été dernier, était tout à fait dénuée d'intérêt pour lui. , d'autant plus qu'il y avait plein d'autres fleurs rouges auparavant.

Son cigare était déjà à moitié fumé lorsqu'il se rappela de cette agréable vacance d'esprit qui avait succédé à la reprise estivale de sa veste d'alpaga, et pendant les dix minutes qui lui restaient encore avant le fiacre des écuries qui devait le prendre. Si on lui annonçait la longue colline menant aux terrains de golf, il s'éveillait à une plus grande activité cérébrale. Il était naturel que son jeu avec M. Turner cet après-midi occupe en premier lieu ses pensées. Il était sûr qu'il pourrait le battre si seulement il prêtait une attention très stricte au jeu et ne laissait pas son esprit vagabonder. Il y a quelques jours, M. Turner avait gagné simplement parce que lui-même était arrivé un peu en retard au club-house et avait commencé avec le sentiment de précipitation qui l'habitait. Mais aujourd'hui, il avait commandé le taxi à trois heures moins dix, au lieu de l'heure exacte. Ainsi, il pouvait à la fois partir d'ici et arriver là-bas sans ce sentiment de chichi. Leur heure fixée n'était qu'à trois heures et quart, et il ne leur fallut qu'un quart d'heure pour arriver en voiture. Il portait aussi sa veste en alpaga ; il n'aurait pas, comme lors de la dernière fois de leur rencontre, une chaleur inconfortable. Comme d'habitude, il jouerait son adversaire pour la somme d'une demi-couronne ; cela devrait payer à la fois le taxi et le caddie.

Ses pensées prirent une portée plus large. Il était certainement étrange que Mme Ames pose cette question à des maris sans leurs femmes, et à des femmes sans leurs maris. Bien entendu, interroger Mme Evans sans le médecin était moins remarquable que demander au général Fortescue sans sa femme, car il arrivait parfois que le Dr Evans soit appelé au milieu d'un dîner pour s'occuper d'un patient, et une fois, alors qu'il donnait une fête chez lui, il avait reçu un billet qui l'amenait à se lever aussitôt et à dire à la dame à sa droite : « J'ai peur de devoir y aller ; cas de maternité », qui avait naturellement provoqué un sentiment d'embarras très douloureux, suivi d'un bourdonnement de conversations fébriles et aléatoires. Mais interroger le général Fortescue sans sa femme était une tout autre affaire ; il n'était pas possible que Mme Fortescue soit appelée au milieu du dîner et cause du désordre dans la société. Il pensait que si une hôtesse autre que Mme Ames avait tenté une innovation aussi surprenante, elle aurait, même avec son préavis de trois semaines, reçu des refus effrayants accompagnés de raisons franchement incroyables de refus. Ainsi, avec un rayon de réflexion grandissant, il se retrouva à considérer le cas de la suprématie incontestable de Mme Ames dans le monde de Riseborough.

La plupart de ce que sa femme avait dit dans sa harangue enthousiaste était parfaitement fondé. Mme Ames n'était pas riche, et une parcimonie marquée semblait souvent avoir présidé à la commande de ses dîners ; tandis que, en ce qui concerne la naissance, au moins deux autres résidents ici étaient apparentés aux baronnets tout autant qu'elle ; Mme Evans, par exemple, était la cousine germaine de l'actuel Sir James Westbourne, tandis que Mme Ames était plus éloignée que celle-là du même heureux gentleman d'une distance. Sa mère, c'est-à-dire, avait été la sœur aînée de l'avant-dernier baronnet, et plus âgée que lui, de sorte qu'il ne fait aucun doute que si la mère de Mme Ames avait été un garçon, et qu'elle avait été un garçon aussi , elle aurait maintenant elle-même été baronnet à la place de l'homme joyeux qui avait été vu par Mme Altham conduisant son automobile dans High Street ce matin-là. Quant au général Fortescue, il était le véritable frère d'un baronnet, et l'affaire était terminée. Mais même si Riseborough avait en général une très bonne appréciation de la déférence due à la naissance, M. Altham estimait que la suprématie de Mme Ames ne reposait pas réellement sur un réarrangement aussi global des parents et des sexes. Et encore une fois, ses manières et ses manières n'étaient pas telles qu'un hommage forcé ; elle semblait tenir sa position pour acquise et remerciait très rarement son hôtesse pour « une soirée très agréable » lorsqu'elle partait. Elle n'était pas non plus remarquable par sa beauté ; en fait, elle était plutôt remarquable par leur absence. Pourtant, d'une manière ou d'une autre, M. Altham ne pouvait pas, peut-être à cause de son manque d'imagination, voir quelqu'un d'autre, pas même sa propre femme, occuper la position de Mme Ames. Il y avait en elle une certaine force qui la mettait là où elle était. Vous avez senti son efficacité ; vous avez deviné que si des situations surviennent, Mme Ames pourrait les gérer. Elle avait une plus grande mesure de réalité que la majorité des connaissances de M. Altham. Elle ne semblait pas s'exercer d'une manière ou d'une autre, ni attirer l'attention sur ce qu'elle faisait, et pourtant, lorsque

Mme Ames rendait visite à un nouveau venu légèrement douteux à Riseborough, il était certain que tout le monde l'appellerait aussi. Et elle avait un défaut des plus flagrants. Elle semblait ne s'intéresser que tièdement à ce que chacun disait des autres. Une fois, il n'y a pas si longtemps, Mme Altham s'était montrée plus que prête à remettre en question, de bonne foi, la naissance et l'éducation de Mme Turner, dont l'élection du mari au club avait amené tant de membres à menacer de démission. Mais tout ce que Mme Ames avait dit, alors qu'il était clair que les antécédents les plus douteux lui étaient soumis, pour ainsi dire, à sa lecture, c'était : « Je l'ai toujours trouvée une femme très agréable. Elle dîne avec nous mardi. Ou encore, quand il était lui-même plein d'éloges sur Mme Taverner, à l'égard de laquelle Mme Ames était quelque peu froidement disposée (bien que cette dame ait appelé trois fois, et rappelle peut-être encore cet après-midi, Mme Ames n'avait jamais demandé une seule fois) pour déjeuner ou dîner, et on croyait qu'elle avait laissé des cartes sans même demander si elle était là) - Mme. Ames avait seulement répondu à ses panégyriques en disant : « On me dit que c'est une femme de très bonne humeur.

M. Altham, entendant l'arrêt d'un taxi devant sa porte, se leva. Il était encore trois heures moins treize, mais il était prêt à commencer. En fait, il sentait que le mouvement et la distraction seraient les bienvenus, car une idée étrangement bouleversante s'était glissée dans son cerveau. C'était très probablement sans fondement et sans fondement, mais il lui vint à l'esprit que ce défaut de Mme Ames en ce qui concerne son incurie au sujet des petites affaires des autres était en quelque sorte lié à son ascendant. Il y avait si souvent pensé comme un défaut que c'était un choc de se demander si c'était une qualité. En tout cas, c'était une qualité dont il était heureux de se passer. La possession de celui-ci lui aurait ôté bien neuf points des lois qui régissaient sa nature. Il aurait été obligé de cultiver une passion pour le jardinage, comme le major Ames. Bien sûr, si vous épousiez une femme de dix ans votre aînée, vous deviez adopter quelque chose, et c'était une chance que le major Ames n'ait pas pris l'habitude de boire.

Il s'est senti assez cynique et a perdu les quatre premiers trous. Plus tard, mais trop tard, il se ressaisit. Mais ce n'était qu'une piètre consolation de remporter seulement le bye.

CHAPITRE II

MME AMES installa son parasol noir et blanc alors qu'elle entrait dans la rue chaude devant la maison du Dr Evans, vers six heures et demie du soir du 28 juin, et passa à pied devant la demi-douzaine de maisons qui se trouvait entre elle et la High Street. En apparence, elle ressemblait à un petit et beau crapaud en demi-deuil ; ou, pour exprimer la comparaison avec plus de précision, elle était petite pour une femme, mais jolie pour un crapaud. Son visage avait quelque chose de l'expression boudeuse et repue de ce reptile inoffensif, et son deuil était pour son frère, qui était heureusement mort du delirium tremens six mois auparavant. Ce mode de décès peu respectable n'empêchait pas sa sœur de s'en rendre compte, et elle se proposait de porter le deuil pendant encore trois mois.

Elle ne l'avait pas beaucoup vu ces dernières années et, en fait, elle pensait qu'il valait beaucoup mieux que sa carrière peu glorieuse, car il était un ivrogne désespéré, ait été menée à terme, mais son deuil, malgré c'était un symbole fidèle de son regret. Il avait eu la beauté et la fragilité de sa famille, alors qu'elle possédait sa simplicité et sa force complémentaires, mais elle se souvenait avec une émotion remarquable, même dans sa cinquante-cinquième année, des expéditions de nidification d'oiseaux avec lui et des séduisantes de poissons dans des eaux peu peuplées. Ils avaient également partagé leur argent de poche ensemble lorsqu'ils étaient enfants, et elle n'en avait pas profité. C'est pourquoi elle pensait à lui avec une tendresse particulière.

Il serait vain de nier qu'elle n'était pas intéressée par la vision de Riseborough de sa noirceur. Il était de notoriété publique qu'il était ivrogne, mais elle avait étouffé l'enquête en affirmant qu'il était mort « d'échec ». Il était impossible de savoir quel organe était défaillant : quiconque doté du moindre bon sentiment – et elle savait pertinemment que Riseborough souffrait presque d'apoplexie du bon sens – supposerait qu'il s'agissait d'un organe dont on ne parle généralement pas. Elle sentait qu'elle n'avait pas à satisfaire une curiosité qui pourrait s'avérer rampante. Elle a également estimé que la principale joie de posséder le sens de l'humour réside dans le fait que les autres ne s'en doutent pas. Riseborough aurait certainement trouvé très cruel de sa part de s'amuser de choses si vaguement liées à la mort de son frère ; Riseborough aurait également été incapable de lui attribuer une quelconque tendresse de mémoire, s'il avait su qu'il était effectivement mort de delirium tremens.

Par ce temps étouffant, elle enviait presque ceux qui, comme le docteur Evans, habitaient les hauteurs de la ville, là où, dans Castle Street, se trouvait la charmante maison géorgienne, dans le jardin de laquelle lui et sa femme se trouvaient pour un moment seulement. depuis trois heures, ils recevaient leurs amis et leurs détracteurs à la garden-party. Même si la maison se trouvait dans une « rue » et non dans une « route », elle possédait un jardin que l'on s'attendrait à ce qu'il appartienne à une « route », voire à un « lieu ». Les rues semblaient impliquer de petites cours arrière donnant sur l'arrière des autres maisons, alors que la maison du Dr Evans ne donnait pas du tout, à l'arrière, sur les autres maisons, mais s'étendait sur une centaine de mètres et donnait ensuite sur le tronçon de voie ferrée de la voie ferrée. Ligne sud-est, sur champs ouverts. Si l'on se sentait mal disposé, il était facile de se demander si le bruit des trains qui passaient n'était pas très désagréable, et en effet, Mme Taverner, dans un moment de mauvaise humeur née du fait que ce qu'elle pensait être une coupe de champagne n'était qu'une coupe de jarret, avait posé cette même question à Millicent Evans cet après-midi lors de l'audition de Mme Ames. Mais Millicent, avec sa manière la plus confiante et la plus enfantine, avait donné ce que Mme Ames considérait comme une réponse tout à fait admirable et appropriée. « En effet, nous le faisons, avait-elle dit, et nous t'envions souvent ta belle et grande pelouse. » Car tout le monde, bien sûr, savait que la belle et grande pelouse de Mme Taverner était un petit morceau de terre noire diversifiée par des plantains, surplombé et rendu odorant par la nouvelle usine à gaz. Mme Taverner avait, comme cela n'était pas anormal, rougi à la réception de ce discours soyeux, jusqu'à paraître presque aussi rouge que Mme Altham. Pour elle-même, Mme Ames n'aurait pas, même sous cette provocation, fait une réponse aussi méchante, même si elle était plutôt heureuse que Millicent l'ait fait, et pour expliquer son sourire involontaire, elle a immédiatement déjeuné avec Mme Altham. son lendemain. En effet, alors qu'elle marchait maintenant dans High Street, elle sourit de nouveau à cette pensée, et M. Pritchard, debout devant son épicerie, crut qu'elle lui souriait et leva son chapeau. Et Mme Ames espérait plutôt qu'il voyait à quel point son sourire était différent, pour ainsi dire, de celui des épiciers.

Mme Ames connaissait très bien la manière dont Mme Altham s'était livrée au discours au cours des trois dernières semaines, au sujet du petit dîner qu'elle donnait ce soir, car elle avait été assez indiscrète pour en donner des spécimens à Millicent Evans. , qui les lui avait promptement répétées, et il est impossible d'exprimer de manière adéquate à quel point elle pensait que tout ce que disait Mme Altham était sans importance. Mais le fait qu'elle ait dit tant de choses était indirectement lié au fait qu'elle avait invité Mme Altham (« et votre mari, bien sûr », comme elle l'avait assez ostensiblement ajouté) à déjeuner demain, car elle savait que Mme Altham serait là. débordante de curiosité quant au succès de la nouvelle expérience, et elle avait l'intention de la laisser éclater. Elle n'aimait pas Mme Altham, mais l'hostilité de cette dame envers elle-même ne faisait que l'amuser. Bien entendu, Mme Altham ne pouvait pas refuser d'accepter son invitation, car c'était un point d'honneur à

Riseborough que toute personne invitée à déjeuner le lendemain d'un dîner devait, même en cas de désagrément modéré, accepter, car autrement ce qui serait Qu'arrive-t-il aux restes de saumon et de gelée trop affaiblis pour être servis dans leur forme originale, même intacte, mais néanmoins excellents s'ils sont mangés dans des verres à gelée ? Il fallait donc attribuer tant de méchanceté à Mme Ames, qu'elle souhaitait observer les symptômes fébriles de la curiosité de Mme Altham, et non les calmer, mais plutôt les exciter davantage.

Mme Ames ne serait pas naturellement allée à des fins sociales chez son médecin, s'il n'avait pas épousé Millicent, dont le père était son propre cousin germain, et aurait lui-même été baronnet s'il avait été l'aîné au lieu du plus jeune enfant. Dans l'état actuel des choses, le Dr Evans se trouvait dans une situation totalement différente de celle d'un médecin ordinaire, car par mariage, comme elle par la naissance, il était lié au « Comté », qui était naturellement la couronne et la crème de la société de Riseborough. Mme Ames était bien consciente que la profession de médecin était une profession noble et pleine d'abnégation, mais il fallait tracer des limites quelque part et il était impossible d'envisager de rendre visite au Dr Holmes. Le métier de dentiste exigeait également un sacrifice de soi, mais vous ne dîniez pas chez votre dentiste, même si ses manipulations vous permettaient de dîner confortablement et avec des sourires confiants ailleurs. De telles lignes, elle les traçait avec précision, mais avec une fermeté automatique, et le cas apparemment étrange de M. Turner, qu'elle avait persuadé son mari de proposer à l'élection au club, qu'elle avait elle-même invité à dîner avec sa femme, était vraiment aucune exception. Car ce n'était pas M. Turner qui avait jamais été papetier à Riseborough, mais son père et lui-même avaient fréquenté une école publique et une université et avaient depuis lors purgé toute souillure de la papeterie par vingt ans d'impartialité en tant que magistrat de police à Londres. Il est vrai qu'il n'avait pas changé de nom lorsqu'il était revenu vivre à Riseborough, ce qui aurait témoigné d'une plus grande délicatesse d'esprit, et l'inscription actuelle au-dessus de la papeterie, « Burrows, feu Turner », était odieuse, mais Mme Ames était tout à fait contre le malheur des pères qui rendaient visite aux enfants, et Riseborough, à l'exception de Mme Altham, avait tout à fait accepté M. et Mme Turner, qui donnèrent des dîners remarquablement bons, qui étaient tout à fait à la hauteur des meilleurs efforts de leur famille. le chef (scotch) du club. Mme Altham a déclaré que les Turner s'étaient frayé un chemin jusqu'au cœur de la société de Riseborough, ce qui semblait presque spirituel, jusqu'à ce que Mme Ames souligne que c'était Riseborough, et non les Turner, qui avaient mangé. Sur quoi l'esprit du *mot* de Mme Altham s'est éteint comme une bougie au vent. On peut peut-être se demander si l'hostilité enracinée de Mme Altham à l'égard des Turner n'a pas prédisposé Mme Ames à les accepter avant que leur amabilité discrète ne l'y dispose, car elle n'était ni disposée ni prédisposée à aimer Mme Altham.

Le chemin de Mme Ames traversait Queensgate Street, et elle dut tenir sa jupe noire assez haute lorsqu'elle traversa la route en face du club, car la poussière était épaisse. Elle jugea plus sage aussi de serrer son petit visage dans un nœud serré pour éviter de respirer la fumée bleue et fétide d'une automobile trop lubrifiée qui passait très brutalement juste devant elle. Elle n'accordait aucune faveur aux automobiles, car il y avait des raisons financières, dont la validité était incontestable, pour lesquelles elle ne pouvait pas en garder un ; en effet, en partie sans doute à cause de sa désapprobation exprimée à leur égard, mais principalement en raison d'obstacles financiers similaires, Riseborough considérait généralement que les mouches louées étaient une forme de transport automobile plus courtoise et certainement plus tranquille. Mme Altham, comme d'habitude, a élevé une voix dissidente et a déclaré qu'elle et son mari n'arrivaient pas à se décider entre une Daimler et une Rolles-Royce. Cela témoignait d'une hésitation tout à fait raisonnable, puisqu'à l'heure actuelle, ils ne disposaient d'aucune donnée sur l'un ou l'autre.

Mme Ames s'autorisa un instant à jeter un coup d'œil au bow-window du club, alors qu'elle regagnait le trottoir après ce passage poussiéreux, puis regarda rapidement droit devant elle, car ce n'était pas tout à fait *regarder* par la fenêtre. d'un club d'hommes. Mais elle avait vu plusieurs choses : son mari se tenait là, le visage déformé par l'approche imminente d'un éternuement, ce qui montrait que son rhume des foins n'était pas encore terminé, comme il l'espérait. Il y avait le général Fortescue avec un gros cigare à la bouche et un verre, probablement de xérès, à la main ; il y avait aussi le sommet d'un crâne chauve qui regardait par-dessus les géraniums de la fenêtre comme une pleine lune rose. C'était sans aucun doute M. Turner (car personne n'était aussi chauve que lui), bénéficiant du privilège qu'elle avait contribué à lui assurer. Ensuite, Mme Altham est passée devant son volant, et Mme Ames lui a fait signe et lui a embrassé sa main gantée de noir, pensant à quel point la curiosité anguleuse rendait les gens, tandis que Mme Altham lui rendait la main en pensant qu'il ne servait à rien d'essayer de paraître important si vous étiez seulement cinq pieds deux pouces, de sorte que les honneurs étaient à peu près partagés. Enfin, juste avant de franchir sa propre porte, elle vit arriver sur la route, marchant très vite, comme c'était son habitude, l'homme qu'elle respectait et même vénérait plus que quiconque à Riseborough. Elle aurait aimé lui aussi lui faire signe de la main, seul le révérend Thomas Pettit aurait certainement trouvé une telle démarche très étrange. Il était également un comté – un très grand comté, bien qu'il soit membre du clergé – étant le fils de ce riche et pénible pair, Lord Evesham, qui venait occasionnellement à Riseborough pour des affaires dans le comté. A ces occasions, il déjeunait au club, au lieu d'aller chez son fils, mais ne prenait pas le déjeuner du club, préférant dévorer dans le fumoir, comme un ogre aux fausses dents, des sandwichs qui semblaient faits de poisson dans leur déclin. Mme Ames, qui ne pouvait pas être qualifiée de femme religieuse, mais qui appartenait certainement à une très haute église, était la plus notable des admiratrices de M. Pettit et, en fait, avait créé une véritable mode en assistant aux services à Saint-Barnabé. qui étaient copieusement agrémentés de bannières, de vêtements et d'encens. En effet, elle s'y rendait par adoration autant que pour toute autre raison, car il lui paraissait un parfait apôtre. Il était riche et donnait bien plus de la moitié de ses biens pour nourrir les pauvres ; il était éloquent et (elle n'aurait pas utilisé une expression aussi courante) les laissait tous « prendre » du haut de sa chaire, et elle était sûre qu'il s'épuisait rapidement de travail. Et comme ce serait excitant de lui adresser ses notes plutôt fréquentes avec le titre « Le révérend Lord Evesham ! »... Elle poussa un profond soupir et décida de agiter sa main potelée dans sa direction pour le saluer alors qu'elle se retournait. dans sa porte.

Le petit dîner qui avait tant agité Riseborough au cours des trois dernières semaines n'a donné aucun scrupule à Mme Ames. Tout ce qui se passait chez elle était juste, et elle n'avait jamais aucune raison de se demander, comme de petits dîners, si les choses se passeraient bien, puisqu'elle et personne d'autre n'était responsable du festin ; c'était le dîner de Mme Ames. On l'appelait pour huit heures moins le quart, et à dix heures et demie on annonçait la voiture de quelqu'un, et elle disait : « J'espère que personne ne pense encore à partir », en conséquence de quoi tout le monde partait à vingt minutes pour arriver. onze à la place. Si quelqu'un espérait jouer aux cartes ou fumer dans le salon, il serait déçu, car ces divertissements ne faisaient pas partie du programme. Les messieurs prenaient une cigarette dans la salle à manger après leur vin et avec leur café : puis ils suivaient les dames et s'adonnaient aux plaisirs de la conversation. Mme Ames s'asseyait toujours sur une chaise près de la fenêtre et, chaque fois que l'horloge sonnait dix heures, elle réorganisait ses interlocuteurs. C'était (sans vouloir manquer de respect) un tour de passe-passe du genre le plus suprême et le plus insondable. Il y avait toujours une raison naturelle pour laquelle elle devait se lever, et tout aussi naturellement deux ou trois personnes se levaient aussi. Puis eut lieu une sorte de poste général involontaire. Mme Ames annexa le siège de la femme ressuscitée dont elle avait l'intention de parler et dit aussitôt : « Dites-le-moi, parce que je suis tellement intéressée… » sur quoi son nouveau partenaire s'assit à nouveau. La femelle éjectée s'est alors promenée, inconsolable, jusqu'à ce qu'elle se retrouve en train de parler à un homme qui s'était également levé. Ils se rassirent donc ensemble. Mais personne à Riseborough ne pouvait faire autant que Mme Ames. Mme Altham avait souvent essayé, et ses efforts aboutissaient toujours à ce que tout le monde se rasse exactement là où il était auparavant, après être restés debout un moment comme si une grâce inaudible était prononcée. Mais Mme Ames, bien qu'elle ne soit pas socialement jalouse (car, étant la reine de la société de Riseborough, elle n'avait personne à envier), était un peu encline à gâcher cette astuce de salon lorsqu'elle dînait dans d'autres maisons, en développant soudainement un sentiment de jalousie. conversation sérieuse avec son partenaire déjà existant, lorsqu'elle vit que son hôtesse envisageait une copie de sa célèbre manœuvre. Pourtant, après tout, elle était dans son droit, car le truc du salon était son propre brevet, et il était tout à fait légitime de contrecarrer toute tentative de contrefaçon.

Après avoir agité la main en direction de M. Pettit, elle se dirigea directement vers la salle à manger, où la table était dressée. Il devait y avoir une compagnie de huit personnes ce soir, et en conséquence elle sortit du tiroir supérieur gauche de sa table à écrire trois petits cartons sur lesquels était imprimé :

S'IL VOUS PLAÎT PRENDRE
. . . . .DÎNER.

Celles-ci étaient présentées dans le hall aux hommes avant le dîner (il était inutile d'en écrire une pour son mari), chacune pliée, avec au dos écrit le nom de l'invité en question, tandis que le nom de la femme qu'il devait emmener en rempli la deuxième ligne. Il n'y avait donc pas de communications séparées et précipitées à faire dans le salon, puisque tout était déjà arrangé. Ce n'était pas aussi original que l'autre astuce du salon, mais à l'heure actuelle, personne d'autre à Riseborough ne l'avait tenté. Puis, du même tiroir qu'elle a sorti, ce qu'elle a pris nécessite un nouveau paragraphe.

Cartes de menu imprimées. Il y en avait une douzaine de paquets, chaque paquet annonçant un dîner différent : un dispositif étonnant, qui exigeait une explication plus approfondie. Elle les découvrit par hasard dans les magasins militaires de Londres, sélectionna une douzaine de paquets contenant chacun cinquante exemplaires et garda le secret pour elle. Les femmes de chambre avaient pour ordre de les modifier dès que le dernier plat était servi, de sorte qu'aucun collectionneur de menus, s'il y avait un tel glouton rétrospectif à Riseborough, ne puisse se les approprier et ainsi, peut-être, finalement obtenir un indice qui pourrait conduisez-le à la solution. Car, par un mauvais présage de malchance, il pourrait alors arriver qu'un certain invité se voie pour la troisième ou quatrième fois invité à manger exactement le même dîner que celui que son odieuse collection lui avait dit qu'il avait mangé six mois auparavant. Mais les femmes de chambre ont évité ce risque, et si les cartes de menu étaient encore absolument « intactes », Mme Ames les réutilisait. Il y eut un dîner très somptueux parmi les douze, il y eut neuf dîners assez bons pour tout le monde, il y eut deux dîners qu'on pourrait qualifier de « pauvres

». C'était probablement l'une de ces choses que Mme Altham avait en tête lorsqu'elle était si impitoyable à l'égard de la nourriture de Mme Ames. Mais, pauvre ou somptueux, il apparut au monde innocent de Riseborough que Mme Ames faisait imprimer ses cartes de menu comme requis ; qu'après avoir préparé son dîner, elle en envoya un exemplaire à l'imprimeur pour le mettre en caractères. Il est probable qu'elle ait également corrigé les épreuves. Elle n'a jamais attiré l'attention sur ces menus et semblait les prendre comme une évidence. Mme Altham l'avait un jour directement interrogé à leur sujet, lui demandant si cela ne représentait pas une grosse dépense. Mais Mme Ames avait simplement déplacé un bracelet à son poignet et déclaré : « J'ai l'habitude de les utiliser. »

Mme Ames a pris quatre exemplaires d'un de ces dîners qui étaient assez bons pour tout le monde et les a posés, deux sur chacun des longs côtés de la table. Naturellement, elle n'en voulait pas elle-même, et son mari, naturellement aussi, lui disait parfois : « Qu'est-ce que tu vas nous donner ce soir, Amy ? Auquel cas l'un d'eux lui a été transmis. Mais il avait une bonne mémoire en ce qui concerne la nourriture, et avec un petit effort, il pouvait se rappeler ce que serait le reste du dîner, lorsque la nature de la soupe lui aurait donné le signal. Parfois, il critiquait, disant de sa voix chaleureuse (c'était en automne ou en hiver) : « Quoi, quoi ? Encore de la perdrix ? *Perdrix repetita* , n'est-ce pas, général, si vous n'avez pas oublié votre latin. Et Amy, de l'autre bout de la table, a répondu : "Eh bien, Lyndhurst, nous devons manger le gibier que nos amis ont la gentillesse de nous envoyer." Et pourtant Mme Altham a déclaré qu'elle avait vu des perdrix des volaillers livrées chez Mme Ames ! « Mais ils deviennent bon marché maintenant », a-t-elle ajouté à son mari, « en particulier les vieux oiseaux. J'ai une patte, Henry, et l'oiseau a dû s'y percher pendant des années avant que les amis de Mme Ames aient la gentillesse de la lui envoyer.

Alors Mme Ames a calé les cartes de menu imprimées et a dit un mot humoristique à sa première femme de chambre.

« Je t'ai souvent dit, Parker, de porter des gants lorsque tu remets l'argent. Je ne suis pas un détective : je ne veux pas vous retrouver grâce à vos empreintes digitales.

Parker rigola discrètement. D'une manière ou d'une autre, les domestiques de Mme Ames adoraient leur maîtresse plutôt exigeante et restaient avec elle pendant des années. Ils ne recevaient pas de salaires très élevés et on exigeait beaucoup d'eux, mais Mme Ames les traitait comme des êtres humains et non comme des machines. C'était peut-être uniquement parce qu'ils étaient très éloignés d'elle socialement ; mais il se peut qu'il y ait en elle une bonté essentielle et innée qui se ferme comme un parasol lorsqu'elle a affaire à des gens aussi stupides et aussi éprouvants que Mme Altham. Mme Altham, en effet, avait tenté d'attirer Parker en lui offrant une augmentation substantielle de son salaire et la perspective d'un service moins pénible. Mais cette admirable servante avait refusé de se laisser tenter. Elle avait également signalé l'événement à sa maîtresse. Cela n'a fait que confirmer ce que Mme Ames pensait déjà de la tentatrice. Elle n'a ajouté aucune autre marque noire.

La table était actuellement dépourvue de toute décoration florale, mais cela ne faisait pas partie du domaine de Mme Ames. Son mari, ce jardinier prématuré, s'occupait des fleurs et du vin lorsque Mme Ames donnait une fête, et revenait toujours à la maison une demi-heure plus tôt pour cueillir ceux de ses trésors qui semblaient sur le point de partir vers... demain, et faire une excursion souterraine avec un cierge et le livre des vins jusqu'à sa cave. Dans l'économie domestique de la maison, il payait le loyer, les taxes et impôts, l'entretien du jardin, les factures de vin et le coût de leurs vacances d'été annuelles, tandis que le budget de Mme Ames était responsable du charbon, de l'éclairage électrique, les salaires des domestiques et les factures de restauration. De cet arrangement surgissaient parfois des nuages (bien que pas plus gros que la main de Mme Ames) qui tachaient l'éclat de leur sérénité domestique. De temps en temps – pas souvent – Mme. Ames était acerbe sur la possibilité d'éteindre la lumière électrique en quittant une pièce, parfois son mari faisait venir son manteau à l'heure du déjeuner, pour compléter la chaleur dégagée par un foyer trop parcimonieux. Mais de tels nuages n'ont jamais été vus par d'autres yeux que les leurs : la présence d'invités a amené le major Ames à parler de l'excellence de la cuisinière de sa femme et à dire : « « Sur ma parole, je n'ai jamais goûté une meilleure cuisine que celle que je reçois à la maison ». et suggéra à sa femme de dire à Mme Fortescue : « Mon mari aime tellement inviter le général à dîner, car il connaît un verre de bon vin. Elle aurait pu dire avec vérité qu'il connaissait pas mal de verres.

Enfin, tous deux partageaient à parts égales l'entretien d'un jeune assez bizarre qui était le seul enfant de leur mariage, et qu'on appelait par erreur Harry, car ce nom lui convenait singulièrement mal. Il avait les cheveux défrisés, les yeux protubérants et une tendance à écrire de la poésie. Il venait tout juste de rentrer de Cambridge et avait plutôt agité sa mère cet après-midi-là en s'approchant d'elle d'un air rêveur lors de la garden-party et en lui disant : « Mère, Mme Evans est la créature la plus merveilleuse que j'aie jamais vue ! Cela lui paraissait une exagération si sauvage qu'elle était tout à fait insensée et présageait de la poésie. Harry mettait également son père mal à l'aise, en se promenant avec une rose assez commune à la main et en prétendant que son odeur était pour lui celle de la viande et de la boisson. Il avait également des idées étranges sur le végétarisme et disait qu'un morceau de pain brun, une assiette de haricots et un morceau de fromage contenaient plus de nourriture que des quantités de côtelettes de mouton. Mais bien qu'il ne soit pas très doué en matière de ravitaillement, il trouva l'inspiration dans ce qu'il appelait le « vin jaune ». Lui et quelques amis partageant les mêmes idées appartenaient à un club secret Omar Khayyam à Cambridge, dont les débats se déroulaient derrière des portes verrouillées. , non par crainte des Juifs, mais des Philistins. Un grand saladier en verre rempli de vin jaune et parsemé de feuilles de rose inspirait ces douces orgies, et chaque Omarite devait écrire et lire un court poème au cours de la soirée. C'était un point d'honneur parmi les membres d'être toujours follement amoureux d'une dame habituellement inconsciente, et les accès de passion étaient ponctués par le cynisme byronique. À l'heure actuelle, il semblait probable que Mme Evans serait bientôt une source d'aspiration et de désespoir. Cela ferait sensation lors de la prochaine réunion du Club Omar : personne auparavant n'avait eu l'audace de tomber amoureux d'une femme mariée. Mais il ne fait aucun doute que ce phénomène s'est produit dans l'histoire de la passion humaine, alors pourquoi ne devrait-il pas arriver à un Omarite ?

Le vin lors des fêtes de Mme Ames était organisé par son mari selon une échelle qui correspondait à la nourriture. Par exemple, à l'un ou l'autre des deux dîners « pauvres », un verre de Marsala était offert avec la soupe, un bordeaux léger (bien que sain) humidifiait le reste du repas et un seul verre de porto était offert au dessert. Le cours des neuf dîners, bons pour tout le monde, était égayé par le remplacement du sherry par le Marsala, du champagne par le bordeaux et des liqueurs accompagnées de café, tandis que dans les occasions beaucoup plus rares du somptueux dîner (qui comprenait toujours une glace), de la liqueur était préparée. sa première apparition avec la glace, et un verre de jarret accompagnait le poisson. Ce soir donc, du sherry était proposé, et lorsque, le dîner étant bien lancé, Mme Ames jeta autour d'elle son premier regard désengagé, elle remarqua avec un peu d'agacement, justifiable, louable même, chez une hôtesse, qu'Harry parlait. dans la mauvaise direction. En fait, il consacrait son attention à Mme Evans, qui s'asseyait entre lui et son père, au lieu de recevoir Elsie, sa fille, qu'il avait recueillie, et qui maintenant restait isolée et silencieuse, depuis que le général Fortescue, qui était en de son autre côté, il était naturellement en train de converser avec son hôtesse. Il était certainement insensé de qualifier Mme Evans de créature des plus merveilleuses ; il n'y avait rien de merveilleux chez elle. Elle était blonde, avec de jolis cheveux jaunes (un passionné aurait pu les appeler dorés), elle avait de petits traits réguliers et cet air de distinction que Mme Ames (se redressant un peu en y pensant) considérait comme inséparable de tous ceux dans les veines desquels coulait le célèbre sang de Westbourne. Elle avait aussi cette silhouette élancée et haute qui, bien que caractéristique de la même race, n'était malheureusement pas tout à fait inséparable de ses membres, car aucun effort de se redresser n'aurait conféré cette silhouette à Mme Ames, et Harry la suivait à cet égard. .

Le Dr Evans n'était pas installé depuis longtemps à Riseborough ; en fait, ce n'était que l'hiver dernier qu'il avait acheté son cabinet ici et pris possession de la charmante maison dans laquelle sa femme avait donné une garden-party si populaire cet après-midi-là. Leur arrivée, comme l'avait annoncé Mme Ames, avait été attendue avec beaucoup d'impatience, car un nouveau locataire de la Maison Rouge, surtout lorsqu'il était connu pour être un homme riche (bien qu'il ne soit qu'un médecin), était attendu. naturellement censé évoquer un artiste nouveau et exclusif, tandis que la relation de sa femme avec Sir James Westbourne établissait un nouveau lien entre la « ville » et le « comté ». Jusqu'à présent, Mme Ames avait été le lien principal, et même si elle était sans aucun doute un véritable lien (sa mère étant une Westbourne), elle avait été un peu décevante à cet égard, car elle connaissait à peine l'actuel chef de famille, et Elle avait tendance à parler du passé plutôt qu'à glorifier le présent en exhibant la famille à laquelle elle appartenait. Mais on espérait qu'avec l'avènement de Mme Evans, une intimité plus vivante s'établirait.

Mme Evans était l'heureuse possédante de ce type de look qui se porte bien, et il était difficile de croire qu'Elsie, avec ses dix-huit ans et ses manières âgées, était sa fille. Elle avait ce tempérament impassible qui fait que les années ne laissent que de légères traces de leur passage, et elles n'avaient gravé sur son visage que peu de traces de joies et de peines. Sa bouche avait encore la douceur de celle d'une jeune fille, et ses yeux, grands et bleus, avaient dans leur azur quelque chose de l'émerveillement timide et inconscient de l'enfance. A en juger par les apparences (ce que nous continuerons tous à faire jusqu'à la fin des temps, même si nous avons fait des proverbes pour nous mettre en garde contre la faillibilité de telles conclusions), elle devait avoir la nature tendre et innocente d'une enfant, et bien que Mme Ames ne voyait rien de merveilleux chez elle, c'était vraiment remarquable qu'une femme puisse paraître si peu et avoir si peu d'importance. Elle ne parlait ni avec profondeur ni volume, mais elle avait, pour ainsi dire, une façon d'écouter profonde et volumineuse qui était extrêmement attrayante. Elle faisait en sorte que l'homme qui lui parlait se sente intéressant (ce qui plaît toujours au sexe vaniteux), et par conséquent il s'intéressait généralement. Lui lancer le mot « flirter », à bout portant, aurait été une brutalité qui l'aurait stupéfiée - et, en effet, elle n'était pas habituée à utiliser les arts quelque peu évidents que nous associons à ces pratiquants, mais il est vrai que sans effort, elle établissait souvent des relations d'intimité avec d'autres personnes sans aucun don d'elle-même en retour. Les hommes et les femmes avaient l'habitude de la mettre en confiance ; il était si facile de lui parler d'affaires privées, et ses yeux, si grands, si avides et si sympathiques, donnaient une tendresse extraordinaire à ses réponses banales, qui reflétaient fidèlement, à elles seules, son esprit ennuyeux et sans émotion. Elle possédait, en fait, comme le font les gens sans émotion mais avenants, la capacité de faire beaucoup de mal sans le vouloir exactement, et on peut prédire sans se tromper que, le mal étant commis, elle s'acquitterait très certainement de toute intention. de l'avoir fait. Il serait bien sûr téméraire d'affirmer qu'aucune brise ne troublerait jamais la mer nacrée et endormie de son tempérament : tout ce qu'on peut dire, c'est qu'elle n'avait pas encore été agitée.

Mme Ames ne pouvait pas permettre à l'isolement d'Elsie de continuer, et elle dit fermement à Harry : « Parlez à Miss Evans de Cambridge », ce qui redressa la conversation et permit à Mme Evans de diriger tous ses regards et ses petites phrases vers le major Ames. Comme c'était l'habitude avec les hommes qui avaient le privilège de lui parler, il se sentit bientôt un interlocuteur vif.

« Oui, le jardinage a toujours été un de mes passe-temps, disait-il, et dans le régiment, on m'appelait Adam. Le grand vieux jardinier, vous savez, comme le dit Tennyson. Non pas qu'il y ait jamais eu quelque chose de grandiose chez moi.

La bouche de Mme Evans frémit en un petit sourire.

« Ni vieux non plus, major Ames », dit-elle.

Le major Ames posa la coupe de champagne qu'il venait de siroter pour éclater de rire.

« Eh bien, eh bien, » dit-il, « je suis encore assez vigoureux et je peux tirer le lourd rouleau de jardin aussi bien que deux jardiniers. Je n'ai jamais de jardinier plus de deux jours par semaine. Je fais tout le travail moi-même. Exercice capital, rouler la pelouse, puis me reposer avec un peu de désherbage ou cueillir un bouquet de fleurs pour la table d'Amy. Le désherbage aussi...

"Une heure de désherbage par jour
éloigne le médecin."

Je vous mets au défi d'avoir un lumbago si vous désherbez un peu chaque matin.

Encore une fois, un petit sourire timide frémit sur la bouche de Millie Evans.

«Je vais le dire à mon mari», dit-elle. « Je dirai que tu m'as dit que tu passais une heure par jour à désherber, pour ne jamais le voir. Et puis vous en faites de la poésie après.

Il rit encore.

« Eh bien, maintenant, je considère que c'est carrément méchant de votre part, dit-il, de déformer mes propos de cette façon. Général, je veux votre avis sur cette coupe de champagne. C'est un vin de 1996 et il veut être bu.

Le général appliqua sa bouche de poisson à son verre.

« Tu veux boire, n'est-ce pas ? il a dit. « Eh bien, je vais l'obtenir de moi. Délicieux! Bon vin sec.

Le major Ames se tourna de nouveau vers Millie Evans.

« Je vous demande pardon, Mme Evans, dit-il, mais le général Fortescue aime savoir ce qui l'attend. Oui, c'est carrément méchant de ta part ! Je suis sûr que j'aurais aimé qu'Amy pose la question au Dr Evans ce soir, mais là, vous savez ce qu'est Amy. Elle pense qu'il serait plus agréable de ne pas inviter mari et femme toujours ensemble. Elle dit que cela se fait beaucoup à Londres maintenant. Mais ils ne peuvent pas mettre sur leurs tables à Londres des pois de senteur comme ceux que je cultive ici dans mon coin de jardin. Regardez ceux devant vous. Des Michaels noirs, ils le sont. Regardez leur taille. Avez-vous déjà vu de tels pois de senteur ? Je me demande ce qu'Amy va nous offrir pour le dîner ce soir. Un peu d'agneau ensuite, n'est-ce pas ? et une caille à suivre. J'espère que vous ferez la sieste, Mme Evans ; Je dois dire qu'Amy a un cuisinier célèbre. Et que pensez-vous de nous tous à Riseborough, maintenant que vous avez eu le temps de vous installer et de prendre soin de vous ? J'imagine que vous et votre mari dites des choses cruelles à notre sujet, hein ? Nous trouvons-nous vraiment coincés dans la boue après Londres ?

Elle lui lança un de ces petits regards timides et désobligeants qui lui firent involontairement sentir qu'il était un compagnon des plus agréables.

"Ah, tu es méchant maintenant!" dit-elle. « Tout le monde est charmant. Si gentil, si hospitalier. Maintenant, Major Ames, parlez-m'en davantage sur vos fleurs. Black Michaels, vous avez dit que c'était le cas. Je dois me lancer dans le jardinage, et commencerez-vous à m'apprendre un peu ? Pourquoi vos fleurs sont-elles tellement plus belles que celles des autres ? Au moins, je n'ai pas besoin de le demander : c'est sûrement parce que vous les comprenez mieux que quiconque.

Le major Ames sentit que c'était une femme particulièrement agréable et, pendant une demi-seconde, il opposa son agréable désir d'entendre parler de son jardin avec l'indifférence totale de sa femme à son égard. Elle aimait les fleurs sur la table, mais elle distinguait à peine une rose trémière d'un géranium.

«Eh bien, eh bien», dit-il; « Je ne dis pas que mes fleurs, que vous avez la politesse de vanter, ne doivent rien à mes soins. Qu'il pleuve ou qu'il fasse beau, je ne pense pas passer moins de quatre heures par jour en moyenne parmi eux, année après année. Et c'est mieux, n'est-ce pas, que de rester assis au club, à écouter tous les potins et les bavardages de l'endroit ?

"Ah, tu es comme moi", dit-elle. « Je déteste les commérages. C'est tellement ennuyeux. Le jardinage est tellement plus intéressant.

Il rit encore.

"Eh bien, comme je le dis à Amy", dit-il, "si nos amis viennent ici en s'attendant à entendre tous les bavardages de l'endroit, ils seront déçus. Amy et moi aimons accueillir chaleureusement nos amis, leur offrir un bon dîner et des conversations agréables sur des choses vraiment intéressantes. Je connais peu les ragots de la ville ; tu me trouverais étrangement ignorant si tu voulais en parler. Mais la politique maintenant – un de ces députés radicaux et bestiaux a déjeuné avec nous il y a seulement une semaine et je vous assure qu'Amy lui a posé des questions auxquelles il a eu du mal à répondre. En fait, il n'y a pas répondu : il a posé la question, il a posé la question. Il y en a eu un, je me souviens, qui l'a juste éliminé. Elle a dit : « Qu'arrivera-t-il aux parcs de la noblesse terrienne, si vous les enlevez à leurs propriétaires ? Eh bien, cela l'a mis dehors, comme on dit au cricket. Regardez par exemple la maison de Sir James, la maison de votre cousin, la maison de la cousine d'Amy. Vont-ils planter une rangée de villas le long de la terrasse du jardin ? Et qui vivra en eux s'ils le font ? Accordez à Lloyd George – elle a dit cela – accordez que Lloyd George veuille une villa là-bas, ce sera une villa. Mais la terrasse accueillera une douzaine de villas. Qui prendra le reste ? Elle lui a demandé ça. Ils nous enlèvent tous nos biens et s'attendent ensuite à ce que nous construisions des maisons sur celles des autres ! Ne me parle pas !

La phrase finale n'avait pas pour but de mettre un terme à cette agréable conversation ; ce n'était que l'éjaculation naturelle d'un propriétaire foncier. Mme Evans l'a compris dans ce sens.

« Raconte-moi tout ça », dit-elle. « Bien sûr, je ne suis qu'une femme, et nous sommes censés n'avoir pas de cerveau, n'est-ce pas ? et ne rien comprendre à la politique. Mais vont-ils vraiment lui enlever la place de mon cousin James ? Je pense que les radicaux doivent être méchants.

« Plus d'imbéciles que de fripons, dis-je toujours », dit magnanime le major Ames. « Ils se trompent, comme les pauvres suffragettes. Suffragettes maintenant ! La sphère d'influence d'une femme se situe dans son foyer. Les femmes sont les reines de la terre ; Je l'ai souvent dit, et que veulent les reines en matière de votes ? Amy aurait-elle plus d'influence à Riseborough si elle avait un vote ? Même pas un peu. Alors, pourquoi claquer des gifles aux policiers et s'enchaîner à une balustrade ? Si j'en avais les moyens… »

Le major Ames est devenu plus bas et plus confiant.

« Amy n'est pas entièrement d'accord avec moi », dit-il ; « et c'est un plaisir de débattre de cette question avec quelqu'un comme vous, qui a des opinions sensées sur le sujet. À quoi servent les femmes en politique ? Aucun, comme vous venez de le dire. C'est aux femmes de bercer le berceau et de gouverner le monde. Je dis, et j'ai toujours dit, que leur donner un vote reviendrait à détruire leur influence, que Dieu les bénisse. Mais Amy n'est pas d'accord avec moi. Je dis que je voterai — elle est conservatrice, bien sûr, et moi aussi —, je voterai comme elle le souhaite. Mais elle dit que c'est le principe de la chose, pas la pratique. Mais ce qu'elle appelle principe, j'appelle absence de principe. La maison : c'est la sphère de la femme.

Mme Evans poussa un petit soupir.

"Je n'ai jamais entendu cela aussi joliment exprimé", a-t-elle déclaré. « Major Ames, pourquoi ne vous lancez-vous pas en politique ? »

Le major Ames se sentit flatté ; il sentait aussi qu'il méritait cette flatterie. C'est pourquoi, pour lui, cela cessa d'être de la flatterie et devint un hommage. Il est devenu plus confidentiel et beaucoup plus insipide.

« Ma chère dame, dit-il, la politique est de nos jours une sale affaire. Nous pouvons mieux servir notre cause en menant une vie tranquille et digne, sans ostentation, comme vous le voyez, mais en étant des gentlemen. C'est la protestation silencieuse contre ces idées socialistes qui sera déterminante à long terme. Que dois-je faire à Westminster ? Sur mon âme, si je me retrouvais assis en face de ces voyous radicaux, il me faudrait tout mon temps pour garder mon sang-froid. Non non; laissez-moi m'occuper de mon jardin et donner de bons dîners à mes amis. Dieu merci, Amy nous offre une glace ce soir. De la glace à la fraise, j'imagine ; c'est pourquoi elle m'a demandé s'il y avait beaucoup de fraises. *Glace de fraises* ; elle aime ses cartes de menu imprimées en français, même si je suis sûr que « glace à la fraise » nous dirait tout ce que nous voulions savoir. Après tout, qu'y a-t-il dans un nom ?

La conversation avait déjà changé et le major Ames se tourna rapidement vers une Mme Brooks à la peau sèche qui était assise à sa gauche. C'était une triste veuve de haute église qui brodait beaucoup. Sa robe était ornée de ses propres broderies, tout comme de nombreuses nappes d'autel dans l'église de Saint-Barnabé. Elle et Mme Ames avaient une sorte de rivalité religieuse à propos de sa décoration ; l'un disposait les abondants lys blancs qui couronnaient le tissu confectionné par l'autre. Leur rivalité n'était pas sans jalousie silencieuse, et il était déjà bien connu que Mme Brooks avait dit que les muguets convenaient tout aussi bien que les lys Madonna, qui répandent un méchant pollen jaune sur la nappe de l'autel. Mais les lys Madonna étaient plus gros ; une décoration nécessitait moins de « fleurs ». Dans d'autres humeurs également, elle était légèrement acide.

Mme Evans se tourna lentement vers sa droite, là où Harry était assis. On aurait presque pu supposer qu'elle savait qu'elle avait un joli cou, du moins il était difficile de penser qu'elle avait vécu avec cela pendant trente-sept ans sans en avoir complètement conscience. Si elle bougeait la tête très rapidement, on soupçonnait simplement un relâchement cutané. Mais elle ne bougea pas la tête très vite.

« Et maintenant, continuons à parler », dit-elle. « Avez-vous tout raconté à ma petite fille à propos de Cambridge ? Parlez-moi aussi de Cambridge. Quel plaisir tu dois avoir ! Beaucoup de jeunes hommes ensemble, sans femmes ni filles stupides pour les déranger. Jouez-vous beaucoup au tennis sur gazon ?

Harry reconsidéra un instant son verdict concernant sa beauté. Il n'était guère heureux de parler avec un membre du club Omar des jeux et des avantages de ne pas avoir de filles.

"Non; Je ne joue pas beaucoup à des jeux », a-t-il déclaré. "L'ensemble dans lequel je me trouve ne s'en soucie pas."

Elle pencha un peu la tête en arrière, comme pour demander pardon de son ignorance.

«Je ne savais pas», dit-elle. « Je pensais que tu aimais peut-être les jeux – le football, les raquettes, tout ce genre de choses. Je suis sûr que vous pourriez les jouer magnifiquement si vous le souhaitiez. Ou peut-être aimez-vous jardiner ? J'ai eu une si agréable conversation avec ton père à propos de fleurs. Qu'est-ce qu'il sait d'eux !

De toute façon, les fleurs valaient mieux que les jeux ; Harry posa sa cuillère sans finir sa glace.

« Avez-vous déjà remarqué la merveilleuse couleur que prennent les roses *de La France* au crépuscule ? Il a demandé. "Toutes les ombres entre les pétales deviennent bleues, très bleues."

« Vraiment ? Il faudra me le montrer un jour. Y en a-t-il dans votre jardin ici ?

« Oui, mais mon père ne s'en soucie pas tellement parce qu'ils sont communs. Je pense que c'est tellement étrange de sa part. Les couchers de soleil sont également courants, n'est-ce pas ? Il y a un coucher de soleil tous les jours. Mais le fait qu'une chose soit commune ne la rend pas moins belle.

Elle poussa un petit soupir.

"Mais quelle belle idée", dit-elle. «Je suis sûr que vous y avez pensé. Parlez-vous beaucoup de ces choses à Cambridge ?

Mme Ames a commencé à capter les yeux des femmes à ce moment-là et la conversation a dû être suspendue. Millie Evans, bien qu'elle soit un peu plus grande qu'Harry, réussit, en le dépassant sur le chemin de la porte, à donner l'impression de le regarder.

« Il faut que tu me racontes tout ça », dit-elle. "Et montre-moi ces délicieuses roses qui deviennent bleues au crépuscule."

Le dîner avait été servi à huit heures moins le quart, et lorsque les hommes rejoignirent les femmes dans le salon, la lumière persistait encore dans le ciel d'été. Alors Harry, très audacieux, car une telle procédure était totalement contraire à tous les précédents établis, persuada Mme Evans de sortir dans le jardin et d'observer par elle-même les propriétés caméléoniques des roses. Puis il s'était aventuré à commettre une autre violation des règles, puisque tous les droits de cueillette des fleurs appartenaient à son père, et il lui en avait cueilli une demi-douzaine. Mais à leur retour avec le butin et l'établissement de la théorie bleue, son père, loin de s'offusquer de cette atteinte à ses privilèges, s'était contenté de dire :

« Ce coquin vous a peut-être trouvé quelque chose de plus intéressant que ça, Mme Evans. Mais nous verrons ce que nous pouvons vous trouver demain.

Elle avait de nouveau semblé regarder Harry.

« Rien ne peut être plus beau que mes belles roses », a-t-elle déclaré. « Mais c'est gentil à vous de penser à m'en envoyer d'autres. Cousine Amy, regarde les roses que M. Harry m'a offertes.

Les voitures arrivèrent comme d'habitude ce soir-là à dix heures et demie, heure à laquelle également une servante décharnée, d'un certain âge, ressemblant à un grenadier, frappa bruyamment à la porte d'entrée et demanda Mme Brooks, qu'elle devait protéger en chemin. à la maison, et comme d'habitude les voitures et le grenadier attendirent jusqu'à onze heures moins vingt. Mais même à une heure et quart, aucun moyen de transport, par hasard, n'était venu chercher Mme Evans, et malgré ses protestations, le major Ames a insisté pour la raccompagner, elle et Elsie, jusqu'à sa maison. Parfois, lorsque de telles erreurs se produisaient, il avait été du devoir de Harry de ramener à la maison les personnes non transportées, mais ce soir, alors que cela aurait été son plaisir, ce privilège lui était refusé. Au lieu de cela, après avoir dit bonsoir à sa mère, il se rendit rapidement dans sa chambre pour y écrire une mystérieuse lettre à un membre du club Omar et composer un court poème qui devait, même indignement, commémorer cette soirée amoureuse. .

Il n'y a rien au monde de plus justement sacré que les premières lueurs de l'amour chez un jeune homme, mais, d'un autre côté, il n'y a rien de plus ridicule si ses émotions sont inspirées, ou même teintées, par la conscience de soi et le sens de l'amour. comme il est une belle jeune étincelle. Et notre malheureux Harry fut accusé de cette absurdité ; tout au long de la soirée, il avait pensé à quel point cette histoire serait fringante et byronique lors de la prochaine réunion du club Omar Khayyam ; avec quelle belle frénésie il rejetait, dans son heure d'inspiration après le vin jaune, le petit cri de cœur qu'il s'apprêtait à composer, dès que sa lettre à Gerald Everett serait écrite. Et pour éviter qu'il ne semble injustifiable de s'immiscer dans un esprit de ridicule dans le ravissement et le désespoir d'un jeune homme, un extrait de sa lettre devrait fournir une justification solide.

« Bien sûr, je ne peux pas donner de noms, dit-il, parce que vous savez comment de telles choses se produisent ; mais, mon Dieu, Gerald, comme elle est merveilleuse. Je l'ai vue cet après-midi pour la première fois, et elle a dîné avec nous ce soir. Elle comprend tout : tout ce que je disais, je le voyais se refléter dans ses yeux, comme le ciel se reflète dans l'eau calme. Après le dîner, je l'ai emmenée dans le jardin et je lui ai montré comment les ombres des roses de *La France* deviennent bleues au crépuscule. Je lui ai cité deux lignes :

"Oh, tu es plus beau que l'air du soir,
Vêtu de la beauté de mille étoiles."

Et je *pense* qu'elle a vu que je *lui ai cité*. Bien sûr, elle l'a éteint et a dit : « Quelles jolies lignes ! mais je pense qu'elle a vu. Et elle a ramené mes roses à la maison. Des roses porte-bonheur !

« Gérald, je suis malheureux ! Je ne vous l'ai pas encore dit. Car elle est mariée. Elle a un mari vraiment stupide, des années et des années plus âgé qu'elle. Elle a aussi une fille super stupide. Il y a une autre merveille pour vous ! Honnêtement et sobrement, elle ne paraît pas avoir plus de vingt-cinq ans. Je vous écrirai encore et vous dirai comment tout se passe. Mais je pense qu'elle m'aime bien ; il y a clairement quelque chose en commun entre nous. Nul doute qu'elle a apprécié notre petite promenade au crépuscule, lorsque les roses devenaient bleues... Avez-vous eu des succès ces derniers temps ?

Il termina sa lettre et, avant de commencer son poème, alluma la bougie sur sa coiffeuse et examina dans le verre son petit visage banal. Il était difficile de lui arranger les cheveux de manière satisfaisante. S'il le repoussait, il révélait un front trop haut et vide ; s'il le laissait tomber sur son front, même si sa ressemblance avec Keats était nettement renforcée, sa ressemblance avec les algues était également accrue. L'absence de sourcil positif était regrettable, mais n'y avait-il pas du feu dans ses yeux plutôt pâles et éloignés ? Il pensait plutôt que oui. Son nez était certes un peu relevé, mais qu'impliquait, sinon cela, la pointe inclinée ? Une lèvre supérieure plutôt longue n'était actuellement que légèrement ornée d'une moustache adolescente, mais il y avait une force décidée dans son menton. Cela est ressorti. Et après avoir pratiqué un froncement de sourcils qui lui plaisait bien, il retourna à la table de la fenêtre, lut quelques strophes de *Dolorès*, pour se mettre au diapason de la passion et de l'amertume (car ce poème n'allait ni commencer ni finir joyeusement).) et a courtisé la muse lyrique.

Le major Ames, pendant ce temps, avait accompagné Mme Evans jusqu'à sa porte et était revenu sur ses pas jusqu'au club, où il était presque décidé à entrer et à faire une partie de billard, ce qu'il appréciait. Il jouait d'une manière bruyante, autoritaire et maladroite, et il était visible que toute la chance (à moins, comme cela arrivait parfois, qu'il gagne) était invariablement du côté de son adversaire. Mais après une pause indécise, il reprit sa route et entra dans sa propre maison. Amy était toujours assise dans le salon, même si d'habitude elle se couchait dès que ses invités étaient partis.

« Très agréable soirée, ma chère, dit-il ; « et votre plan a été un grand succès. Mme Evans est une femme particulièrement agréable. Jolie femme aussi ; vous ne devineriez jamais qu'elle était la mère de cette grande fille.

"Elle n'était pas considérée comme jolie en tant que fille", a déclaré sa femme.

"Non? Ensuite, son apparence a dû s'améliorer par la suite. Plutôt une vie solitaire, celle d'être femme de médecin, avec un mari susceptible d'être rappelé à toute heure du jour ou de la nuit.

"Je suis convaincue que Millie s'occupe très bien", a déclaré Mme Ames. « Bonne nuit, Lyndhurst. Est-ce que tu viens te coucher ?

"Pas encore. Je vais m'asseoir un peu et fumer un autre cigare.

Il s'asseyait à la fenêtre et, de temps à autre, il se surprenait à dire à voix basse : « Femme particulièrement agréable. » Juste au-dessus de lui, Harry déchirait la passion en lambeaux dans le style (plus ou moins) de Swinburne.

CHAPITRE III

, LE DR EVANS regardait par la fenêtre de sa salle à manger tandis qu'on lui apportait le petit-déjeuner, faisant tinter un agréable mélange d'argent et de clés dans les poches de son pantalon et sifflant une mélodie qui semblait vague et de Bussy... jusqu'à ce qu'on s'aperçoive qu'il s'agissait en réalité d'un air familier aux rues et aux orgues de Barbarie, et qu'il devait son caractère insaisissable simplement au fait que l'interprète actuel était un peu incertain quant à la valeur comparative des tons et des demi-tons. Mais ce détail un peu décourageant était plus que compensé par la gaieté évidente de l'exécutant ; son visage potelé et coloré, son œil joyeux, le contenu singulier de tout son aspect témoignaient d'une personnalité en excellent rapport avec la vie.

Son environnement était aussi bien meublé et confortable que lui. La table était dressée de manière accueillante ; une urne en assiette Sheffield (le Dr Evans était un amateur de décoration et de mobilier géorgiens) sifflait et fumait avec de petits soulèvements du couvercle sous la pression intérieure, et un certain nombre de plats chauds suggéraient une interprétation anglaise du petit-déjeuner. De belles manières noires d'après les grands portraitistes anglais étaient accrochées aux murs, et un buffet Chippendale était garni de plats de fruits et d'assiettes à dessert. La matinée était très chaude, mais la pièce haute et spacieuse, avec ses murs épais, était fraîche et fraîche, tandis que ses possibilités de chaleur et de confort en hiver étaient renforcées par la grande cheminée à foyer ouvert et la pile de conduites d'eau chaude qui se tenait sous le buffet. Dehors, les fenêtres devant lesquelles se tenait le Dr Evans donnaient sur la grande pelouse isolée, qui avait été le théâtre de la garden-party de la veille. Des murs de briques rouges en couraient des deux côtés à angle droit par rapport à la maison : en face, une rangée d'arbres fruitiers en espalier masquait la convivialité du potager au-delà et le tronçon de chemin de fer qui formait la limite de cet endroit agréable. .

Wilfred Evans avait sifflé les premières douzaines de mesures de la « Merry Widow Waltz » environ six ou sept fois, avant, avec la conscience arriérée que c'était dimanche, il enchaîna avec « The Church's One Foundation », et cependant, avec son habituel admirable appétit, il sentait l'attrait des plats chauds, il attendait, toujours en sifflant, qu'apparaisse quelque autre membre de sa maison, femme ou fille. C'était l'un des hommes les plus grégaires et les plus clubbables, et aucune hécatombe de bœufs à l'étable ne lui aurait apporté du contentement s'il avait dû manger son bœuf seul. Un ferme attachement à son entourage domestique, combiné aux appels peu exigeants de sa pratique, mais des investigations vraiment ferventes dans le laboratoire au fond du jardin, des habitudes et de l'économie des phagocytes, confortablement remplis, jusqu'au plus lointain horizon, le décor de ses territoires mentaux.

Il n'eut pas à attendre longtemps que sa femme apparaisse et il la salua avec sa cordialité habituelle.

"Bonjour, petite femme", dit-il. "Bien dormi, j'espère?"

Mme Evans ne pratiquait pas chez elle tous ces arts de plaire dont elle était si prodigue chez les autres. D'ailleurs, ce matin, elle se sentait un peu fâchée, chose qui, à vrai dire, était rare chez elle.

"Pas vraiment", dit-elle. «Je n'arrêtais pas de me réveiller. Il faisait une chaleur étouffante.

«Je suis désolé, ma chère», dit-il.

Mme Evans s'occupait de préparer le thé ; ses mains longues et fines se déplaçaient avec une habileté et un silence extraordinaires parmi les objets qui claquaient, et son mari sifflait encore une ou deux fois la « Valse de la joyeuse veuve ».

"Oh, Wilfred, arrête cette mélodie odieuse", dit-elle sans la moindre trace d'impatience dans la voix. "C'est déjà assez mauvais sur ton pianola, qui, après tout, est juste !"

"Qu'est-ce qu'on peut dire de plus pour mon sou sifflet ?" demanda-t-il avec bonne humeur. « Tu as raison, je suis stupide. Parlez-moi de votre fête d'hier soir.

"Ma chérie, n'as-tu pas assisté à suffisamment de soirées à Riseborough pour savoir qu'il n'y a rien à dire sur aucune fête ?" elle a demandé. «Je me suis assis entre le major Ames et le fils. J'ai parlé de jardinage d'un côté avec le père et de quelque chose qui, je suppose, était une conversation éclairée à Cambridge de l'autre. Harry Ames est un jeune plutôt épouvantable. Il m'a ensuite emmené dans le jardin pour me montrer quelque chose sur les roses. Et la voiture n'est pas venue. Le major Ames m'a raccompagné à la maison. Quand es-tu entré ?

« Pas avant trois heures. Cas de maternité très difficile. Mais nous les sortirons tous les deux.

Millie Evans eut un petit frisson, ce qui n'était pas tout à fait instinctif. Elle l'a souligné pour le bénéfice de son mari. Malheureusement, il ne l'a pas remarqué.

"Voulez-vous prendre votre thé maintenant?" elle a demandé.

Il la regardait d'un air essentiellement conjugal mais teinté de professionnalisme.

« Un peu contrariée par la chaleur, petite femme ? » Il a demandé. « Vous avez l'air d'une couleur un peu différente. Nous ne pouvons pas non plus vous laisser mal dormir. Montre-moi l'homme qui dort sept heures par nuit, et je te montrerai qui vivra jusqu'à quatre-vingt-dix ans.

Cette perspective ne séduisait pas pour l'instant son épouse.

« Je pense que je préférerais dormir moins et mourir plus tôt », dit-elle d'une voix égale, « même si je suis sûre qu'Elsie vivra jusqu'à cent ans à ce rythme-là. Vous l'encouragez à être paresseuse le matin, Wilfred. Je suis sûr que n'importe qui peut arriver à l'heure pour le petit-déjeuner à neuf heures et quart.

Il secoua la tête.

"Non, non, petite femme", dit-il. « Laissez une fille en pleine croissance dormir autant qu'elle en a envie. Je préférerais restreindre la nourriture d'une fille plutôt que son sommeil. Donnez une chance aux globules rouges, hein ?

Millie se leva de table et se dirigea vers le buffet pour chercher des fruits. Puis soudain, elle se rendit compte que tout cela n'en valait pas la peine. Cela semblait une affaire stupide de descendre chaque matin prendre son petit-déjeuner, de s'occuper du ménage, d'aller se promener peut-être ou de s'asseoir dans le jardin, et après avoir accompli la ronde de ces futilités quotidiennes, de se recoucher et de dormir. , juste pour la récupération que lui procurait le sommeil, pour lui permettre de tout recommencer. Mais les fraises semblaient fraîches et moelleuses, et, debout près du buffet, elle en mangea quelques-unes. Juste au-dessus était suspendu le miroir Sheraton oblong, que son mari avait acheté à si bas prix dans une vente locale et qu'il avait ramené à la maison si triomphalement. Cela aussi semblait lui raconter une histoire fade, et le reflet de son jeune visage, couronné de reflets de cheveux jaunes, sur le fond de chêne sombre des lambris semblait sans but ni signification. Elle ne faisait rien de sa beauté qui était restée si longtemps avec elle. Mais elle ne durerait pas encore de nombreuses années : même ce matin, il semblait y avoir une ombre au-dessus d'elle, la rendant sombre... Bientôt, personne ne se soucierait de savoir si elle avait jamais été jolie ou non ; en effet, même maintenant, Elsie semblait, par sa taille et la maturité de ses manières, rappeler à tout le monde qu'elle devait elle-même s'approcher de la barre que toute femme doit franchir lorsqu'elle a quarante ans environ... Et, assez étrangement, il peut sembler que ces doutes et ces interrogations qui regardaient sombrement Millie depuis le verre Sheraton au-dessus du buffet, aussi égoïstes et élémentaires soient-ils, ressemblaient bien plus à la « pensée » que la généralité de ces impressions superficielles qui, en règle générale, reflétaient son esprit. . Ils étaient aussi plutôt activement désagréables, et d'une manière générale, rien de désagréable ne lui venait à l'esprit. Les expériences de chaque jour peuvent être légèrement exaltantes ou légèrement fastidieuses. Mais quels qu'ils soient, elle n'avait pas l'habitude d'y réfléchir attentivement. Maintenant, pour le moment, il lui semblait qu'une ombre, une présence vague se dressait devant elle et réclamait son attention d'un air menaçant.

Riseborough se distingue par le nombre de ses églises et, peu de temps après, l'air était doux grâce aux cloches. En règle générale, Millie Evans allait à l'église le dimanche matin avec la même régularité qu'elle mangeait du rôti de bœuf chaud pour le déjeuner une fois le déjeuner terminé, mais ce matin, elle s'est facilement laissée persuader de s'abstenir de tout acte de culte public. Il semblait tout à fait possible qu'elle puisse se sentir mal pendant les psaumes et, sur les conseils de son mari, elle décida de s'arrêter à la maison, le laissant lui et Elsie, qui ignorait complètement ce que signifiait un malaise, y assister. Mais ce n'était pas la peur du malaise qui provoquait son absence : elle avait envie, presque pour la première fois de sa vie, d'être seule et de réfléchir. Même à l'occasion de son mariage, elle n'avait pas jugé nécessaire de s'employer à une pensée originale : sa mère avait réfléchi à sa place et l'avait conseillée, comme elle en était sûre, avec bon sens et bien. Elle n'avait pas non plus eu besoin de réfléchir lorsqu'elle attendait son unique enfant, car à cette occasion, elle s'était parfaitement contentée de faire exactement ce que son mari lui disait. Mais maintenant, à trente-sept ans, la vue de son propre visage dans la glace lui avait suggéré certaines possibilités, certaines limites.

Sa mauvaise santé l'avait empêchée d'aller à l'église les rares dimanches, et maintenant, suivant simplement les préceptes de l'habitude, elle emportait avec elle, sur une chaise en panier au-dessous du grand mûrier du jardin, une Bible et un livre de prières. , dans lequel elle supposait qu'elle lirait les psaumes et les leçons de la journée. Mais la Bible est restée longtemps intacte, et lorsqu'elle l'a finalement ouverte au hasard, elle n'en a lu qu'un seul verset. C'est à la fin de l'Ecclésiaste que les feuillets se sont séparés et elle a lu : « Quand le désir échouera, parce que l'homme s'en va vers sa longue demeure. »

Cela suffisait, car c'était cela, exprimé ici succinctement, qui l'avait troublée ce matin, quoique si vaguement, que jusqu'à ce qu'elle ait vu ses symptômes écrits brièvement et lisiblement, elle avait à peine su de quoi il s'agissait. Mais cette ligne et demie les décrivait certainement. Sans doute tout cela était très élémentaire ; peu à peu, on a cessé de s'en soucier, puis on est mort. Mais son cas était assez différent de celui-là, car elle sentait que son désir n'avait pas échoué, simplement parce qu'elle n'avait jamais eu de désir. Elle s'était éveillée et endormie, elle avait mangé et marché, elle avait eu un enfant ; mais toutes ces choses avaient à peu près la même valeur. Une fois, on lui a arraché une dent, sans gaz ; c'était une expérience légèrement plus vivante. Mais ce fut très vite fini : elle ne s'en souciait pas vraiment.

Mais même si aucune de ces choses ne lui avait plu, elle ne s'était pas ennuyée de les répéter. Il avait semblé naturel qu'une chose se succède, que les jours deviennent des semaines, et que les semaines deviennent des mois, insensiblement. Quand les mois se sont ajoutés en années, elle s'en est rendu compte en célébrant son anniversaire, et Wilfred, en lui offrant un petit cadeau dans une boîte en maroquin, lui a dit qu'elle avait l'air aussi jeune qu'à leur première rencontre, ce qui était très agréable. presque vrai. Elle possédait désormais quantité de ces caisses en maroquin : il n'oubliait jamais la présentation ponctuelle de chacune. Et la vision mentale de tous ces écrins en maroquin, certains ronds, certains carrés, certains oblongs, et la pensée de leur contenu – une petite broche en perles, une broche en saphir, une paire de boucles d'oreilles en émeraude, une épingle à chapeau ornée de bijoux – soudain sont tombés sur elle avec leur effet cumulatif. Beaucoup de temps s'était écoulé ; il l'habitait surtout désormais à travers le souvenir des affaires de maroquin.

En raison de son tempérament impassible et de sa santé corporelle sereine, elle paraissait encore très jeune et ne se sentait certainement pas vieille. Mais alors que les cloches de l'église cessaient de tinter et de s'entrechoquer dans l'air chaud et calme, ne laissant pour seule oreille que le bourdonnement d'une multitude d'abeilles dans le long parterre de fleurs, elle comprit que quoi qu'elle ressente et quel que soit son regard, elle le ferait. nous serons bientôt de l'autre côté de cette barrière qui, pour les femmes, marque la fin de leur vie essentielle et caractéristique. Il lui restait encore quelques années parmi les années dont elle faisait si peu usage, et avec un spasme, le plus vif peut-être qu'elle ait jamais connu, y compris même l'extraction de la dent sans gaz, l'horreur de la cinquantaine tomba. sur elle, la faisant frissonner. Toute sa vie, elle n'avait rien ressenti : bientôt elle serait incapable de ressentir, sauf dans la mesure où le regret, ce pâle écho de ce qui aurait pu être autrefois de l'émotion, peut être considéré comme une affaire de cœur. Ressentir, elle le percevait facilement, impliquait l'existence de quelque chose ou de quelqu'un qui pouvait susciter des sentiments. Mais elle ne savait pas où chercher son participant. Il y a bien longtemps, son mari faisait autant partie de ce niveau mort de la vie que son petit-déjeuner ou son habillage pour le dîner. Jamais il ne l'avait tirée de sa tranquille passivité, elle n'avait jamais eu envie de lui, dans le sens où un homme assoiffé désire de l'eau. Elle n'aimait pas la nature : « la primevère au bord de la rivière » aurait pu être une violette pour tout ce qui lui tenait à cœur ; la charité, dans son sens technique, lui répugnait, parce que l'odeur curieuse qui régnait dans les maisons des pauvres ne lui donnait qu'une envie de s'enfuir. Il était difficile de savoir vers qui se tourner pour trouver un exutoire à cette reconnaissance somnolente de la vie qui, aujourd'hui, si tard et encore si faiblement, s'éveillait en elle. Pourtant, même s'il ne remuait que faiblement, il y avait du mouvement : il voulait être vivant un peu, avant d'être indubitablement mort.

Ses pensées revinrent au sujet sur lequel elle avait dit à son mari qu'il n'y avait rien à dire, à savoir le dîner chez les Ames hier soir. Certes, cela n'avait rien de remarquable : elle s'était conduite comme d'habitude, avec le résultat habituel. Elle avait l'habitude de distribuer ses petits sourires, ses regards déférents et ses discours flatteurs à ceux qui étaient assis à côté d'elle au dîner, parce qu'en elle une douce amabilité la poussait à se rendre agréable, et parce que, avec si peu de peine, elle pouvait se faire plaisir. un homme se comporte aussi agréablement qu'il est capable de se comporter. Elle attirait les hommes très facilement, superficiellement pourrait-on dire, sans attacher aucune importance à l'intérêt qu'elle suscitait, et sans chercher au-delà de la table les fruits de l'attraction qu'elle exerçait. Mais ce matin, cette reconnaissance tardive et somnolente de la vie, à côté de laquelle, pour ainsi dire, se dessinait l'ombre de la quarantaine, la fit réfléchir. Y avait-il là une certaine épanouissement et un certain développement d'elle-même, avant que les années flétries et stériles ne lui arrivent ? Il serait tout à fait insensé de dire que, assise ici, elle s'est définitivement proposée d'essayer de s'intéresser émotionnellement à quelqu'un d'autre, au cas où cela pourrait ajouter du piquant à la vie, mais elle a considéré l'effet qu'elle produisait si facilement. chez d'autres, et je me demandais ce que cela signifiait de ressentir cela. Le major Ames avait certainement aimé la raccompagner chez elle ; Harry avait certainement ressenti une touche de romantisme *gauche* lorsqu'il lui avait montré l'effet du crépuscule sur le teint d'une rose ou d'une autre. Il lui avait offert tout un bouquet de roses, pour tenter un joli discours. Oui, c'était bien ça : leurs ombres étaient bleu pâle, et il avait dit qu'elles étaient juste de la couleur de ses yeux. Mais les roses étaient jolies : elle espérait que quelqu'un les avait mises dans l'eau.

Ses réflexions l'intéressaient déjà beaucoup : elles avaient quelque chose d'original et d'excitant pour elle, et c'était ennuyeux de les voir démanteler par la femme de chambre qui venait vers elle de la maison. Personnellement, elle trouvait absurde de ne pas avoir de domestiques, mais Wilfred affirmait toujours qu'un couple de bonnes femmes de chambre produisait un plus grand confort avec moins de dérangement, et cédant à lui, comme elle cédait toujours à quiconque exprimait une opinion précise, elle avait accepté le service féminin. Mais elle appelait toujours la femme de chambre en chef Watkins, tandis que son mari l'appelait Mary.

"Le major Ames veut savoir si vous le verrez, madame", a déclaré Watkins.

Les intérêts sont revenus.

"Oui, demandez-lui de sortir", dit-elle.

Watkins retourna à la maison et revint accompagné du major Ames, qui portait un énorme bouquet de pois de senteur. Vint ensuite la difficulté de se rencontrer et de se saluer avec grâce et naturel, ce qui est habituel lorsque le visiteur est visible de loin. Le major afficha un sourire bien trop tôt et dut l'enlever à nouveau, car Mme Evans n'avait pas encore décidé qu'il était temps de le voir. Puis elle se mit à sourire, tandis que lui (sans son sourire) regardait distraitement la cime du mûrier, comme s'il s'attendait à l'y trouver. Il regarda là un moment de trop, car l'une des branches inférieures lui fit tomber brusquement son chapeau de paille, et il dit : « Que Dieu bénisse mon âme », et il laissa tomber les pois de senteur. Cependant, ce ne fut pas un malheur sans mélange, car la reconnaissance s'est faite tout naturellement par la suite. Elle espérait qu'il n'était pas blessé, était-il *sûr* que cette idiote de branche ne lui avait pas frappé le visage ? Il faut l'enlever ! *Quelles* jolies fleurs ! Et étaient-ils pour elle ? Ils étaient.

Le major Ames replaça son chapeau assez précipitamment, après une manœuvre rapide concernant ses cheveux que Mme Evans ne suivit pas exactement. Le fait était (bien qu'il croyait que ce fait n'était pas généralement connu) que le sommet de la tête du major Ames était entièrement dépourvu de cheveux et que la récolte lisse qui le recouvrait était le produit du côté de sa tête, juste au-dessus du oreille - devenue longue et brossée sur le crâne de manière à le orner d'une richesse et d'une élégance apparemment locales. L'enlèvement brusque et inattendu de son chapeau par la branche du mûrier en avait fait retomber une partie considérable presque jusqu'à l'épaule du côté sur lequel il poussait réellement, et sa manœuvre précipitée avec ses tresses rassemblées avait pour but de le faire tomber. remplace les. Il remit nécessairement son chapeau rapidement, à la manière d'un garçon capturant un papillon.

Son esprit, et son état, en ce dimanche matin, mériteraient une brève analyse. Bref, une sorte d' *aurore boréale* de jeunesse l'avait visité : son ciel était strié de lumières inexplicables. Il s'était dit qu'un homme de quarante-sept ans était encore jeune, et que lorsqu'une femme des plus séduisantes avait manifesté un intérêt évident pour lui, il n'était que raisonnable d'y donner suite. Ce n'était pas un fat, ce n'était pas un foie lâche ; ce n'était qu'un homme très ordinaire, en bonne santé, marié à une femme considérablement plus âgée que lui, et vivant dans une ville qui, malgré son jardin adoré, n'offrait que des excitations modérées. Mais en effet, cette visite matinale, payée avec ce solide tribut de pois de senteur, était une sorte d'aventure, et il n'en avait pas parlé à sa femme. Il l'avait vue partir pour Saint-Barnabé, puis il avait rassemblé en toute hâte son bouquet et était parti, laissant Harry errer rêveusement dans les allées de cendres du potager, dans toute la gloire d'avoir découvert que la couleur des coureurs écarlates était comme un clairon. Le major Ames avait cueilli presque ses variétés les plus rares, car cueillir les plus rares, puisqu'il souhaitait conserver leur première fleur pour en faire des graines, aurait été à la limite du chichotisme et aurait frôlé l'imbécillité, mais il avait apporté le meilleur de sa seconde fleur. -meilleur. Hier soir également, il avait fait allusion à sa propre négligence en ce qui concerne la fréquentation de l'église le dimanche matin, et en venant ici, il s'était permis de se demander si Millie prouverait (en conséquence, peut-être) qu'elle s'était abstenue de adorez aussi, en attendant, ou du moins en considérant possible, un appel matinal de sa part. En fait, elle n'avait pas nourri de tels espoirs, car il lui était totalement indifférent qu'il aille ou non à l'église le dimanche. Mais lorsqu'il apprit à la porte qu'elle était chez elle, il n'était guère déraisonnable, de la part d'un homme plutôt vaniteux et courageux, de relier ce fait aux informations qu'il avait données.

Alors il réajusta précipitamment son chapeau.

« Ma propre stupidité entièrement », dit-il ; « Ne blâmez pas l'arbre. Oui, je ne vous ai apporté que quelques fleurs, et bien qu'elles ne soient pas dignes de votre acceptation, ce ne sont pas les pires bouquets de pois de senteur que j'aie jamais vus, ni les pires. Celles-là, Catherine la Grande, par exemple, ne le sont pas... eh bien, elles ne poussent pas vraiment dans tous les jardins.

Mme Evans ouvrit un peu plus grand ses yeux bleus.

« Et sont-ils vraiment pour moi, major Ames ? » elle a demandé à nouveau. « C'est gentil de votre part. Mes précieuses fleurs ! Il faut les mettre immédiatement dans l'eau. Watkins, apporte-moi un des grands bols de fleurs ici. Je vais les arranger moi-même.

"Fleurs porte-bonheur, fleurs porte-bonheur", rigola le major Ames.

« C'est moi qui ai de la chance », dit-elle en reconnaissant ce subtil compliment avec un petit sourire. « Je m'éloigne de l'église un peu paresseusement et je suis récompensé par une agréable visite et un beau bouquet. Et quelle charmante fête nous avons eue hier soir ! J'avais du mal à y croire quand je suis revenu ici et j'ai découvert qu'il était presque onze heures et demie. De telles heures !

Le major Ames éclata de rire.

« Vous vous moquez de nous, Mme Evans, » dit-il ; " " Sur ma parole, vous vous moquez de nous et de nos promenades tranquilles à Riseborough. Je suis sûr que lorsque vous étiez à Londres, c'était vers onze heures et demie que vous commenciez plutôt à sortir pour danser.

«Je sortais beaucoup quand j'étais assez jeune», dit-elle. «Wilfred me poussait souvent à sortir, et les gens étaient certainement très gentils en me le demandant. Je me souviens qu'un soir de la saison, on m'avait invité à deux dîners, un bal et une soirée. Après tout, il est naturel de prendre plaisir à la gaieté innocente quand on est jeune.

Le major Ames eut très chaud après sa promenade et, oubliant l'aventure de ses cheveux, ôta presque son chapeau de paille. Mais providentiellement, il s'en souvint de nouveau juste à temps.

« Sur ma parole, Mme Evans, » dit-il jovialement, « vous me faites sentir cent ans quand vous parlez ainsi, comme si vos jours de jeunesse et de succès étaient terminés. Eh bien, quelqu'un à votre garden-party hier après-midi m'a dit avec certitude que Miss Elsie était la fille de la première femme de votre mari. Je ne me croirais pas quand je disais qu'elle était ta fille. Le pauvre Sanders – c'est M. Sanders qui l'a dit – a dû me payer dix shillings pour sa positivité. Il a parié, vous savez, il a insisté pour parier. Mais en réalité, quiconque ne le sait pas aurait raison de faire un tel pari quatre-vingt-dix-neuf fois sur cent.

Elle lui fit un petit sourire en baissant les paupières.

"Chère Elsie!" dit-elle. « Elle est d'un tel réconfort pour moi. Elle gère tout à fait la maison pour moi et m'épargne tous les ennuis. Elle sait toujours combien devraient coûter les asperges et ce qui arrive à la glace à la fraise après une fête. Je n'ai jamais été une bonne femme de ménage. Wilfred me disait toujours : "Sortez et amusez-vous, ma chère, et je paierai les factures." Bien sûr, c'était toute sa gentillesse, je le sais, mais parfois je me demande si cela n'aurait pas été une plus grande gentillesse de me faire réfléchir et inventer davantage. Elsie fait tout cela maintenant, mais quand ma petite fille se mariera, ce sera à nouveau mon tour. Dites-moi, Major Ames, est-ce vous ou votre cousine Amy qui faites en sorte que tout se passe si bien chez vous ? Je pense – dois-je le dire – je pense que ça doit être toi. Lorsqu'un homme gère une maison, il y a toujours plus de précision d'une manière ou d'une autre : on a la certitude que tout a été prévu et prévu. Des cartes de menu imprimées, par exemple, si *chics*, si parfaitement *comme-il-faut*.

Watkins avait sorti un grand plat, un peu comme une boîte à éponge, pour les pois de senteur, et Mme Evans avait commencé le travail vraiment herculéen consistant à les mettre dans l'eau. Une grille en treillis métallique entourait le bord : chaque pois était enfoncé séparément. Elle leva les yeux de sa tâche vers lui.

"Ai-je raison?" elle a demandé.

Le major Ames n'était pas vraiment un homme menteur, mais beaucoup d'hommes qui ne mentent pas vraiment subissent de nombreuses fausses déclarations.

« Oh, vous ne devez pas m'en attribuer le mérite », dit-il (honnêtement jusqu'à présent) ; « C'est une esquive que nous avions toujours l'habitude d'utiliser au mess, alors pourquoi pas aussi chez soi ? C'est mieux que les cartes écrites, qui prennent beaucoup de temps à recopier encore et encore, et puis, tu vois, ma chère Amy n'est pas très forte en français, et ne veut pas toujours m'embêter à lui dire s'il y a un accent dans un mot, ou deux « s » dans un autre. Cela permet d'économiser du temps et des ennuis.

Mme Evans applaudit doucement du bout des doigts roses.

"Ah, je savais que c'était toi!" dit-elle.

Or, manifestement (bien que presque sans intention) le major Ames était allé trop loin pour battre en retraite : également, la retraite impliquait une contradiction flagrante avec ce que Mme Evans disait savoir, ce qui aurait été une grossièreté contre laquelle sa bravoure habituelle se révoltait naturellement. Par conséquent, ne pouvant battre en retraite, il dut se mettre le plus en sécurité possible, se retrancher.

« C'est peut-être un peu extravagant », dit-il. « En effet, Amy le pense, et je ne lui parle jamais du sujet des cartes de menu. Elle a tendance à tourner le sujet un peu brusquement sur le mot carte de menu. Chère Amy! Après tout, notre vie ici-bas serait bien ennuyeuse si nous étions tous entièrement d'accord les uns avec les autres.

Elle poussa un petit soupir, secoua la tête et sourit à ses petits pois.

"Ah, combien de fois je pense ça aussi", dit-elle. « Au moins, maintenant que tu le dis, j'ai l'impression de l'avoir souvent pensé. C'est tellement vrai. Ce cher Wilfred est un tel ange pour moi, voyez-vous ! Quoi que je fasse, il pensera certainement bien. Mais parfois, vous vous demandez si les personnes qui vous connaissent le mieux vous comprennent vraiment. C'est comme... c'est comme apprendre des choses par cœur. Si vous apprenez une chose par cœur, vous cessez souvent de penser à ce que cela signifie.

Mme Evans, il faut l'avouer, ne voulait rien dire de très précis par là : sa vie, c'est-à-dire, ne se déroulait pas du tout dans les circonstances que son discours laissait entendre, sauf dans la mesure où elle souhaitait souvent que des choses plus amusantes lui arrivaient, et qu'elle n'aurait pas si tôt quarante ans. Mais elle voulait certainement que le major Ames attache à ses paroles leur implication naturelle : elle voulait paraître vaguement méconnue. En même temps, elle voulait qu'il voie qu'elle ne blâmait en aucun cas son cher Wilfred inconscient. Si le major Ames pensait cela, cela gâcherait un aspect essentiel de l'image qu'elle souhaitait présenter d'elle-même. La raison pour laquelle elle souhaitait le présenter était également assez facile à comprendre. Elle voulait être intéressante et était par nature idiote. Le fait qu'elle ait presque trente-huit ans a largement contribué à son discours.

Le major Ames en a fait une interprétation tout à fait satisfaisante. Il a vu tout ce qu'il était censé voir, et rien d'autre. Et cela fut délicieusement prononcé, si affectueusement pour Wilfred, si timidement comme pour elle-même. Il fit immédiatement l'étonnante découverte mentale qu'elle n'était pas très heureuse, en raison d'un échec dans les affinités domestiques. Il sentait également qu'il était intuitif de sa part d'avoir deviné cela, puisqu'elle ne l'avait pas réellement dit. Et il était extrêmement conscient de la séduction de sa présence, tandis qu'elle était assise là, fraîche et blanche, par cette chaude matinée, en train de mettre les derniers pois de senteur qu'il lui avait apportés. Elle avait l'air d'une jeunesse et d'une fraîcheur enchanteresses, et visiblement elle trouvait en lui quelque chose qui la disposait aux confidences. Pour lui rendre justice, on peut dire qu'il ne s'est pas demandé ce que c'était, mais il était facile de voir qu'elle lui faisait confiance.

"Je pense que nous devons tous ressentir cela de temps en temps, ma chère dame", a-t-il déclaré, soucieux d'intégrer les circonstances de sa propre maison dans la discussion. « Je suppose que nous tous qui ne sommes pas encore tout à fait vieux, disons, pas encore tout à fait vieux, pour m'inclure, sentons parfois que la vie ne nous donne pas tout ce qu'elle pourrait donner ; que les gens ne nous comprennent pas vraiment. Sans aucun doute, beaucoup de gens, et j'ose dire ceux qui, comme vous l'avez dit, en connaissent le mieux une, n'en comprennent pas une. Et puis, n'y prêtons pas attention, mais marchons tout droit, marchons tout droit, selon les ordres.

Il se redressa très droit sur sa chaise, comme s'il s'apprêtait à marcher, fit des remarques d'une noblesse passionnante et se frappa deux coups retentissants avec son poing fermé sur sa large poitrine. Puis un soudain soupçon le saisit : il avait fait preuve d'une intransigeance presque trop spartiate, comme si les soldats n'avaient pas de cœur.

"Et alors peut-être rencontrerons-nous quelqu'un qui nous comprend", a-t-il ajouté.

L'observateur critique, le cynique et ce produit le plus rare de tous, l'homme tout à fait sincère et direct, n'auraient rien trouvé dans cette conversation qui pût émouvoir autre chose que sa raillerie ou son dégoût. Ici, assis sous le mûrier dans cet agréable jardin, un dimanche matin, se trouvaient deux personnes, l'homme près de cinquante ans, la femme près de quarante ans, essayant tous deux, avec Dieu sait combien de petites manques de sincérité d'ailleurs, de se rapprocher l'un de l'autre. autre. Tous deux avaient atteint des âges dangereux pour ceux qui avaient vécu (même s'ils l'avaient fait) une vie extrêmement respectable et bien menée, sans aucune raison primordiale quant à leur moralité. Sur le mode de vie du major Ames avant son mariage, qui après tout était au jeune âge de vingt-cinq ans, il n'y a rien à dire, car il y a vraiment très peu de choses à dire, et en tout cas la conduite d'un jeune homme pas encore dans sa vingt-cinquième année n'a presque rien à voir avec le caractère du même homme quand il en a quarante-sept. Durant tout ce très long intervalle, il s'était toujours comporté comme un homme marié devait le faire, et ces années, marié comme il l'était à une femme de beaucoup son aînée, n'avaient pas du tout été passées de manière déshonorante. Cette chronique n'entend nullement lui imputer un caractère élevé, car il n'a rien de Galahad dans sa composition. Mais ce n'était pas un satyre. Par conséquent, car cela fait partie de la composition ironique d'un homme - justement dans les années dont nous parlons, à une époque de la vie où on aurait pu pardonner à un homme d'avoir semé de la folle avoine et d'en avoir vu la robustesse, il était dans cette situation bien plus précaire de ne pas les avoir semés (sauf, pour ainsi dire, dans le plus petit des pots de fleurs), ni de n'avoir éprouvé le caractère mesquin d'une telle récolte. Mais cela n'implique pas qu'il regrette désormais la respectabilité de ces vingt-deux années. Il ne l'a pas fait : il avait eu une vie heureuse et satisfaite, mais il serait bientôt vieux. Il n'envisageait plus du tout l'aventure. Un simple Ulysse qui n'avait jamais voyagé se demandait à quoi ressemblait un voyage. Il n'était pas amoureux de ce visage séduisant aux longs cils que lui avait apportés les pois de senteur. Mais s'il avait recommencé à cueillir ces pois de senteur, il aurait probablement cueilli les meilleurs, même s'il voulait les graines pour les semailles de l'année prochaine. Ainsi, à son égard, les ricanements cyniques auraient été déplacés ; il n'envisageait rien de ce que les cyniques auraient appelé « une conquête ». Le gentleman sincère et direct aurait été tout aussi excessif dans son dégoût. Rien, hormis la légère absurdité de la nature du major Ames, ne justifiait ni le rire ni les larmes. C'était un homme modéré d'âge moyen, à peu près aussi bien intentionné que la plupart d'entre nous.

Mme Evans, peut-être, était moins louable et méritait davantage de rires et de larmes. Elle avait consciemment essayé de produire une fausse impression sans dire de fausses choses — une posture lamentable. Elle avait voulu, comme c'était sa nature, attirer sans être attirée en conséquence. Elle était prête à ce qu'il aille un peu plus loin, ce qui est caractéristique du flirt. Elle a réussi, comme le fait habituellement le flirt.

Sa dernière phrase fut reçue en silence, et il crut bon de la répéter avec une légère variation. Le thème était clair.

"Nous rencontrerons peut-être quelqu'un qui nous comprend", a-t-il déclaré. « Qui nous regarde, pas nous, hein ? Qui voit non seulement ce que nous souhaitons, mais ce que nous voulons.

Elle mit le dernier pois de senteur dans le grillage.

« Oh, oui, oui, » dit-elle ; "Comme cette distinction est belle."

Il n'avait pas conscience que c'était particulièrement beau, jusqu'à ce qu'elle en parle, mais il se rendit compte ensuite que c'était plutôt bien. La respectabilité de toutes ses longues années le tirait également comme avec une chaîne. Il était tout à fait conscient d'être encouragé, et donc il était légèrement terrifié. Il n'avait pas beaucoup de puissance d'imagination, mais il pouvait s'imaginer une maison très inconfortable...

La Providence vint à son aide, probablement la Providence. Le temps de l'église était passé, et deux terriers noirs d'Aberdeen, suivis d'Elsie, suivis du Dr Evans, sortirent de la porte du salon et se dirigèrent vers la pelouse. Ils étaient tous dans la joie de vivre géniale qui accompagne le sentiment du devoir accompli. Les chiens avaient été libérés de la maison, où ils étaient parqués dimanche matin pour éviter leur apparition inattendue à l'église ; les deux autres avaient été libérés de l'église.

Wilfred Evans avait très clairement laissé l'église derrière lui : il avait également laissé dans la maison non seulement son haut-de-forme mais aussi son manteau, comme il convenait à la chaleur du matin, et paraissait gros, fort et vif. Elsie était moins vigoureuse : elle s'asseyait sur l'herbe dès qu'elle atteignait l'ombre de l'arbre. Elle a eu la bonne idée de serrer d'abord la main du major Ames : sinon sa mère lui aurait fait des remarques sur ses manières. Mais elle était nettement moins âgée maintenant qu'elle ne l'était lors du dîner officiel de la veille.

Le Dr Evans arriva le dernier au mûrier.

"Jupiter! quelles jolies fleurs », dit-il. « C'est vous, major Ames, n'est-ce pas ? Comment ça va ? Eh bien, petite femme, comment ça va ? Vous avez bien fait de ne pas venir à l'église. Il faisait terriblement chaud.

"Et un très long sermon, papa", dit Elsie.

« Vingt-deux minutes : j'ai chronométré. Très intéressant cependant. Vous vous arrêterez pour déjeuner, major Ames, n'est-ce pas ? Nous déjeunons toujours à une heure le dimanche.

Or, le major Ames savait très bien qu'il y aurait chez lui le déjeuner qui suivrait les fêtes, le déjeuner de résurrection de ceux qui étaient morts la nuit dernière. Il y aurait des petits morceaux de saumon un peu plus gris que la veille, qui ressortiraient de la salade fraîche qui les recouvrait. Il y aurait une sorte de *chaud-froid* ; il y aurait un liquide rose et visqueux qui était le descendant affaibli de la glace à la fraise qu'Amy leur avait donnée. Il y aurait également plusieurs personnes, dont Mme Altham, qui n'avaient pas été invitées au festin la nuit dernière, mais qui, puisqu'elles étaient venues selon la version autorisée des festivités de Riseborough, au déjeuner du lendemain, seraient certainement invitées à dîner. à la prochaine occasion. De plus, il le savait bien, il devrait dire à Mme Altham : « Amy nous a offert un déjeuner froid aujourd'hui. Eh bien, un déjeuner froid ne me dérange pas par une journée aussi chaude. *Chaud-froid* de poulet, Mme Altham. Je pense que vous constaterez que le cuisinier d'Amy comprend *le chaud-froid* .

Et il savait toujours que *chaud-froid* signifiait un dîner la veille au soir. Le liquide visqueux contenu dans les verres à gelée aussi, ainsi que tout le reste. Et bien sûr, Mme Altham le savait : tout le monde savait tout sur le déjeuner qui suivait un dîner. Même si le dîner d'hier soir avait été aussi secret que le mariage de George IV avec Mme Fitzherbert, le déjeuner d'aujourd'hui l'aurait rendu aussi public que n'importe quelle réception à Saint-Pierre, Eaton Square.

Il réfléchit à l'inimaginable bouleversement de toute cette routine qu'entraînerait son absence.

«Je me demande si je devrais le faire», dit-il. "J'imagine qu'Amy m'a dit qu'elle avait quelques amis pour déjeuner."

Millie Evans le regarda. Même si la question de savoir s'il devait déjeuner ici ou à la maison était infinitésimale, elle savait qu'elle s'opposait définitivement à sa femme à ce moment-là.

"Ah, arrête," dit-elle. « Si la cousine Amy a quelques amis, pourquoi ne devrions-nous pas en avoir un ? »

Il se releva : il faillit encore ôter son chapeau, mais encore une fois il se souvint.

"Je prends cela comme un ordre", a-t-il déclaré. « Ai-je l'ordre d'arrêter ? »

"Certainement. Téléphonez à Mme Ames, Wilfred, et dites que le major Ames déjeune avec nous.

« *À les ordres de Votre Majesté* », dit-il gaiement, oubliant pour l'instant que sa femme venait lui demander de l'aide avec le langage insaisissable de nos voisins. Mais le caractère français de son attitude et de ses sentiments détourna peut-être l'attention du caractère curieux de sa grammaire.

CHAPITRE IV

IL était, bien sûr, aussi inévitable que le retour du jour que Mme Altham partait une demi-heure plus tôt qu'il n'était nécessaire pour se rendre à l'église ce matin-là, afin de retourner auprès de Mme Brooks, qui avait dîné la veille au soir. chez les Ames, quelques livres qui lui avaient été prêtés il y a un mois ou deux, et que Mme Brooks lui raconterait l'incident inhabituel où Harry avait emmené Mme Evans dans le jardin après le dîner et lui avait donné un bébé qui grandissait progressivement. bouquet de roses arrachées aux arbres de son père. En effet, il était difficile de déterminer de manière satisfaisante quelle partie de la conduite d'Harry était la plus étonnante, avec une telle complétude qu'il s'était révolté contre les deux bénéficiaires du cinquième commandement.

« Ils ne peuvent pas être restés dans le jardin pendant moins de vingt minutes », a déclaré Mme Brooks ; « et je ne devrais pas me demander si c'était plus. Car à peine nous étions-nous installés après que ces messieurs soient revenus de la salle à manger, qu'ils sortirent, et je suis sûr que nous avions à peine reparlé après leur retour, qu'on annonça ma femme de chambre. Certes, ces messieurs sont restés assis longtemps après le dîner avant de nous rejoindre, ce qui, je le remarque, est toujours le cas lorsque le général Fortescue est à une fête, mais cela ne peut pas faire moins d'une demi-heure qu'ils sont restés dans le jardin. maintenant il s'agit de faire l'addition.

Mme Brooks observa un moment en silence son morceau de broderie. Il ne faut pas un instant supposer qu'elle aurait fait de la broderie pour sa propre robe le dimanche matin ; il s'agissait d'une façade pour le pupitre de Saint-Barnabé, ce qui empêcherait Mme Ames de décorer le pupitre avec ses fleurs. Il y avait une croix, et une couronne, et quelques initiales, et quelques rayons de lumière, et un cœur, et des passiflores, et une colombe travaillée dessus, avec une profusion de fil d'or qui était positivement américain dans son opulence. Jusqu'à présent, le pupitre avait toujours été le domaine de l'un des embellissements les plus révélateurs de Mme Ames. Lorsque cette broderie serait terminée (ce qui ne tarderait pas), elle serait chassée du pupitre dans le désordre et la déconfiture.

"Un effet très riche", dit Mme Altham avec sympathie. "Une demi-heure! Cher moi! Et puis je pense que tu as dit qu'elle était revenue avec une douzaine de roses.

Mme Brooks ferma les yeux et fit un bref calcul.

«Plus d'une douzaine», dit-elle. « J'ose dire qu'il y avait vingt roses. C'était très marqué, très marqué même. Et si vous me demandez ce que je pense du projet de Mme Ames de demander un mari sans femme et une femme sans mari, je dois dire que je n'aime pas du tout cela. Soyez-en sûr, si le Dr Evans était venu aussi, il n'y aurait pas eu de promenade dans le jardin avec notre Maître Harry. Mais loin de moi l'idée de dire qu'il y avait du mal à cela, loin de là ! J'espère que je ne suis pas du genre à condamner les actions des autres parce que je ne les commettrais pas moi-même. Tout ce que je sais, c'est que la première fois que mon défunt mari m'a demandé de me promener dans le jardin après avoir dîné avec lui, il m'a proposé ; et la deuxième fois qu'il m'a demandé de me promener dans le jardin avec lui, il m'a proposé à nouveau et je l'ai accepté. Mais je n'étais fiancée à personne d'autre à l'époque, et encore moins mariée, comme Mme Evans. Mais ce ne sont pas mes affaires, je suis heureux de le dire.

« En effet, non, cela ne nous regarde pas », dit Mme Altham avec avidité ; « et comme vous le dites, il n'y a peut-être aucun mal à cela. Mais les jeunes hommes sont très impressionnables, même s'ils sont très peu attrayants, et j'appelle cela un encouragement distinct pour un jeune homme à se promener après le dîner dans le jardin avec lui et à recevoir un cadeau de roses. Et je suis sûr que Mme Evans est assez vieille pour être sa mère.

Mme Brooks attacha une longueur de fil d'or qui devait faire partie du rayon le plus long de tous et fit un autre petit calcul. Ce n'était pas complètement satisfaisant.

« De toute façon, elle est assez vieille pour savoir mieux », dit-elle ; « Mais j'ai remarqué qu'être assez vieux pour mieux savoir fait souvent que les gens se comportent moins bien. Attention, je ne lui en veux pas : il n'y a rien que je déteste autant que cette attitude de censure ; et je dis seulement que si j'ai donné autant d'encouragement à un jeune homme, je devrais m'en vouloir.

"Et le dîner?" » demanda Mme Altham. "Au moins, je n'ai pas besoin de demander ça, puisque je vais déjeuner là-bas, donc je saurai bientôt aussi bien que vous ce qu'il y avait."

Mme Brooks sourit d'une manière plutôt supérieure.

«Je ne sais jamais ce que je mange», dit-elle. Et elle avait l'air d'être en désaccord avec elle aussi, quoi qu'il en soit.

Ce n'était pas particulièrement passionnant, car même s'il était généralement connu qu'Harry avait un tempérament émotif et écrivait des poèmes amoureux, il apparaissait à Mme Altham comme un Lothario improbable. En tout cas, le léger intérêt que cela suscitait en elle n'était rien comparé à celui qui les attendait, elle et son mari, lorsqu'ils arrivèrent déjeuner chez Mme Ames.

Il y avait une querelle de longue date entre Mme Altham et son hôtesse au sujet de la ponctualité. Il y a environ deux ans, Mme Ames était arrivée chez

Mme Altham avec au moins dix minutes de retard pour le dîner, et Mme Altham avait très justement rétorqué en arrivant un quart d'heure en retard lorsqu'elle fut ensuite invitée à dîner avec Mme Ames, bien que cela impliquait de rester assis dans un taxi sombre pendant dix minutes au coin du prochain virage. Ainsi, la prochaine fois que Mme Altham « espérait avoir le plaisir de vous voir vous et le major Ames dîner jeudi à huit heures moins le quart », elle a demandé au reste de ses invités à huit heures. De sorte que Mme Ames et son mari sont arrivés quelques minutes avant tout le monde, et Riseborough considérait généralement que Mme Altham avait marqué. Depuis lors, il n'y avait eu qu'une sorte de fusillade décousue, telle qu'elle ne ferait de mal à personne, et aujourd'hui Mme Altham et son mari sont arrivés certainement dans les dix minutes suivant l'heure indiquée. M. Pettit, qui déjeunait généralement avec Mme Ames ou Mme Brooks le dimanche, était déjà là avec sa sœur. Harry s'agitait d'un air maussade dans un coin, et Mme Ames était la seule autre personne présente dans le petit salon où elle recevait ses invités, au lieu de les déranger pour qu'ils montent au salon et redescendent instantanément. Elle tendit à Mme Altham sa grosse petite main, puis fit cette déclaration remarquable.

"Nous n'attendons personne d'autre, je pense."

Sur quoi ils allèrent déjeuner, et Harry s'assit en bout de table, à la place de son père.

Mme Ames était dans son humeur la plus bavarde, et ce n'est que lorsque le *chaud-froid*, composé principalement de cuisses de poulet badigeonnées d'une sauce jaune, cachait les longues racines de cheveux bleus dont la nature a orné leurs extrémités inférieures, était distribué, que Mme Altham eut l'occasion de poser la question qui bouillonnait comme une pastille antiseptique sur le bout de sa langue depuis qu'elle avait remarqué l'absence du major.

« Et où est le major Ames ? elle a demandé. « J'espère qu'il n'est pas malade ? Je pensais qu'il n'avait pas l'air bien lors de la garden-party de Mme Evans hier.

Mme Ames a rassuré son esprit sur le deuxième point et l'a enflammé sur le premier.

"Oh non !" dit-elle. « Pensiez-vous qu'il avait l'air malade ? C'est gentil de votre part de demander après lui. Mais Lyndhurst va plutôt bien. M. Pettit, un peu plus de poulet ? Après votre sermon.

M. Pettit avait un visage astucieux, laid et charmant, très maigre, très capable. Humainement parlant, il abhorrait probablement Mme Ames. Humainement parlant, il savait qu'il y avait beaucoup de bon en elle, et une quantité de choses discutables. Il sourit, montrant d'épaisses dents blanches.

« Avant et après mon sermon », dit-il. « Également avant un service pour les enfants et un cours biblique. Je ne peux m'empêcher de penser que Dieu a oublié ses pauvres ecclésiastiques lorsqu'il a défini le septième jour comme un jour de repos.

Mme Ames a caché une petite partie de son petit visage avec sa petite main. Elle a toujours dit que M. Pettit n'était pas du tout un ecclésiastique.

"Comme c'est méchant de ta part", dit-elle. « Mais je dois vous corriger. Le septième jour est devenu le premier jour maintenant.

Harry poussa un soupir volontairement audible. Le Club Omar était majoritairement athée et il se sentait tenu de respecter leurs principes.

"C'est le genre de chose qui me rend confus", a-t-il déclaré. "M. Pettit dit que le dimanche était appelé jour de repos, et ma mère dit que Dieu voulait dire ce que nous appelons lundi ou samedi. Je me comporte comme si c'était mardi ou mercredi.

M. Pettit lui lança un regard aimable.

"C'est tout à fait vrai, mon cher garçon", dit-il. « Passez correctement votre mardi ou votre mercredi et cela ne dérangera pas Dieu que ce soit jeudi ou vendredi. »

Harry repoussa ses cheveux défrisés et devint Omar.

« Est-ce que vous jeûnez vendredi, puis-je vous demander ? il a dit.

Mme Ames avait l'air peinée et essayait de trouver quelque chose à dire. Elle a échoué. Mais Mme Altham réfléchissait sans difficulté.

« Je suppose que le major Ames est absent, M. Harry ? dit-elle.

Même alors, même si ses intentions pouvaient facilement être considérées comme aimables, elle n'eut pas le privilège de recevoir une réponse, car M. Pettit répondit joyeusement à la question de Harry, sans l'ombre d'un embarras, tout comme s'il ne se souciait pas de ce que disait Omar. Pensa Khayyam Club.

« Bien sûr que oui, mon cher ami, dit-il, parce que notre Seigneur et notre plus cher ami est mort ce jour-là. Il nous permet de veiller et de prier avec lui pendant une heure ou deux.

Harry semblait indulgent.

«Curieux», dit-il.

M. Pettit le regarda pendant le temps que l'on regarde l'orateur, avec une cordialité joyeuse, puis se tourna de nouveau vers sa mère.

«Je veux que tu sois à l'église dimanche prochain», dit-il, «avec une grosse bourse, pour maigrir. Je vais faire une offre pour financer une friandise pour les enfants. Je veux envoyer tous les enfants de la paroisse au bord de la mer pendant une journée.

Harry l'interrompit de manière critique.

"Pourquoi le bord de mer ?" Il a demandé.

M. Pettit se tourna vers lui avec une cordialité sans faille.

"Comme c'est juste de demander!" il a dit. « Parce que la mer lui appartient et qu'il l'a créée ! Ils construiront également des châteaux de sable et ramasseront des coquillages. Tu dois venir aussi, mon cher Harry, et nous aider à leur offrir une bonne journée.

Harry sentait que c'était un Philistin ici, qui avait besoin d'être remis à sa place. Ce n'était pas vraiment un jeune très grossier, mais quelqu'un qui se sentait obligé de s'opposer au christianisme, qu'il considérait comme une superstition. Une idée lumineuse lui vint à l'esprit.

« Mais ses mains préparèrent la terre ferme, dit-il, sur la même supposition. »

"Certainement; et comme ces chers acariens ont toujours vu la terre ferme, dit M. Pettit avec la plus grande bonne humeur, nous voulons leur montrer que Dieu a pensé à quelque chose auquel ils n'avaient jamais pensé. Et puis il y a les châteaux de sable.

Harry était fatigué et ne se mit pas à écraser M. Pettit avec les arguments athées qui n'étaient que monnaie courante au club Omar Khayyam. Il ne valait pas la peine de discuter : on ne pouvait vraiment discuter qu'avec des gens éclairés qui étaient fondamentalement d'accord avec vous, et il était sûr que M. Pettit ne remplissait pas cette exigence. Alors, avec indulgence, il se tourna vers Mme Altham.

«Je vous ai vu hier à la garden-party de Mme Evans», dit-il. «Je pense qu'elle est la personne la plus merveilleuse que j'aie jamais rencontrée. Elle dînait ici hier soir et je l'ai emmenée dans le jardin... »

"Et je lui ai montré les roses", a déclaré Mme Altham, incapable de se retenir.

Harry est devenu une parodie de lui-même, même si cela peut sembler être un exploit d'une difficulté insurmontable.

«Je pensais que ça allait se passer», dit-il. « C'est le pire dans un petit endroit comme celui-ci. Tout ce que vous faites est immédiatement connu.

Les restes légèrement visqueux de la glace à la fraise étaient remis, et M. Pettit parlait à Mme Ames et à sa sœur d'un point de vue pitoyablement chrétien.

"Qu'est-ce que tu as entendu?" » demanda Harry à voix basse.

« Simplement qu'elle et vous êtes sortis dans le jardin après le dîner et que vous avez cueilli des roses pour elle... »

Harry repoussa ses cheveux défrisés avec sa main osseuse.

« Vous avez tout entendu », dit-il. « Il n'y avait rien de plus que ça. Je ne l'ai pas vue à la maison. Sa voiture n'est pas venue : il y a eu une erreur, je suppose. Mais c'est mon père qui l'a raccompagnée à la maison, pas moi.

Il déposa la cuillère avec laquelle il avait consommé le liquide visqueux.

« Si vous entendez dire que je l'ai vue chez elle, Mme Altham, dit-il, dites-leur que ce n'est pas vrai. D'après ce que vous m'avez déjà dit, je suppose que des discussions sont en cours. Il n'y a aucune raison pour de tels propos. »

Il s'arrêta un instant, puis une ligne ou deux de l'épanchement intensément swinburnien qu'il avait écrit la nuit dernière fermentèrent dans sa tête, le rendant infiniment plus absurde.

"Je vous assure qu'à l'heure actuelle, il n'y a aucune raison de parler ainsi", a-t-il déclaré avec sérieux.

Or, Mme Altham, avec son grand intérêt pour tout ce qui concernait les autres, aurait pu s'attendre à ce qu'elle ressente la plus intense curiosité sur un tel sujet, mais d'une manière ou d'une autre, elle en ressentait très peu, car elle savait que derrière la conversation il y avait en réalité très peu de sujet. et les craintes vaillantes du pauvre et laid Harry lui semblaient dépourvues de tout véritable frisson. D'un autre côté, elle désirait beaucoup savoir où se trouvait le major Ames, et étant douée de la persévérance du chat domestique, qu'on peut sortir cent fois d'un certain fauteuil sans produire dans son esprit le moindre découragement. , elle revint à nouveau à son propre sujet.

« Je suis sûre qu'il n'y a aucune raison pour de tels propos, M. Harry, » dit-elle avec une conviction étrangement malvenue, « et je ne manquerai pas de les contredire si jamais je l'entends. Je suis si heureux d'apprendre que le major Ames n'est pas malade. J'avais peur que son absence au déjeuner d'aujourd'hui ne signifie qu'il l'était.

En fait, Harry n'avait aucune idée de l'endroit où se trouvait son père, puisque le message téléphonique avait été reçu par Mme Ames.

"Père va très bien", dit-il. « Il cueillait des pois de senteur la moitié de la matinée. Il en a choisi un bon groupe.

Mme Altham regarda autour d'elle : la table était décorée des roses du dîner de la veille.

"Alors où sont les pois de senteur ?" elle a demandé.

Mais Harry n'était pas du tout intéressé par la question.

«Je ne sais pas», dit-il. « Peut-être qu'ils sont dans la pièce voisine. Hier soir, j'ai montré à Mme Evans à quel point les roses de La France étaient bleues au crépuscule. Elle ne l'avait jamais remarqué, même s'ils deviennent aussi bleus que ses yeux.

"Comme c'est curieux!" dit Mme Altham. « Mais je n'ai pas vu les pois de senteur dans la pièce voisine. S'il y en avait eu une grande quantité, je les aurais sûrement remarqués. Ou peut-être qu'ils sont dans le salon.

A ce moment, la voix de Mme Ames se fit entendre de l'autre bout de la table.

« Alors, allons-nous prendre notre café dehors ? dit-elle. "Harry, si tu veux bien sonner..."

Des chaises furent repoussées et Mme Altham longea la table jusqu'aux portes-fenêtres qui donnaient sur la véranda.

« J'ai entendu dire que le major Ames avait cueilli les plus beaux pois de senteur toute la matinée », dit-elle à son hôtesse. « Ce serait un tel plaisir de les voir. J'admire toujours les pois de senteur du major Ames.

Or, c'était malheureux, car Mme Altham désirait elle-même des informations, mais par son discours, elle n'avait réussi qu'à donner des informations à Mme Ames, qui devina sans la moindre difficulté où étaient passés les pois de senteur, dont elle ne savait pas encore qu'ils avaient disparu. été choisi. Elle était déjà très ennuyée contre son mari pour son abandon sans cérémonie de son déjeuner, et elle savait que Mme Altham ferait en sorte que le fait soit aussi connu à Riseborough que s'il avait été inséré dans la colonne des renseignements locaux du journal. journal du comté. Mais elle préférait le mettre là elle-même plutôt que de laisser Mme Altham savoir où lui et ses pois de senteur se trouvaient. Elle n'avait pas plus d'objection (ou si elle l'avait fait, elle se le cachait même soigneusement) à ce qu'il aille déjeuner de cette manière improvisée avec Mme Evans que s'il était allé déjeuner avec quelqu'un d'autre ; ce qui la dérangeait, c'était qu'il ne se présentât pas à une institution aussi solidement établie et aussi fidèlement observée que le déjeuner qui suivait le dîner. Mais pour le moment, son esprit était entièrement concentré sur la contrariété de Mme Altham. Elle avait l'air intéressée.

"En effet, est-ce qu'il a cueilli des pois de senteur ?" dit-elle. « Je dois le gronder si c'est seulement cela qui l'a éloigné de l'église. Je ne sais pas ce qu'il en a fait. Très probablement, elles sont dans sa loge : il aime souvent y avoir des fleurs. Mais comme vous admirez tant ses pois de senteur, promenez-vous dans le jardin et regardez-les. Vous les retrouverez dans toute leur beauté.

Bien entendu, ce n'était pas du tout ce que souhaitait Mme Altham, puisqu'elle ne se souciait pas du reste des pois de senteur. Mais la vie ne valait guère la peine d'être vécue à moins qu'elle sache où se trouvaient ces pois de senteur. Quant à leur présence dans sa loge, elle sentait que Mme Ames devait avoir une très mauvaise opinion de ses capacités intellectuelles, si elle pensait qu'une histoire comme celle-là d'une vieille femme la satisferait. En cela, elle avait en partie raison : Mme Ames n'avait en effet aucune opinion sur son esprit ; d'un autre côté, elle ne supposait pas un seul instant que cette suggestion concernant le cabinet de toilette contenterait ce faible organe. Il n'a pas été conçu pour cela : le but était d'éveiller en lui une curiosité plus sauvage et encore insatisfaite. Cela réussit parfaitement, et des chemins détournés, Mme Altham émergea à toute vitesse, comme une automobile, sur la grande route des questions directes.

"Je suis sûre qu'ils sont adorables", a-t-elle déclaré. « Et où déjeune le major Ames ? »

Mme Ames releva les parties de son visage là où il aurait pu y avoir des sourcils autrefois. Elle a raconté une des vérités que Bismarck aimait.

"Il ne me l'a pas dit avant de sortir", a-t-elle déclaré. « Peut-être qu'Harry le sait. Harry, où ton père déjeune-t-il ?

C'était ridicule. Comme s'il était possible qu'une femme de Riseborough ne sache pas où son mari déjeunait ! Harry ne le savait apparemment pas non plus, et Mme Ames, goûtant aux joies du chasseur de taureaux, aiguillonna encore plus Mme Altham en demandant ostensiblement à Parker, lorsqu'elle apportait le café, si elle savait où le major déjeunait. Bien sûr, Parker ne l'a pas fait, et on lui a donc demandé de couper à Mme Altham un joli bouquet de pois de senteur à emporter avec elle.

Ce devoir agréable de contrecarrer une curiosité indue étant accompli, Mme Ames se tourna vers M. Pettit, même si elle n'en avait pas encore tout à fait fini avec Mme Altham. Car elle avait entendu dire de source sûre que Mme Altham se livrait occasionnellement à l'habitude dégoûtante et peu féminine de fumer la cigarette. Mme Brooks l'avait vue plusieurs fois se promener dans son jardin avec une cigarette, et elle en avait parlé à Mme Taverner, qui l'avait dit à Mme Ames. Les preuves étaient accablantes.

"M. Pettit, je pense que l'odeur du tabac ne dérange aucun d'entre nous », a-t-elle déclaré, « quand il est dehors, alors je vous en prie, prenez une cigarette. Harry vous en donnera un. Ah ! J'ai oublié! Peut-être que Mme Altham n'aime pas ça.

Mme Altham s'empressa de corriger cette impression. En même temps, elle avait le sentiment subtil et pas tout à fait confortable que Mme Ames savait tout d'elle et de ses cigarettes, ce qui était exactement l'impression que cette dame cherchait à transmettre.

Ces tactiques étaient toutes assez judicieuses à leur manière, mais une connaissance plus profonde de la nature humaine aurait conduit Mme Ames à ne pas imposer sa victoire d'une main aussi impitoyable. Dans sa détermination à contrecarrer l'odieuse curiosité de Mme Altham, elle avait laissé entendre qu'elle la contrecarrait : elle n'aurait pas dû, par exemple, demander à Parker si elle savait où se trouvait le major, car cela ne faisait que souligner le fait incontestable. que Mme Ames le savait (cela pourrait être tenu pour acquis) et qu'elle savait que Parker ne le savait pas, car autrement elle ne le lui aurait sûrement pas demandé.

Par conséquent, Mme Altham (à tort, pour autant) est arrivée à la conclusion que le major déjeunait seul là où sa femme ne souhaitait pas qu'il déjeune seul. Et pendant le quart d'heure suivant, tandis qu'ils étaient tous assis sur la véranda, elle consacra l'esprit que son hôtesse méprisait tant à une revue rapide de toutes les maisons de cette sorte. Presque instantanément, la mauvaise piste qu'elle suivait la conduisit à la bonne carrière. Elle a soutenu, à tort, l'existence d'une jolie femme, et il y avait une jolie femme à Riseborough. Il est à peine besoin de dire qu'elle se décida à rendre visite sans tarder à cette jolie femme. Elle serait bien surprise si elle n'y trouvait pas un immense bouquet de pois de senteur et peut-être leur donneuse.

Les invités de Mme Ames partirent bientôt, M. Pettit et sa sœur au service des enfants à trois heures, les Altham en mission de détective, et elle fut livrée à elle-même, sauf dans la mesure où Harry, endormi dans un fauteuil en panier à le jardin, peut être considéré comme une compagnie. Elle n'était pas douée d'une très grande acuité d'imagination, mais cet après-midi elle se trouvait capable d'évoquer (elle en était même incapable de ne pas le faire) une certaine inquiétude vague. En fait, elle essaya de mettre cela de côté et de rafraîchir son esprit avec le souvenir de sa contrariété avec Mme Altham, mais bien que son inquiétude fût vague et préoccupée par des choses qui n'avaient actuellement aucune existence réelle, alors que sa victoire sur cette dame curieuse était fraîche et récente, l'inquiétude était en quelque sorte d'une qualité plus piquante, et finalement elle y fit face, au lieu d'essayer plus longtemps de la chasser hors de vue.

Millie Evans était indéniablement une jolie femme, indéniablement le Major avait été considérablement attiré la nuit dernière par elle. Indéniablement aussi, il avait fait une chose très étrange en s'arrêtant pour déjeuner là, alors qu'il savait parfaitement qu'il y avait des gens qui déjeunaient avec eux à la maison pour cet important rite de manger les restes du dîner de la veille. Sans aucun doute, il lui avait apporté ce cadeau de pois de senteur, dont Mme Altham l'avait si obligeamment informée ; sans doute enfin, elle était elle-même de dix ans l'aînée de son mari.

On a dit que Mme Ames n'était pas imaginative, mais en effet, il semblait y avoir suffisamment ici, une fois tout cela réuni, pour occuper un esprit très prosaïque et littéral. Ce n'était pas comme si ces faits étaient tous nouveaux pour elle : cette disparité d'âge entre elle et son mari était depuis longtemps restée sombre et inquiétante, comme un nuage d'orage lointain à l'horizon de son esprit. Jusqu'alors, il était resté là, ne se rapprochant apparemment pas et ne laissant pas présager la tempête potentielle qui pourrait se cacher en lui. Mais maintenant, il semblait s'être déplacé un peu plus haut dans le ciel, et (bien que cela puisse être une simple fantaisie de sa part) il en sortait un écho somnolent et lointain de tonnerre.

Il ne faut pas supposer que son inquiétude s'exprimait dans l'esprit de Mme Ames en termes de métaphore comme celle-ci, car elle était pratiquement incapable de métaphore. Elle se disait simplement qu'elle avait dix ans de plus que son mari. Elle le savait depuis leur mariage (en fait, elle le savait auparavant), mais jusqu'à présent, ce fait ne lui avait jamais semblé avoir une quelconque importance pour elle. Et pourtant, ses raisons pour supposer que cela pourrait être sur le point de devenir significatif étaient des plus infondées. Certes, si Lyndhurst n'était pas sortie déjeuner aujourd'hui, elle n'aurait jamais songé à se sentir inquiétée par les événements de la veille ; en effet, mis à part l'expédition absurde d'Harry dans le jardin, la fête avait été un succès remarquable, et elle avait décidé d'offrir davantage de ces divertissements anti-domestiques. Mais le principe prenait un aspect étrangement différent lorsque son mari acceptait une invitation de ce genre au lieu de déjeuner à la maison, et cet aspect se présentait en couleurs vives lorsqu'elle pensait qu'il avait dix ans son cadet.

Mme Ames était une femme pratique, et bien que son imagination ait été déraisonnablement déchaînée, se disait-elle, au cours de ces derniers événements, de sorte qu'elle envisageait déjà une éventualité qu'elle n'avait aucune raison réelle d'anticiper, elle réfléchissait à ce que devrait être son sens pratique. conduite si cet état de choses éloigné devait cesser de l'être. Elle n'était plus amoureuse de son mari, à tel point, en effet, qu'elle ne pouvait se rappeler, avec le moindre sens de la réalité, à quoi ressemblait cette sensation d'inquiétude. Mais elle était amoureuse de lui depuis des années, et cela lui donnait toujours un sentiment de possession sur lui. Elle n'avait pas eu l'habitude de garder ses biens, puisqu'il n'y avait jamais eu aucune raison de supposer que quiconque voulait les lui enlever, mais elle se souvenait avec suffisamment de précision du sentiment que le jardin de Lyndhurst devenait pour lui l'intérêt primordial de sa vie. . À l'époque, ce sentiment était composé de sentiments mitigés : la négligence et le soulagement en étaient les éléments constitutifs. Il avait cessé d'attendre d'elle cette sensibilité indéfinissable qui est une des premières conditions de l'amour, et l'atrophie croissante de ses exigences correspondait certainement à ses propres inclinations. En même temps, bien que cette cessation de son besoin impérieux d'elle fût un soulagement, elle en ressentait du ressentiment. Elle aurait souhaité qu'il continue à l'aimer à crédit, pour ainsi dire, sans que le règlement de la facture soit demandé. Des années s'étaient écoulées depuis, mais aujourd'hui ce mécontentement secondaire a repris une importance primordiale. La situation était plus aiguë que jamais, car sa possession n'était pas tranquillement absorbée par la culture de fleurs impersonnelles, mais, cela semblait possible, elle était directement menacée.

Il y avait là la situation que son imagination lui présentait, concrètement posée, et elle se mit à l'envisager d'un point de vue pratique. Qu'avait-elle à faire?

Elle avait la justice de reconnaître que les premiers signes clairs de sang-froid dans leurs relations mutuelles, il y a maintenant quinze ans, avaient été principalement le fait d'elle : elle avait essentiellement accueilli favorablement son transfert d'affection vers son jardin, même si elle l'avait secrètement ressenti. Au moins, elle avait toléré le refroidissement. C'était probablement une erreur de sa part, et elle était maintenant déterminée à y remédier. Assez pathétiquement, elle se sentait encore jeune, et pour se confirmer à ses yeux, elle prit la peine d'entrer dans la maison et de se regarder dans la glace accrochée dans le couloir. Il était inévitable qu'elle y voyât, non pas ce qu'elle voyait réellement, mais ce qu'elle désirait voir, au fond. Ses cheveux, toujours légèrement décolorés, n'étaient pas vraiment gris, et même s'ils présentaient des signes de grisaille, il n'y avait rien de plus facile, si l'on pouvait se fier aux annonces quotidiennes dans les journaux, que de restaurer la couleur, non par des teintures, mais par «des moyens purement naturels». Il y avait eu une publicité pour une de ces lotions si désirables, se souvenait-elle, dans le journal d'aujourd'hui, et elle avait remarqué qu'elle était fournie par n'importe quel pharmacien. Certes, il y avait un peu de gris dans ses cheveux : il serait facile d'y remédier. Cet acte de franchise mentale en a conduit à un autre. Il y avait certains symptômes prémonitoires de filature autour de sa gorge et de peau lâche autour de sa bouche et de ses yeux. Mais qui pourrait se tenir au courant de son époque sans savoir qu'il existait des aliments pour la peau aux effets magiques ? Il y en avait une qui lui avait marqué peu de temps auparavant : une actrice lui avait écrit un éloge, affirmant que ses rides avaient disparu après trois nuits de traitement. Ensuite, il y avait un peu, juste un peu, un teint jaunâtre, mais après tout, elle avait toujours été plutôt jaunâtre. C'était une circonstance heureuse : quand elle avait chaud, elle n'avait jamais le visage cramoisi comme la pauvre Mme Taverner... Elle allait en ville la semaine prochaine pour une nuit, afin de voir son dentiste, précaution annuelle, improductive de douleur, car ses dents étaient vraiment excellentes, de forme régulière, blanches, non cariées. Lyndhurst, à ses débuts, lui avait dit qu'ils étaient comme des perles, et elle lui avait dit qu'il disait des bêtises. Elles ressemblaient tout autant à des perles, mais il ne le lui avait pas dit. Lui, le pauvre garçon, avait eu beaucoup de mal à cet égard, mais on pouvait croire que son malheur était passé maintenant, puisque l'artifice avait fait tout son possible pour lui. Elle était beaucoup plus jeune que lui là-bas, même si son dernier set lui allait à merveille. Mais Millie avait probablement vu qu'ils n'étaient pas réels. Et puis il était nettement goutteux, ce qui n'était pas le cas de elle. Elle avait souvent entendu son optimiste affirmer qu'une heure de travail avec le rouleau de jardin rendait impossible toute chose à tendance rhumatismale. Mais elle, même si elle laissait passer publiquement ces déclarations aléatoires, et les approuvait même, connaissait la rangée de bouteilles qui assaillit le lavabo de sa loge, où il n'y avait pas de pois de senteur.

Le colloque silencieux avec le miroir dans le hall lui occupa une dizaine de minutes, mais ces dix minutes suffisèrent pour arriver à une conclusion, à savoir qu'elle n'avait pas encore l'intention d'être une vieille femme. Il faut invoquer l'art subtil, l'art du restaurateur de cheveux (qui n'était pas une teinture), l'art du nourrisseur de peau. Elle ne se sentait plus vieille du tout, maintenant qu'il était possible que son mari se sente jeune. Et du baume à lèvres : peut-être du baume à lèvres, mais cela ne semblait guère nécessaire : quelques petites morsures et marmonnements de ses lèvres entre ses excellentes dents semblaient leur redonner une couleur très vive.

Elle retourna à la véranda, où son petit déjeuner avait pris son café, et réfléchit aux manœuvres pratiques de sa campagne d'invasion du territoire de la jeunesse qui avait été le sien. La lotion pour les cheveux, ainsi qu'elle le vérifia lors d'une consultation au journal du dimanche, ne demanda qu'une quinzaine d'applications pour achever son action. Le traitement des rides était facile à comprendre, car, selon l'éminente actrice, il ne prenait pas plus de trois jours. Il serait donc peut-être plus sage de ne pas laisser le travail de rajeunissement se dérouler sous les yeux de Lyndhurst, car il pourrait contenir des passages critiques. Mais elle pouvait partir quinze jours (une quinzaine de jours était le temps maximum nécessaire pour que la merveilleuse lotion redonne aux couleurs fanées) et revenir après une correspondance qui lui indiquait qu'elle se sentait beaucoup mieux et plus jeune. Plusieurs fois auparavant, elle était allée séjourner seule chez un de ses amis sur la côte du Norfolk : il n'y aurait rien de remarquable à ce qu'elle recommence.

Une objection se profilait en vue. S'il y avait une réalité dans la supposition qui l'incitait à paraître jeune à nouveau — à savoir une éventuelle attirance de son mari pour Millie Evans, elle ne ferait que faciliter et encourager cela par son absence. Mais alors, immédiatement, la sagesse de cette solution, plus forte que les objections, s'est présentée. Le plan le plus sage pour elle était infiniment d'agir comme si elle n'était pas consciente d'un tel danger, de le désarmer par son rejet évident de toute armure qui lui appartenait. Soit elle le surveillait attentivement, soit elle ne le surveillait pas du tout. M. Pettit avait fait allusion dans son sermon du matin à la plus belle des deux attitudes lorsqu'il leur rappelait que l'amour ne pensait pas au mal. Il semblait à la pauvre Mme Ames que si, par sa conduite, elle ne semblait penser aucun mal, cela revenait au même.

Son comportement envers Lyndhurst, alors qu'il devait revenir de la maison de Millie, s'ensuivait en corollaire. Elle serait tout à fait cordiale : elle espérerait qu'il ait eu un agréable déjeuner et, s'il s'excusait de son absence, lui assurerait que ce n'était absolument pas nécessaire. Sa charité la porterait encore plus loin : elle dirait que son absence avait été déplorée par ses invités, mais qu'elle avait été si heureuse qu'il ait fait ce qu'il voulait. Elle espérait que Millie n'était pas fatiguée de sa fête et qu'elle et son mari reviendraient bientôt dîner avec eux. Ce devait être pendant qu'Harry était à la maison, car il était immensément attiré par Millie. C'est tellement bon pour un garçon de penser à une femme aussi gentille que celle-là.

Mme Ames a exécuté son programme avec une fidélité pathétique. Son mari ne rentra à la maison que vers l'heure du thé et elle l'accueillit avec une cordialité qui eût été inhabituelle même s'il n'était pas du tout sorti déjeuner. Et pour lui rendre justice, il faut admettre que le projet de sa femme, comme nous l'avons déjà raconté, était conçu pour faire face à une situation qui n'existait à l'heure actuelle que dans l'esprit d'une femme mariée à un mari plus jeune. Il y avait des données sur la situation, pour ainsi dire, plutôt que du danger. Lui, de son côté, était parfaitement conscient de l'irrégularité de sa conduite et était prêt à accepter, sans représailles, un minimum de blâme. Mais aucun reproche ne l'attendait ; au lieu de cela, une cordialité si authentique que, malgré le dîner particulièrement bon qui lui était servi, le parallèle possible avec le fils prodigue ne lui venait même pas à l'esprit.

Harry s'était retiré dans sa chambre peu après le dîner avec un certain regard sauvage qui présageait de la poésie plutôt que du repos, et après son départ, son père commenta ce sujet avec humour.

"Pauvre vieux Harry!" il a dit. « C'est le cas d'une femme charmante, hein, Amy ? J'étais pareil à son âge, jusqu'à ce que je te rencontre, ma chère.

Ce sujet de l'admiration d'Harry pour Mme Evans, auquel sa mère avait eu l'intention de faire allusion, n'avait pas encore été abordé, et elle répondit cordialement.

"Tu penses qu'Harry est très attiré par Millie, tu veux dire ?" dit-elle.

Il en riant.

"Eh bien, ce n'est pas très difficile à voir", a-t-il déclaré. « Eh bien, ce coquin lui a arraché une douzaine de mes plus belles roses hier soir, même si je n'ai pas eu le cœur de le gronder pour cela. Ce n'est pas une mauvaise chose pour un jeune homme de brûler un peu d'encens devant une charmante femme comme celle-là. L'empêche de faire des bêtises, lui fait voir à quoi ressemble une femme gentille. Comme je l'ai dit, je faisais la même chose moi-même.

«Parlez-moi de ça», dit-elle.

« Eh bien, il y avait la femme du colonel. Que Dieu me bénisse, comme je l'adorais. Je devais avoir à peu près l'âge d'Harry, car je n'avais rejoint le groupe que récemment, et c'était une femme d'une quarantaine d'années. C'est une bonne chose aussi pour moi, comme je l'ai dit, car cela m'a évité des ennuis. On disait qu'elle m'encourageait, mais je n'y crois pas. Chaque femme aime savoir qu'elle est admirée, n'est-ce pas ? Elle ne snobe pas un garçon qui l'emmène dans le jardin et cueille pour elle les roses de son père. Mais il ne faut pas qu'Harry l'ennuie avec ses attentions. Cela ne suffira jamais.

Il semblait à Mme Ames que cela n'avait que peu d'importance si Harry ennuyait Millie Evans ou non. Elle aurait de loin préféré être assurée que son mari le savait. Mais la conversation qui a suivi ne l'a pas rassurée sur ce point.

« Elle l'est, une gentille petite femme », dit-il. « C'est une petite femme tout à fait gentille, et bien sûr, ma chère, puisqu'elle est votre cousine, elle aime être traitée en bon voisinage. Nous avons eu une bonne conversation après le déjeuner aujourd'hui, et je suis désolé pour elle, désolé pour elle. Je pense que nous devrions faire tout notre possible pour lui rendre la vie agréable. Venez prendre le thé ou déjeuner, comme je l'ai fait aujourd'hui. La femme d'un médecin, vous savez. Elle m'a raconté que certains jours, elle voyait à peine son mari et, lorsqu'elle le faisait, il ne pensait qu'à des microbes. Et il n'y a vraiment personne à Riseborough, à part vous et moi, avec qui elle se sent — mon cher, quel est ce mot français — oui, avec qui elle se sent dans son propre *milieu* … J'aimerais que nous soyons dans de tels termes avec elle, tu es sa cousine, que nous puissions toujours lui téléphoner pour lui dire que nous passons, et qu'elle se sente également libre de venir. ; ne pas être obligé d'attendre qu'on vous le demande, ou d'accepter des semaines à l'avance, comme il faut le faire pour un dîner formel. J'aimerais sentir que nous ne serions pas surpris de la trouver en train de cueillir des pois de senteur dans le jardin, et qu'elle ne serait pas surprise de nous trouver, vous ou moi, assis sous son mûrier, attendant qu'elle entre. Après tout, l'intimité ne commence que lorsque cesse la formalité. Dois-je vous donner de l'eau gazeuse ?

Mme Ames ne voulait pas de soda : elle voulait réfléchir. Son mari avait pleinement exprimé l'attitude qu'elle entendait adopter, mais sa propre adoption supposait de sa part une certaine contrition à l'égard de son comportement inhabituel. Mais il ne lui laissa pas le temps de réfléchir et se mit à proposer exactement le même genre de chose que celle qu'elle (dans sa magnanimité) avait pensé suggérer.

« Dîner, maintenant », dit-il. «Jusqu'à hier soir, nous avons toujours été un peu formels à propos du dîner ici à Riseborough. Si vous avez demandé au général Snookes, vous avez demandé à Mme Snookes ; si vous avez demandé à l'amiral Jones, vous avez demandé à Lady Jones. Vous avez ouvert la voie, ma chère, à ce sujet, et quoi de plus agréable que notre petite fête d'hier soir ? Répétons-le : soyons moins formels. Si vous voulez voir M. Altham, demandez-lui de venir. Mme Altham, disons, veut me demander : laissez-la me le demander. Ou si vous rencontrez le Dr Evans dans la rue et qu'il vous dit que c'est l'heure du déjeuner, allez déjeuner avec lui, sans vous soucier de moi. Je me débrouillerai très bien à la maison. On me dit qu'à Londres, c'est une pratique assez constante d'inviter ainsi. Et cela me semble très judicieux.

Tout cela avait semblé très sensé à Mme Ames, lorsqu'elle y avait pensé elle-même. Cela semblait un peu plus dangereux maintenant. Elle savait bien que ce projet avait fait beaucoup de bruit à Riseborough, dont elle avait beaucoup apprécié la connaissance, puisqu'il s'agissait de sujets commentant les mouvements de leur reine, sans aucun danger pour elle de détrônement. Mais elle n'était pas sûre d'apprécier le soutien cordial de son mari à son innovation. De plus, dans son approbation, il y avait un peu de manque de sincérité. Il avait pris comme exemple le fait qu'il souhaitait dîner sans sa femme chez Mme Altham, et ils savaient tous deux à quel point une telle éventualité serait absurde. Mais cela ne faisait-il que préparer la voie à une nouvelle excursion solitaire chez Mme Evans ? Mme Evans lui avait-elle demandé d'y dîner ? Elle a été immédiatement éclairée.

« Bien sûr, nous avons parlé de votre délicieux dîner d'hier soir, dit-il, et nous sommes tombés d'accord sur le caractère agréable de celui-ci. Et elle m'a demandé d'y dîner, *en garçon* , mardi prochain. Bien sûr, j'ai dit que je devais vous consulter d'abord ; vous avez peut-être demandé à d'autres personnes ici, ou nous dînons peut-être ensemble. Je ne devrais pas rêver de bouleverser un arrangement existant. Je le lui ai dit : elle a bien compris. Mais s'il ne se passait rien, j'ai promis d'y dîner *en garçon* .

Cette phrase avait évidemment séduit le major Ames ; il y avait là un air de jeunesse, et il le répétait avec enthousiasme. Sa femme, elle aussi, comprenait parfaitement le claquement secret des lèvres avec lequel il disait cela : elle savait exactement ce qu'il ressentait. Mais elle fut assez sage pour ne pas en avoir conscience dans sa réponse.

« Bien sûr, » dit-elle ; « nous n'avons aucun engagement pour cette nuit-là. Et je pense me proposer pour une petite visite à Mme Bertram la semaine prochaine, Lyndhurst. Je sais qu'elle est à Overstrand en ce moment, et je pense que dix jours sur la côte Est me feraient du bien.

Il acquiesça avec une cordialité qui égalait la sienne.

"Très sage, j'en suis sûr, ma chère", dit-il. "J'ai pensé ces derniers jours ou deux que tu avais l'air un peu délabré."

Une soudaine appréhension la saisit, car elle savait bien qu'elle n'avait pas l'air ni ne se sentait le moins du monde délabrée.

"Je pensais que peut-être toi et Harry feriez un petit voyage ensemble pendant mon absence," dit-elle.

« Oh, tant pis pour nous, tant pis pour nous », dit-il. « On va se côtoyer, *en garçon* , tu sais. Je suppose que certains de nos amis auront pitié de nous et nous demanderont de passer.

Ce n'était pas rassurant : Mme Ames n'aurait pas non plus été rassurée si elle avait pu pénétrer à ce moment-là, sans être vue, dans le salon de Mme Altham. Cet après-midi-là, elle et son mari étaient partis directement de la maison de Mme Ames pour rendre visite à Mme Evans, et on leur avait dit qu'elle n'était pas à la maison. Mais Mme Altham, à l'œil d'aigle, avait aperçu par la porte d'entrée ouverte un immense bol de pois de senteur sur la table du hall, et à côté un chapeau de paille entouré d'un ruban aux couleurs du régiment. Les preuves circonstancielles ne pouvaient pas aller plus loin, et maintenant cette dame infatigable surveillait le major Ames dans une vieille liste de l'armée.

"Ames, Lyndhurst Percy", lut-elle triomphalement. « Né en 1860, et j'ose dire qu'il est plus âgé que cela, car s'il y a jamais eu un homme qui voulait être considéré comme plus jeune que son âge, c'est bien celui-là. Alors de toute façon, Henry, il a plus de quarante-sept ans. Et voilà la sonnette de la porte d'entrée. Ce sera Mme Brooks. Elle a dit qu'elle viendrait discuter après le dîner.

Il y avait de quoi discuter ce soir-là.

CHAPITRE V

MME AMES était peut-être ou non épuisée lorsqu'elle quitta Riseborough la semaine suivante, mais rien ne peut être plus certain qu'elle était considérablement renforcée sept jours plus tard. La délicieuse fraîcheur des vents de la mer du Nord, tempérant la chaleur des brillants soleils d'été, y est peut-être pour quelque chose, et son visage était certainement plus coloré que d'habitude chez lui, ce qui était l'effet légitime de l'heureux voyage. météo. Il y avait aussi plus de couleur dans ses cheveux, et même si c'était sans aucun doute un effet tout à fait légitime aussi, étant produit par des moyens purement naturels, comme l'indiquait l'étiquette sur la bouteille, le soleil et le vent n'étaient pas responsables de cet embellissement.

Elle avait passé un après-midi à Londres – principalement à Bond Street – pour venir ici, et s'était rendue à quelques adresses qu'elle avait secrètement retirées de la presse quotidienne. La dépense de quelques livres, qui lui rapportait déjà d'immenses dividendes d'encouragement et d'espoir, l'avait mise en possession d'une bouteille avec un pinceau, une machine qui, lorsqu'on tournait une poignée, frémissait violemment comme une automobile qui est prêt à démarrer, et un petit pot de verre opaque, qui contenait la nourriture miraculeuse pour la peau. Avec eux se produisaient les merveilles désirées ; avec ceux-ci, comme avec le bâton d'un magicien, elle évoquait, croyait-elle, les enchantements lointains de la jeunesse.

Après quelques jours, le changement est devenu évident, et ce changement s'est accru chaque jour. En ce qui concerne ses cheveux, le coût, en temps et en matériel, de ce miracle était le plus minime possible. Matin et soir, après l'avoir brossé, elle y frottait une simple cuillerée à café d'un liquide jaune et fin qui, comme l'indiquait la publicité, était totalement exempt de graisse et d'odeur désagréable et ne tachait pas l'oreiller. C'était si simple qu'il fallait vraiment de la foi pour se lancer dans le traitement, car depuis l'époque des prophètes hébreux, l'humanité a trouvé plus facile de faire « quelque chose de grand » que de simplement se laver dans le Jourdain. Mais Mme Ames, heureusement, avait montré sa foi, et au bout d'une semaine, la merveilleuse lotion avait montré ses effets. Jusqu'à présent, même si ses cheveux ne pouvaient pas être décrits comme gris, ils contenaient une quantité considérable de gris : maintenant elle les examinait d'un œil qui recherchait au lieu de s'enfermer devant une telle imperfection, et la récompense de sa recherche était de l'ordre du plus grand. la sorte la plus maigre. Il ne restait vraiment plus de cheveux gris : cela aurait pu être, dans la mesure où la couleur pouvait être considérée comme un indice d'âge, les cheveux d'une jeune femme. Elle n'était pas très abondante en quantité, mais la lotion n'avait offert aucune promesse à cet égard ; la qualité, et non la quantité, était la somme de ses attraits. L'application de la nourriture pour la peau était plus coûteuse : elle devait en utiliser plus et cela prenait plus de temps. Chaque soir, elle versait un bidon d'eau très chaude dans sa bassine et, avec une serviette sur la tête pour concentrer la vapeur, elle se vaporisait le visage dessus pendant une vingtaine de minutes. Devenant rouge, chaude et étouffée, elle essuya les flots d'humidité et, du bout des doigts trempés dans cette merveilleuse crème, tapotait et tamponnait les régions les moins heureuses entre ses sourcils, à l'extérieur de ses yeux, sur son front, aux coins de ses lèvres. sa bouche, et de haut en bas de son cou. Puis vint l'usage de la machine palpitante ; il vrombissait et bourdonnait autour d'elle, la chatouillant beaucoup. Pendant une demi-heure, elle faisait un piano patient de son visage, puis retirait doucement les aliments pour la peau qui restaient encore à la surface et n'étaient pas entrés à l'intérieur pour accomplir leur travail nourricier. Ce fut certes une affaire un peu laborieuse, mais les résultats furent très prospères. Il ne faisait aucun doute que, pour un œil parfaitement franc, voire sceptique, une semaine de traitement avait produit un changement. Les rides commençaient à s'effacer doucement : on constatait une rondeur perceptible aux endroits les plus maigres. Entre les séances de tapotements et de tamponnages, elle sirotait le verre de lait qu'elle avait apporté au lit avec elle, comme le recommandait l'inventeur de l'aliment pour la peau. Elle en but un autre verre au milieu de la matinée et les digéra parfaitement.

À mesure que ces signes extérieurs apparaissaient et grandissaient, un rajeunissement de l'esprit s'accompagnait et correspondant. Elle se sentait très bien, grâce sans doute à l'air vif, au lait, aux nombreuses heures passées dehors, et par conséquent elle commençait à se sentir beaucoup plus jeune. Une activité et une légèreté inhabituelles envahissaient ses membres : elle faisait chaque jour une promenade de deux heures sans fatigue, et était la vie et l'âme de la table du dîner, dont les autres occupants étaient ses hôtes, Mme Bertram, une femme froide et sombre. avec une moustache, et son mari, plus doux, avec des moustaches. Leur seule passion était le jardinage et ils quittaient rarement leur terrain ; ainsi Mme Ames se promenait seule.

Des kilomètres de sable ferme, lorsque la marée était basse, soutenaient les falaises sur lesquelles se dressait la maison de M. Bertram, et souvent Mme Ames préférait marcher le long du bord de la mer plutôt que de suivre des routes plus intérieures, et aujourd'hui, après son voyage, un déjeuner copieux et sain (le stimulus physique de la côte est, combiné avec ce stimulus mental de son objectif en venant ici, lui donna un appétit d'une dimension inconnue à Riseborough), elle prit une route maritime. La marée était basse, et les sables inférieurs, encore brillants et fermes à cause de l'humidité retenue par leur retraite, rendaient la promenade particulièrement agréable. Elle avait abandonné les chaussures à talons et avait acheté dans un magasin du village, où l'on vendait tout ce qui était bon marché, des pelles en bois aux tampons en passant par le plâtre adhésif, une paire de revêtements en toile techniquement connus sous le nom de chaussures de sable. Ils étaient lacés avec un morceau de ruban adhésif blanc et étaient juvéniles, légers et facilement amovibles. Eux, la grande mer, les jets d'algues échoués et le sentiment général de jeunesse et de fraîcheur formaient des compagnons des plus agréables, et elle se sentait, bien que ni M. ni Mme Bertram ne fussent avec elle, charmantement accompagnés. Son petit visage, semblable à celui d'un crapaud, exprimait un grand degré de contentement, et perçant son environnement agréable comme l'odeur du seringa transperce l'odeur de toutes les autres fleurs, on sentait ses cheveux bruns et ses rides qui s'estompaient rapidement. Cela lui procurait un bonheur intérieur qui illuminait de plaisir et d'intérêt tout ce qu'elle voyait. Dans les lignes de cailloux laissées par la marée en retrait se trouvait une cornaline orange, qu'elle ramassa et mit dans sa poche. Elle aurait pu acheter la même chose, toute polie, pour un shilling dans un magasin bon marché et complet, mais le trouver elle-même lui procurait un plaisir qui n'avait aucune valeur en termes de monnaie d'argent. Plus loin, il y avait une jolie coquille qu'elle avait également ramassée et qu'elle était sur le point de donner comme compagnon à la cornaline, lorsqu'un brusque mouvement de pattes en forme de griffes autour de son ouverture lui montra qu'un bernard-l'ermite était domicilié à l'intérieur. , et elle le laissa tomber avec un petit cri et un sentiment de danger lui échappa ainsi qu'au bernard-l'ermite. Il y avait de jolis morceaux d'algues, qui lui rappelaient les années où elle collectionnait les plus belles espèces et les plaçait, à l'aide d'une épingle, sur du papier cartouche, étalant leurs frondes délicates et leur feuillage semblable à celui des fougères. Il y avait des ondulations crémeuses de la mer calme, des mouettes aux longues ailes qui planaient en train de pêcher ; il y avait surtout la sensation de ses cheveux bruns et de son visage lissé. Elle se sentait des années plus jeune et paraissait des années plus jeune, ce qui n'était pas moins une satisfaction.

Cela lui plaisait, mais pas de façon aiguë ou vicieuse, de penser aux sentiments de Mme Altham lorsqu'elle faisait son apparition rajeunie à Riseborough. Il était tout à fait certain que Mme Altham soupçonnerait qu'elle « s'était fait quelque chose » et qu'elle éclaterait d'envie et de curiosité de savoir ce qu'elle avait fait. Même si elle se sentait très aimable envers le monde entier, elle ne se trompait pas au point d'imaginer qu'elle dirait à Mme Altham ce qu'elle avait fait. Mme Altham était ingénieuse et aimerait deviner. Mais cette dame ne l'occupait que peu. L'essentiel était que dans une semaine, elle rentrerait chez elle et que Lyndhurst la retrouverait jeune. Elle avait peut-être raison, ou non, de craindre que Lyndhurst ne s'intéresse sentimentalement à Millie Evans, et elle était tout à fait disposée à admettre que les raisons de cette crainte étaient des plus minces. Mais tout cela pourrait être écarté maintenant. Elle-même, dans une semaine, aurait retrouvé cet aspect plus jeune qui avait été le sien alors qu'il était encore pour elle d'un penchant amoureux. Ce qu'on pourrait appeler une beauté régulière lui avait toujours été refusée, mais elle avait eu autrefois sa part de jeunesse. Aujourd'hui, elle se sentait encore jeune et, une fois de plus, croyait-elle, elle avait l'air d'appartenir à l'époque enchantée. Elle n'avait pas l'intention d'utiliser cette reconquête à la légère : elle ne désirait guère l'admiration générale : elle désirait seulement que son mari la trouve attirante.

Pendant un petit moment, alors qu'elle faisait ses pas rapides et courts sur ce sable brillant, elle se sentit devenir amère envers Millie Evans. Une sorte de pitié supérieure se mêlait à l'amertume, car elle se disait que la pauvre Millie, si elle avait essayé de flirter avec Lyndhurst, se retrouverait vite à flirter toute seule. Il est très probable que Millie ait eu des intentions innocentes ; elle avait seulement laissé son joli visage produire un effet incontrôlé. Les hommes étaient attirés par un joli visage, mais les propriétaires de tels visages devraient, pour ainsi dire, les freiner. Leurs visages n'étaient pas leur faute, mais plutôt leur malheur. Une femme avec un joli visage aurait intérêt à se montrer plutôt réservée, afin que ses manières refroidissent quiconque le voudrait... Mais tout le sujet était désormais obsolète. S'il y avait eu un danger, il n'y en aurait plus, et elle n'en voulait pas à Millie. Elle devait demander à Millie de dîner avec eux *en famille* , ce qui était bien plus agréable qu'en *garçon* , dès son retour.

On pourrait déduire de ce récit des communications personnelles de Mme Ames qu'au fond de sa nature, il y avait une tension de stupidité presque ridicule. Mais elle n'était pas vraiment stupide, à moins qu'il ne soit stupide d'avoir conservé au loin dans les plaines du moyen âge quelque vision des montagnes bleues de la jeunesse. Il est vrai que depuis des années elle se contentait d'habiter ces plaines ; maintenant, sa peur que son mari, beaucoup plus jeune qu'elle, tourne son regard vers des montagnes bleues qui ne lui appartenaient pas, lui donna envie de sortir des plaines et de remonter ses propres montagnes bleues et de lui faire signe de là. , et encourager son avance. Elle se sentait extrêmement bien, et par conséquent se disait qu'elle était encore jeune d'esprit comme de constitution physique, tandis que l'effet des bouteilles qu'elle utilisait avec tant de régularité lui faisait croire que les signes extérieurs de l'âge étaient effaçables. Elle semblait avoir retrouvé une nouvelle vie dans un immeuble facile à réparer. Toute sa nature se sentait vivifiée et vivifiée.

Elle avait longé les sables et la marée recommençait à monter. Tout autour d'elle se trouvaient de grands espaces vides, une mer sans navires, un ciel sans nuages, une plage sans aucun être vivant en vue. Une impulsion soudaine et imprévue la saisit, et sans tarder elle s'assit sur le rivage et ôta ses chaussures et ses bas. Puis, remontant ses jupes, elle courut en toute hâte jusqu'au bord de l'eau, traversa une petite ceinture de cailloux qui chatouillait et blessait ses pieds aux semelles molles, et pataugea dans les bords liquides de la mer. Elle était étonnée et étonnée elle-même que l'idée de pagayer lui soit venue à l'esprit, et encore plus étonnée qu'elle ait eu la témérité de la mettre à exécution. Pendant une ou deux minutes, le contact froid de l'eau sur ses chevilles et ses mollets inhabituels la fit haleter un peu, mais malgré toute l'étrangeté de ces sensations, elle sentit que pagayer, jouer comme un enfant dans les eaux peu profondes, exprimait le ton de son esprit, tout comme la mélodie d'une chanson exprime les paroles sur lesquelles elle est fixée. Si elle avait eu une bêche, elle aurait certainement bâti un château de sable et creusé des douves autour, et un sourire éclairait son petit visage à l'idée d'en acheter une à la boutique universelle et de l'emporter furtivement sur ces plages peu fréquentées. Et son sourire se terminait presque par un rougissement lorsqu'elle essayait d'imaginer ce que dirait la société de Riseborough si l'on apprenait que leur reine non seulement pagayait dans la mer, mais envisageait sérieusement d'acheter une pelle en bois afin de mener des opérations de construction sur des rivages solitaires.

Ramer, bien que très agréable, n'était pas aussi joyeux que l'avait été l'envie de pagayer, et il ne fallut pas longtemps avant qu'elle se rassise sur la plage et essayait de retirer le sable des petits espaces étroits entre ses orteils, et sécher ses pieds et ses petites jambes rebondies avec un mouchoir des plus exigus. Mais même au milieu de ces opérations pénibles, son esprit restait en émeute, et elle projetait de cacher sur elle une de ses plus petites serviettes de chambre lorsqu'elle irait se promener le lendemain. Et elle avait l'impression que cet acte de pagayer avait dû contribuer à l'élimination des rides. Car qui, à part les très jeunes, pourrait vouloir pagayer ? Trouver qu'elle avait l'impulsion du très jeune était encore mieux que de cultiver, quoique avec succès, l'apparence appropriée. Pendant tout le chemin du retour, cette effervescence d'esprit était la sienne, qui, bien qu'elle naissait bien des effets de la lotion, de l'aliment pour la peau et de l'air tonique, produisait en elle une illusion complète. Elle remontait certainement ses lointaines montagnes bleues et, grâce à un air clarifié, elle pouvait regarder les plaines et constater à quel point elles étaient très plates. Il faut tout changer : il faut introduire plus de variété et de gaieté dans ses journées. Pendant des années, comme elle le voyait maintenant, sa vie s'était déroulée dans de petites hospitalités sans joie, pour conserver sa place de dirigeante accréditée des sociétés sociales de Riseborough, pour payer sa part des dépenses de la maison. Ils ne riaient pas beaucoup à la maison : il ne semblait y avoir rien de particulier à rire, et certainement ils ne pagayaient pas. Elle n'avait pas l'intention de pagayer là-bas maintenant, même si un canal boueux, qui était la seule eau du quartier, ne favorisait pas ce projet, mais il fallait introduire dans sa vie et dans celle de Lyndhurst davantage l'esprit qui l'avait précédée. aujourd'hui l'a incitée à pagayer. Elle ne prévoyait pas exactement quelle forme cela prendrait, mais lorsqu'elle aurait retrouvé l'esprit ainsi que l'apparence de la jeunesse, il n'y aurait plus à craindre qu'elle ait du mal à s'exprimer convenablement. Toute embrasée, surtout au niveau de ses pieds qui picotaient agréablement, elle arriva de nouveau chez son hôte. Ils travaillaient tous les deux dans le jardin : Mme Bertram tuait des limaces dans les plates-bandes, M. Bertram des vers sur la pelouse.

Le major Ames s'est révélé au cours de la semaine suivante être un bon correspondant, si la vertu des correspondants doit être mesurée à la fréquence de leurs communications. Ses lettres n'étaient pas longues, mais elles étaient joyeuses, car le jardin se portait bien dans ce temps délicieux, qui, il l'espérait, embrassait également Cromer, et parce qu'il avait à deux reprises réussi un grand chelem en jouant au bridge au club. Lui et Harry faisaient du jogging assez agréablement, mais il n'y avait eu aucune gaieté pour les sortir, à l'exception d'un goûter avec des glaces chez Mme Brooks. Malheureusement, un désastre était arrivé aux glaces : personnellement, il pensait que c'était du sel au lieu du sucre, mais Harry avait été malade par la suite, ce qui suggérait de la crème sure. Mais son indisposition avait été brève, quoique violente. Lui-même était venu dîner *en garçon* chez les Evans, et le médecin était très occupé. Enfin (cela revenait à la fin de chaque lettre), comme l'endroit lui faisait tant de bien, pourquoi ne pas s'arrêter encore une semaine ? Il était sûr que les Bertram (les pauvres !) seraient ravis si elle le faisait.

Mais cette suggestion ne s'est pas imposée à Mme Ames. Elle était venue ici dans un but précis et, lorsque, le matin précédant son départ, elle se regarda d'un œil très critique dans la glace, elle sentit que son objectif était atteint. Sa peau n'avait pas, comme elle l'admettait, la douceur imperturbable de celle d'une jeune femme, mais elle n'était pas une jeune femme lorsqu'elle s'était mariée. Mais en cherchant où elle pouvait dans ses cheveux, il n'y avait aucun signe de grisaille dans l'ensemble, alors que le contenu du flacon n'était pas encore à moitié utilisé. Mais elle emporterait le plus de moitié avec elle, puisqu'une application occasionnelle lorsque les cheveux avaient repris leur couleur habituelle était recommandée. Il lui semblait qu'il avait sans doute repris sa couleur primitive : le changement, quoique léger (car le gris n'avait jamais été visible), était complet ; elle se sentait à nouveau équipée pour la jeunesse. Et psychologiquement, elle se sentait équipée : chaque jour, depuis le premier pagayage secret, elle pagayait à nouveau en secret, et d'une crevasse dans un éboulis, elle extrayait chaque jour une petite pelle en bois, à l'aide de laquelle, en jetant de nombreux regards autour de elle de peur de observateurs possibles, elle creusa dans le sable, réalisant douves et remparts. Le « premier beau ravissement insouciant » de celle-ci, il faut l'admettre, s'était évaporé : après un après-midi d'architecture, elle avait creusé non pas parce que cette recherche élémentaire exprimait ce qu'elle ressentait, mais plutôt parce qu'elle exprimait ce qu'elle désirait ressentir. Après tout, elle n'avait pas l'intention de se rajeunir au point d'avoir à nouveau neuf ou dix ans…

La manière de retourner à Riseborough exigeait réflexion : il ne suffisait pas simplement de rechercher dans un guide ferroviaire le mode de transport le plus rapide et de l'adopter, car ce n'était pas une entrée tout à fait ordinaire, et il ne suffirait jamais de prendre l'avantage. en faisant une première apparition sale et poussiéreuse de voyage. Elle a donc établi un plan.

Les faits sur les trains étaient les suivants. Un train partant à une heure convenable l'amènerait à Londres une petite demi-heure avant qu'un autre train pratique venant d'un autre terminus éloigné ne parte pour Riseborough. Il était impossible d'être sûre de l'attraper, alors elle écrivit à son mari pour lui dire qu'elle arriverait très probablement à Riseborough par un train plus tard qui y arriverait à huit heures. Elle le supplia de ne pas la retrouver à la gare, mais de commander un dîner pour huit heures et demie. Ce serait bien d'être à nouveau à la maison. Puis vint le plan. Évidemment, il ne convenait jamais de se précipiter ainsi sur lui, de s'asseoir en face de lui à table, sous la lumière électrique un peu scrutatrice, handicapé par les fatigues d'un voyage chaud qu'imparfaitement réparées par une toilette précipitée. Elle doit arriver par le train de bonne heure, mais elle n'est attendue que plus tard. Elle bénéficierait ainsi de deux heures tranquilles pour se baigner, se reposer et s'habiller. Si Lyndhurst ne s'attendait pas à ce qu'elle arrive avant huit heures, il était presque certain qu'il serait au club jusqu'à cette heure et qu'il rentrerait chez lui à temps pour accueillir son arrivée. Il apprendrait alors qu'elle était déjà venue et qu'elle s'habillait. Elle prendrait soin de le laisser descendre en premier, et une minute plus tard, elle le suivrait. Il faudrait qu'il voie....

Ainsi, pour prendre ce train plus tôt en provenance de la ville, elle quitta Cromer alors que le matin était encore rosé et eut le plaisir particulier, à son arrivée à Riseborough, de voir son mari, depuis les fenêtres de son taxi, passer dans la rue jusqu'au club. . Elle eut un moment d'inquiétude à l'idée qu'il voie ses cases paraphées sur le dessus, mais par la grâce d'une providence ponctuelle, Mme Brooks sortit de chez elle à ce moment-là, et le major leva un vaillant chapeau et lui dit un mot joyeux. Certes, il avait l'air très beau et distingué, et Mme Ames ressentit un petit tremblement d'anticipation en pensant aux chapitres de la vie qu'ils allaient relire. Elle se sentait également en confiance ; il ne lui était jamais venu à l'esprit d'avoir des appréhensions sur ce que ces quinze derniers jours, qui avaient tant apporté pour elle, auraient pu contenir pour lui.

Harry était retourné à Cambridge pour le trimestre de juillet la veille, et elle découvrit à son arrivée qu'elle avait la maison pour elle seule. L'après-midi était devenu un peu frais et elle appréciait la revigoration d'un bain chaud, puis une heure de repos sur son canapé. Puis il fut temps de s'habiller, et bien que le dîner fût du caractère conjugal le plus simple, elle enfila une robe qu'elle n'avait portée qu'une demi-douzaine de fois auparavant, mais qui, cette seule fois, convenait qu'elle descendait de l'existence pompeuse. tel était son destin pendant un an ou deux. Il était d'un rose audacieux, le plus resplendissant possible, et ne manquait jamais de faire impression. En effet, lors d'une de ses rares apparitions, elle avait entendu Lyndhurst dire à voix basse à son voisin : « Sur mon âme, Amy a l'air très bien ce soir. » Et Amy avait l'intention de retrouver une très belle apparence.

Tout s'est passé comme elle l'avait prévu. Peu après huit heures, Lyndhurst frappa à sa porte à son retour du club, mais ne put être admis, et à une heure et demie, l'ayant entendu descendre, elle le suivit. Il ne s'était pas habillé, comme c'était leur habitude lorsqu'ils étaient seuls.

Le major Ames était en train d'écrire une note lorsqu'elle entra et se contenta de se retourner sur sa chaise, sans se lever.

"Ravi de te voir à la maison, ma chérie", dit-il. « Excusez-moi un instant. Je dois juste diriger ça.

Elle l'embrassa et attendit pendant qu'il griffonnait une adresse. Puis il se leva et sonna.

« Juste à temps pour attraper le poteau », dit-il. "Par jupiter! Amy, tu as enfilé la fameuse robe rose. Je me serais habillé si j'avais su. Vous êtes fatigué de votre voyage, j'imagine. Il faisait très chaud ici, jusqu'à il y a quelques heures.

Il remit le message au domestique.

« Et le dîner est prêt, je pense », dit-il.

Ils s'assirent l'un en face de l'autre aux extrémités d'une table assez longue. Il n'y avait pas de fleurs dessus, car il n'avait pas pensé à aménager le jardin pour accueillir son retour, et toute sa splendeur lui était visible. Il commença à manger vigoureusement sa soupe.

"En été, la capitale prévoit de dîner à huit heures et demie", a-t-il déclaré. « Donne la majeure partie de la lumière du jour et une soirée pas si longue après. Excellente soupe aux pois, celle-ci. Petits pois frais de mon jardin. Les Evans dînent à huit heures trente. Et comment vas-tu, Amy ?

Un frisson d'inquiétude indéfinissable, contre lequel elle luttait, lui avait posé les doigts froids. Les choses ne se passaient plus comme elle l'avait prévu. Il avait remarqué sa robe, mais il n'avait rien remarqué d'autre. Mais ensuite, il avait à peine levé les yeux depuis qu'ils étaient entrés dans la salle à manger. Mais maintenant qu'il avait fini sa soupe, elle attira son attention.

« Je vais vraiment très bien », dit-elle. "Est-ce que je ne le regarde pas?"

Il la regarda bien en face, vit tout ce qui lui avait paru presque un miracle : les rides adoucies, la couleur retrouvée de ses cheveux.

"Oui, je pense que oui", dit-il. « Toi aussi, tu es un peu bronzé, n'est-ce pas, avec le soleil ?

Les doigts froids se refermèrent un peu plus sur elle.

"Ai-je?" dit-elle. « C'est très probable. J'étais dehors toute la journée. Je faisais de très longues promenades tous les après-midi.

Il jeta un coup d'œil à la carte du menu.

« J'espère que vous apprécierez le dîner que je vous ai commandé », dit-il. « Votre cuisinier et moi en avons beaucoup discuté ce matin. « Elle aura été dans le train toute la journée, dis-je, et elle se sentira un peu fatiguée. L'appétit aura besoin d'un peu de tentation, hein ? Nous avons donc opté pour une sole grillée, ainsi qu'un poulet et une macédoine de fruits. J'espère que ça te convient, Amy. Alors tu faisais de longues promenades, n'est-ce pas ? Le pays est-il assez rond ? Se baigner aussi. Est-ce une bonne côte pour se baigner ?

Il la regarda de nouveau tout en parlant et, pour un instant, les battements de son cœur s'accélérèrent, car il semblait qu'il ne pouvait que voir le changement en elle. Puis sa semelle fut dissection, et il regarda de nouveau son assiette.

"Je pense que c'est une bonne côte", a-t-elle déclaré. « Il y avait une quantité de machines à laver. Je ne me suis pas baigné.

"Non. Très sage, j'en suis sûr. Il faut faire attention aux frissons en montant. J'aurais dû m'inquiéter pour toi, Amy, si j'avais pensé que tu serais assez téméraire pour te baigner.

Un instinct de protestation la poussa.

« Il n'y aurait eu aucune raison de s'inquiéter », a-t-elle déclaré. « J'attrape rarement froid. Et je pagayais souvent.

Il posa son couteau et sa fourchette et rit.

« Vous avez pagayé ! » Il a demandé. "C'est absurde, c'est absurde !"

Elle n'avait pas eu l'intention de le lui dire, car son esprit raisonnable lui avait toujours dit que c'était une expression secrète du rajeunissement dont elle était consciente. Mais cela lui avait échappé, une affirmation irréfléchie de la jeunesse qu'elle ressentait.

"C'est effectivement ce que j'ai fait", a-t-elle déclaré, "et j'ai trouvé cela très vivifiant et revigorant."

Puis, l'espace d'un instant, une certaine amertume surgit en elle, née de la déception devant son imperceptibilité.

« Vous voyez, je ne souffre jamais de goutte ou de rhumatismes comme vous, Lyndhurst », dit-elle. "J'espère que vous avez été complètement libéré d'eux depuis mon absence."

Mais son amusement, bien qu'il ait produit en elle cet esprit de rancune, n'avait pas été le moins du monde méchant. Il était légitime de trouver du divertissement dans la pensée d'une femme d'âge moyen pagayant gravement, tant qu'il n'avait pas idée qu'il y avait un côté des plus pathétiques à cela. Il n'en avait aucune idée : il ignorait que ce pagayage exprimait son sentiment de jeunesse retrouvée, tout comme il ignorait qu'elle croyait que cela s'exprimait dans son visage et ses cheveux. Mais cette remarque avait clairement le caractère d'une attaque : elle se vengeait de son rire. Il ne put résister à une autre réponse qui pourrait à la fois apaiser et intelligemment (comme une pommade brevetée) avant de changer de sujet.

"Eh bien, ma chère, je suis sûr que tu es une femme merveilleuse pour tes années", dit-il. "Par jupiter! Je serai fier si je suis aussi actif et en bonne santé que vous dans dix ans.

Le dîner fut bientôt terminé, et elle le laissa, comme d'habitude, prendre sa cigarette et son verre de porto, et entra dans le salon et resta là à contempler la dernière splendeur du coucher de soleil à l'ouest. L'amertume momentanée dans son esprit s'était à nouveau complètement apaisée : il ne restait plus qu'une vague et sourde douleur de platitude et de déception. Il n'avait rien remarqué de tout ce qui lui causait une joie si tremblante et si secrète. Il avait regardé son visage lissé et adouci, et n'y avait vu aucune différence, sur ses cheveux bruns intacts et les avait trouvés inchangés. Il avait seulement vu qu'elle avait mis sa plus belle robe, et elle aurait presque souhaité qu'il ne s'en aperçoive pas, depuis lors elle aurait pu avoir la consolation de penser qu'il était malade. Ce n'était pas, il faut le présumer, qu'elle voulait dire qu'elle trouverait du plaisir à son indisposition, seulement qu'une indisposition aurait expliqué son imperceptibilité, ce qu'elle regrettait plus qu'elle n'aurait regretté un léger mal de tête pour lui.

Pendant quelques minutes, elle fut incapable de faire autre chose que de contempler vide et vide l'échec total de ce dont elle avait tant attendu. Puis, comme les étoiles qui commençaient déjà à s'allumer dans les espaces vides du ciel, de nouveaux points dans cette triste situation retinrent son attention. Était-il préoccupé par d'autres choses, qu'il était aveugle à elle ? Ses lettres, il est vrai, étaient uniformément gaies et bavardes, mais un homme préoccupé peut facilement écrire une lettre sans trahir la préoccupation qui n'est que trop évidente dans les relations personnelles. Si tel était le cas, quelle était la nature de sa préoccupation ? Ce n'était pas une étoile joyeuse : il y avait une lumière verte dedans... Une autre étoile attira son attention. Était-ce Lyndhurst qui était aveugle, ou elle-même qui voyait trop ? Jusqu'à ce qu'elle examine la question de près, elle n'avait aucune idée de la quantité de cheveux gris mêlés aux cheveux bruns. Peut-être qu'il n'en avait aucune idée non plus : sa restauration ne serait donc pas une affaire de surprise et d'admiration. Mais les rides....

Elle se tourna vers la fenêtre alors qu'il entrait et fit un nouvel appel à son courage et à sa conviction. Même s'il voyait si peu, elle, vivifiée peut-être par la lumière de l'étoile verte, vit à quel point il était beau. Pendant des années, elle ne l'avait presque pas remarqué. Elle leva son petit visage vers lui d'une manière qui suggérait, même si cela n'invitait pas vraiment à un baiser.

"C'est tellement agréable d'être de nouveau à la maison", a-t-elle déclaré.

La suggestion qu'elle voulait lui faire passer lui vint à l'esprit, mais, très raisonnablement, il la rejeta comme étant improbable. Une caresse promiscuité était une chose obsolète depuis longtemps entre eux. Matin et soir, il lui effleurait la joue du bout de ses moustaches.

« Eh bien, nous sommes tous contents », dit-il avec bonne humeur. "Dois-je appeler pour un café, Amy?"

Elle ne s'est pas découragée.

« Fais-le, dit-elle, et quand nous aurons pris le café, tu me chercheras un châle et nous nous promènerons dans le jardin. Tu me montreras quelles nouvelles fleurs sont sorties.

L'intention était admirable, la proposition réelle n'était pas si heureuse, car la lumière d'une étoile scintillante à travers le crépuscule ne conduirait pas à une perception de couleur.

« Nous nous promènerons dans le jardin par tous les moyens, dit-il, si vous pensez que cela ne sera pas risqué pour vous. Mais quant aux fleurs, ma chère, il sera plus facile de les apprécier quand il ne fera pas nuit.

De nouveau, elle leva son visage vers lui. Cette fois, il aurait peut-être pu accepter la suggestion, mais à ce moment Parker entra avec le café.

« Comme c'est stupide de ma part », dit-elle. «J'avais oublié qu'il faisait noir. Mais sortons quand même, à moins que tu ne songes à aller au club.

« Oh, il est temps pour ça, il est temps pour ça », dit-il. « Je pense que vous vous coucherez tôt après votre long voyage. Je pourrai alors faire un tour et voir ce qui se passe.

Sans encouragement conscient ni accueil de sa part, un soupçon lui vint à l'esprit. Elle sentit par un procédé aussi inexplicable que celui par lequel certaines personnes se rendent compte de la présence d'un chat dans la pièce, qu'il allait voir Mme Evans.

«Je suppose que vous êtes souvent allé au club le soir depuis mon absence», dit-elle.

"Oui, j'ai regardé de temps en temps", a-t-il déclaré. « D'autres soirs, je suis passé voir nos amis. Un vieux célibataire solitaire, vous savez, et Harry n'a pas toujours été de très bonne compagnie. C'est une bonne chose que ce garçon soit retourné à Cambridge, Amy. Il se tournait toujours vers Mme Evans.

C'était un fait : cela avait souvent été un peu gênant. Plusieurs fois, le major était « passé » voir Millie et avait trouvé son fils déjà là.

"Mais je pensais que cela vous plaisait plutôt, Lyndhurst", dit-elle. "Tu m'as dit que tu considérais que ce n'était pas une mauvaise chose : que cela empêcherait Harry de faire des bêtises."

Il finit son café assez précipitamment.

« Oui, dans les limites du raisonnable, dans les limites du raisonnable », a-t-il déclaré. « Eh bien, si nous devons nous promener dans le jardin, nous ferions mieux de sortir. Tu voulais un châle, n'est-ce pas ? Très sage : où puis-je en trouver un ?

Cela la détourna encore une fois de ses propres efforts personnels.

« Il y en a plusieurs dans le deuxième plateau de ma garde-robe », dit-elle. "Choisissez-en un joli, Lyndhurst, quelque chose qui ne sera pas hideux avec ma soie rose."

Le sourire, comme on pourrait presque dire, de coquetterie, qui accompagnait ce discours, s'effaça complètement dès qu'il quitta la pièce, et sa figure prit cet air d'affaires que portent les visages les plus doux et les plus jeunes, quand il s'agit de parler. attirer, au lieu de laisser une attraction mutuelle exercer son inévitable pouvoir. Même si l'objectif de Mme Ames était le désir légitime et louable d'attirer son propre mari, il était étrange de voir à quel point son petit visage respectable paraissait banal. Elle s'était parée pour attirer l'admiration : la coquetterie et l'inquiétude étaient pitoyablement mêlées, comme on peut les voir dans des lieux bien moins respectables que cette villa isolée, et sur des visages dont Mme Ames aurait instantanément détourné le sien. Elle espérait qu'il apporterait un certain châle de soie blanche : deux nuits auparavant, elle l'avait porté sur la véranda après le dîner à Overstrand, et la lumière réfléchie par celui-ci, avait-elle remarqué, alors qu'elle se tenait sous une lumière en face d'un miroir dans le hall, avait rendu sa gorge particulièrement douce et rebondie. Elle se tenait sous la lumière, attendant son retour.

La fortune lui fut favorable : c'est ce châle qu'il avait apporté, et elle se retourna pour qu'il le mette sur ses épaules. Puis elle lui fit de nouveau face dans la position rappelée, sous la lumière, en souriant.

"Maintenant, je suis prête, Lyndhurst", dit-elle.

Il lui ouvrit la porte-fenêtre et se leva pour la laisser s'évanouir. Elle lui sourit de nouveau et attendit qu'il la rejoigne sur le chemin de gravier plutôt étroit. Il y avait en fait de la place pour deux personnes de front, car, le soir de son dîner, Harry s'était promené ici côte à côte avec Mme Evans. Mais il n'y avait que de la place.

« Tu y vas en premier, Amy, » dit-il, « ou dois-je ? Nous pouvons à peine marcher de front ici.

Mais elle lui prit le bras.

«C'est absurde, ma chère», dit-elle. "Là : n'y a-t-il pas beaucoup de place ?"

Il se sentait vaguement mal à l'aise. Ce n'était pas seulement la nécessité de poser ses pieds strictement l'un devant l'autre qui le rendait ainsi.

« Quelque chose ne va pas, ma chérie ? Il a demandé.

La question n'était pas cruelle : elle était à peine négligente. On ne pouvait guère s'attendre à ce qu'il devine, car ses perceptions n'étaient pas bonnes. Il pensait aussi à quelqu'un d'autre et se demandait combien il était tard. Mais même s'il avait eu une connaissance complète de la situation dont il ignorait complètement la situation, il n'aurait pas pu la gérer de manière plus péremptoire. La morne platitude à laquelle elle avait été si impassiblement en proie immédiatement après le dîner, le sentiment d'échec complet l'enveloppait comme un brouillard impénétrable. Hors de ce brouillard, elle hulula, pour ainsi dire, comme une sirène sous-vitalisée.

«Je suis tellement contente de revenir», dit-elle en lui pressant légèrement le bras. «J'espérais que tu étais heureux aussi que je sois de retour. Dis-moi ce que tu as fait pendant tout mon absence.

C'était, comme les bans, la troisième fois qu'on le demandait. Il lui rappelait les jours un par un, en laissant de côté certaines parties. Même à ce moment-là, il était étonné de constater à quel point ses souvenirs étaient vifs. Le jeudi, alors qu'il avait joué au golf le matin, il avait déjeuné chez les Evans (ce qu'il avait déclaré, car Harry y avait déjeuné aussi) et il avait probablement récolté le dernier plat d'asperges de l'après-midi. Il avait dîné seul avec Harry ce soir-là, et Harry avait mal aux dents. Le lendemain, par conséquent, Harry était allé chez le dentiste le matin et lui-même avait joué au golf l'après-midi. Il s'en souvenait parce qu'il était ensuite allé prendre le thé avec Mme Evans, mais il n'en parlait pas, car il avait été seul avec elle, et ils avaient parlé d'incompréhension et d'affinités. Samedi, Harry était retourné à Cambridge, mais, ayant raté son train, il avait pris un deuxième départ après le déjeuner. Il avait rencontré le Dr Evans dans la rue ce jour-là, en se rendant au terrain de golf, et comme il se retrouverait autrement tout seul le soir, il avait dîné avec eux, « *en garçon* ».

Ce catalogue d'événements insignifiants a pris beaucoup de temps à réciter. Mais derrière ces banalités se cachait une signification. Il n'était pas vraiment amoureux de Millie Evans, et ses assurances sur ce point étaient parfaitement honnêtes. Mais (ce qu'il ne se disait pas si clairement) il pensait qu'elle était extrêmement attirée par lui. C'était là un appel à une sorte de galanterie déplorable – un mot si terrible seul peut décrire son esprit terrible – et mentalement il l'appelait « pauvre petite dame ». Elle était jolie aussi et pas très heureuse. Il semblait qu'il lui incombait de l'intéresser et de l'amuser. Ses « décrochages » l'amusaient : lorsqu'il s'apprêtait à abandonner à nouveau, elle lui demandait toujours quand il viendrait la voir la prochaine fois. Ces « déjections » étaient clairement des points lumineux pour elle dans une journée maussade. C'étaient aussi des points lumineux pour lui, car il s'intéressait plus à eux qu'à tous ses pois de senteur. Il y a eu une « situation » dans sa vie, quelque chose de clandestin. Il ne serait jamais bon, par exemple, de laisser Amy ou l'estimable médecin en avoir une idée. Ils le comprendraient probablement mal et imagineraient qu'il y avait quelque chose à cacher. Il avait les joies secrètes d'une intrigue sans effusion de sang. Mais, compte tenu de l'absence totale de sang, il en était étonnamment absorbé. Il n'était pas étonnant qu'il n'ait pas remarqué la couleur restaurée des cheveux d'Amy.

Lui, ou plutôt Mme Evans, avait fixé un rendez-vous conditionnel pour ce soir. Si possible, la possibilité dépendant de la fatigue d'Amy, il viendrait discuter. La conversation concernait principalement l'éclairage du jardin au moyen de lanternes chinoises, pour une fête nocturne que Mme Evans avait l'intention de donner le jour de son anniversaire. Tout le jardin devait être éclairé, et comme le divertissement d'un jardin illuminé, avec de la soupe chaude, des cailles et des glaces, sous le mûrier était évidemment nouveau à Riseborough, il serait suffisamment amusant pour les invités de se promener dans le jardin jusqu'à l'heure du souper. Mais il y aurait au-delà des divertissements surérogatoires, des tables de bridge dans la véranda, une petite fanfare au fond du jardin pour intervenir entre les convives et les cris des express du Sud-Est, et déjà il y avait une idée de déguisement. . Le major Ames était favorable à l'idée des déguisements, car il avait un vêtement de velours rouge, connu sous le nom de manteau vénitien, enfermé à l'étage, ce qui était une affaire éblouissante si des collants blancs sortaient du dessous.

Il savait qu'il avait une jambe et déplorait seulement les rares occasions de convaincre les autres de ce fait. Mais il fallait d'abord planifier l'éclairage du jardin : cela ne servait à rien d'avoir un pied dans un jardin, si le jardin n'était pas correctement éclairé. Mais toute cette affaire était encore un secret juré : il ne pouvait pas, en tant qu'homme d'honneur, en parler à Amy. Un bref préavis pour une fête de ce genre n'avait aucune conséquence, car il s'agissait d'un divertissement post-prandial, et le seul divertissement post-prandial existant actuellement à Riseborough était d'aller se coucher. Ainsi tout le monde pourrait être heureux d'accepter.

résumé rapide de tout cela fit un courant sous-jacent dans son esprit, alors qu'il parcourait, à voix haute, l'histoire des derniers jours. De long en large le chemin étroit qu'ils parcouraient, elle tenait toujours sa main dans son bras, l'interrogeant, montrant un intérêt inconcevable pour le passage des jours dont il avait laissé de côté tous les véritables points d'intérêt. Sa patience a pris fin avant la sienne.

« Ma foi, ma chère, dit-il, il fait un peu frais. On y va, tu penses ? Je suis sûr que vous êtes fatigué de votre voyage.

Il n'y avait plus rien à venir : elle le savait. Mais même au milieu de sa déception, elle a trouvé du réconfort. La lumière du jour montrerait plus clairement que la lumière électrique le rétablissement de sa jeunesse. Tout le monde avait l'air à peu près pareil à la lumière électrique. Et même si, d'une manière secrète, elle se méfiait de sa visite au club, elle savait à quel point il serait impolitique de laisser entendre, même de loin, une telle méfiance. Il valait bien mieux, ce soir, accepter l'imputation de fatigue. Cette imputation n'était pas non plus sans fondement ; car l'échec fatigue n'importe qui alors que, dans les mêmes conditions, le succès ne ferait que stimuler. Et, consciente de cela, son amertume remonta à ses lèvres.

« Il ne faut pas attraper froid », dit-elle. "Entrons."

Il n'était encore que dix heures et demie : toute cette platitude et cet échec n'avaient duré que quelques heures, et le major Ames, dès que sa femme fut montée à l'étage, sortit de la maison. Il passa devant les portes du club, mais il n'entra pas, se contentant d'observer, par les fenêtres éclairées, qu'il y avait beaucoup d'hommes dans le fumoir. En arrivant chez le Docteur, il découvrit qu'Elsie et son père jouaient aux échecs dans le salon et que Mme Evans était dans le jardin. Il choisit d'aller directement dans le jardin et la trouva assise sous le mûrier, vêtue de blanc et ressemblant un peu à la Voie lactée. Elle ne se leva pas, mais lui tendit la main.

"C'est gentil de votre part", dit-elle. "Comment va la cousine Amy?"

«Amy va très bien», dit-il. « Mais elle s'est couchée tôt, un peu fatiguée par le voyage. Et comment va la cousine de la cousine Amy ?

Il s'assit sur la chaise panier à côté d'elle qui craquait sous son poids.

«Je dois te faire fabriquer une chaise spéciale», dit-elle. «Tu es si grand et fort. Avez-vous vu le mari de la cousine de la cousine Amy ?

« Non : j'ai entendu dire que vous étiez ici. Alors je suis sorti directement.

Elle se leva.

"Je pense que ce sera mieux alors si nous entrons et lui disons que vous êtes ici", dit-elle. "Il pourrait trouver cela étrange."

Le major Ames se leva avec empressement : à son empressement se mêlait un agréable sentiment d'aventure.

« Bien sûr », dit-il. "Alors nous pourrons ressortir."

Elle lui sourit.

"Sûrement. Il joue aux échecs avec Elsie. Je ne pense pas qu'il interrompra son jeu.

Apparemment, le Dr Evans n'a rien trouvé d'étrange. Dans l'ensemble, cela n'avait rien d'étonnant, puisqu'il savait très bien que le major Ames venait discuter de l'illumination du jardin avec sa femme.

« Bonsoir, major, dit-il ; « C'est gentil à vous de venir. Toi et ma petite femme allez faire de moi un pauvre, me dit-on. Voilà, Elsie, que dis-tu de ce que je place mon chevalier là ? Vérifier."

"Cochon!" » dit Elsie.

« Alors devons-nous sortir, major Ames ? » dit Millie. « Est-ce que tu sors, Wilfred ?

« Non, petite femme. Je vais vaincre votre fille à l'intérieur. Venez prendre un verre de whisky et de soda avec moi avant de partir, Major.

Ils sortirent donc à nouveau dans la fraîche lumière des étoiles.

"Wilfred aime tellement les échecs", a-t-elle déclaré. « Il joue tous les soirs avec Elsie, quand il est à la maison. Bien sûr, il est souvent absent.

Cela produisit exactement l'effet qu'elle souhaitait. Elle ne commentait ni ne se plaignait : elle faisait simplement une déclaration qui découlait naturellement de ce qui se passait dans le salon.

Mais le major Ames a tiré la conclusion qu'il était censé tirer.

"Je suis content d'avoir pu revenir", a-t-il déclaré. « Maintenant, les lanternes. Nous devons les placer tous le long du mur du jardin, et pas trop éloignés les uns des autres. Six pieds de distance, hein ? Maintenant, je vais franchir le mur et nous pourrons calculer combien nous en aurons besoin là-bas. Je pense que je fais encore un mètre complet. Pas encore de crampes au niveau des articulations.

Il fallut environ une demi-heure pour régler l'ensemble du projet d'éclairage et, comme le major Ames n'allait pas payer pour cela, il recommanda de le faire de manière assez somptueuse. Avec un si grand nombre de lanternes, il serait facilement possible de voir sa jambe, et il était fort en matière de déguisements.

« Il y aura des gens bizarres, je ne devrais pas m'en étonner, dit-il ; « mais je m'attends à ce qu'il y ait aussi des costumes honorables. Par jupiter! ce sera tout à fait l'événement de l'année. Amy et moi, avec nos petits dîners, devrons passer au second plan, comme on dit.

"J'espère que ma cousine Amy ne pensera pas à cela", a déclaré Millie.

Le major Ames a dit ce qui est écrit « Pshaw ». "Avant?" il pleure. «Eh bien, vous apportez un peu de vie parmi nous. Ma foi, nous avions envie de nous réveiller un peu. Eh bien, vous êtes un bienfaiteur public.

Ils s'étaient assis de nouveau pour se reposer après avoir travaillé à franchir les murs de briques sous le mûrier, où l'herbe était sèche et où seul un faible reflet d'étoile traversait les feuilles. Au fond du jardin, un train passa en criant, et le bruit s'éteignit en tonnerre décroissant. Elle se pencha un peu vers lui, levant le visage comme Amy l'avait fait.

"Ah, si seulement je pensais rendre les choses un peu agréables", dit-elle.

Soudain, le major Ames comprit qu'il était censé l'embrasser. Il se pencha également en avant.

«Je pense que vous le savez», dit-il. "J'aimerais pouvoir vous remercier pour cela."

Elle ne bougeait pas, mais dans le crépuscule, il pouvait voir qu'elle lui souriait. On aurait dit qu'elle attendait. Il fit un mouvement maladroit en avant et l'embrassa.

Il y eut un moment de silence : elle ne lui répondit ni ne le repoussa.

«Je suppose que les gens diraient que je n'aurais pas dû vous laisser faire», dit-elle. « Mais il n'y a aucun mal, n'est-ce pas ? Après tout, vous êtes une—une sorte de cousine. Et tu as été si gentil avec les lanternes.

Le major Ames pensait presque entièrement à lui, et presque pas à elle. Une aventure, une intrigue avait commencé. Il avait embrassé la femme de quelqu'un d'autre et ressenti le diable d'un homme. Mais au vin de cette émotion se mêlait une pointe d'inquiétude. Il serait sage de s'arrêter, de prendre son whisky et son soda avec son mari et de rentrer chez Amy.

- 81 -

quelqu'un d'autre et ressenti le diable d'un homme. Mais au vin de cette émotion se mêlait une pointe d'inquiétude. Il serait sage de s'arrêter, de prendre son whisky et son soda avec son mari et de rentrer chez Amy.

CHAPITRE VI

MME ALTHAM attendait le lendemain avec beaucoup d'impatience le retour de son mari du club, où il se rendait la plupart des après-midi, pour s'asseoir dans un fauteuil de l'heure du thé au dîner et apprendre avec désinvolture ce qui s'était passé pendant qu'il était là. jouer au golf. Elle était allée rendre visite à Mme Ames dans l'après-midi et avait par conséquent une affaire d'une importance considérable à lui communiquer. Elle aurait pu supporter cette vague d'informations retardée, même si elle voulait éclater le plus tôt possible, mais elle avait aussi une question à poser à Henry dont dépendait une énorme affaire. Enfin, elle entendit le bruit de son chapeau et de son bâton déposés dans le hall, et elle sortit à sa rencontre.

« Comme tu es en retard, Henry », dit-elle ; « mais tu n'as pas besoin de t'habiller. Mme Brooks, si elle revient après, vous excusera. Le dîner est prêt : entrons tout de suite. Tu étais au club hier soir, après le dîner. Vous m'avez dit qui était là ; mais je veux en être sûr.

M. Altham ferma les yeux un instant alors qu'il s'asseyait. On aurait dit qu'il prononçait une grâce silencieuse, mais les apparences étaient trompeuses. Il ne faisait que réfléchir, car il savait que sa femme ne poserait pas une telle question à moins que quelque chose n'en dépende, et il désirait être précis.

Puis il les rouvrit et servit la soupe en attribuant un nom à chaque cuillerée.

« Général Fortescue », dit-il. « Jeune Morton. M. Taverner, Turner, Young Turner.

Cela faisait cinq cuillerées : trois pour sa femme, deux pour lui. Il n'aimait pas beaucoup la soupe.

« Et tu étais là tout le temps entre dix et onze heures ? demanda sa femme.

"Jusqu'à onze heures et demie."

"Et il n'y avait personne d'autre ?"

M. Altham leva les yeux avec éclat.

« Le serveur du club, dit-il, et le page. La page a été supprimée pour vol de sucre. La facture du sucre était absurde. C'est ainsi que nous l'avons découvert. Vouliez-vous poser des questions à ce sujet ? »

"Non mon cher. Je ne veux pas non plus savoir.

À ce moment-là, la femme de chambre quitta la pièce et parla d'une voix basse et enthousiaste.

"Mme. Ames m'a dit que le major Ames était allée au club hier soir, alors qu'elle s'était couchée à dix heures et demie », a-t-elle déclaré. « Tu m'as dit au petit-déjeuner qui tu avais trouvé là-bas, mais je voulais en être sûr. Appelez-les M. et Mme Smith et nous pourrons ensuite continuer à parler.

La femme de chambre revint dans la chambre.

"Oui, M. Smith est apparemment allé au club à dix heures et demie", a-t-elle déclaré. « Mais il ne peut pas être allé au club, car dans ce cas vous l'auriez vu. Je me suis rendu compte qu'il ne se sentait pas bien et il est allé chez le médecin.

"Cela semble possible", a déclaré M. Altham, non sans enthousiasme, comprenant que "médecin" signifiait "médecin" et quel médecin.

« Nous avons tous remarqué le nombre de visites qu'il a rendues au docteur Jones, dit Mme Altham, pendant l'absence de Mme Smith. Mais en payer une autre le soir même de son retour, c'est comme si… comme s'il s'agissait d'une affaire grave.

« Ma chère, rien ne prouve que le major Ames soit allé chez le médecin hier soir », dit-il.

Mme Altham lui lança un regard affreux, car la femme de chambre était dans la chambre, et cette remarque irréfléchie rendit toute substitution diplomatique d'une autre nomenclature entièrement nulle et inutile.

"Mme. Smith, devrais-je dire », ajouta M. Altham avec une certaine confusion, avant de tout expliquer clairement à Jane, au cas où elle aurait des doutes à ce sujet.

"Suggérez-moi alors toute autre théorie raisonnable quant à l'endroit où il se trouvait", a déclaré Mme Altham.

"Je ne peux pas suggérer où il se trouvait, ma chère", a déclaré M. Altham, trouvant que sa formation juridique le soutenait, "étant donné qu'il n'y a aucune preuve d'aucune sorte qui porte sur l'affaire. Mais savoir qu'un homme n'était pas à un endroit donné ne prouve pas avec certitude qu'il était à un autre endroit donné.

« Sans aucun doute, il est donc allé faire du shopping à dix heures et demie hier soir », dit Mme Altham avec un profond sarcasme. « Il y a tellement de magasins ouverts à ce moment-là. La High Street est un parfait éclat de lumière.

M. Altham pouvait aussi être sarcastique, même s'il exerçait rarement ce don.

«Cela éblouit», a-t-il observé.

Mme Altham était sans aucun doute contrariée par l'attitude sceptique de son mari, et elle le punit en s'abstenant de discuter davantage de ce point et de lui donner le reste de ses nouvelles. Mais cette sévérité se punissait aussi, car elle brûlait de le lui dire. Lorsque Jane s'est finalement retirée, la pression interne est devenue irrésistible.

"Mme. Ames a fait quelque chose à ses cheveux, Henry, dit-elle ; « et elle a fait quelque chose à son visage. J'ai eu bien envie de lui demander ce qu'elle avait utilisé. Je vous assure qu'il ne restait plus un cheveu gris nulle part, et il y a quinze jours, elle était grise comme une foulque !

« Les foulques sont chauves, pas grises », fit remarquer son mari.

« Ce ne sont que des reproches, Henry. Elle est brune maintenant. Est-ce une autre mode qu'elle va nous proposer à Riseborough ? Qu'est-ce que tout cela veut dire? Devons-nous tous nous enduire le visage de cold cream et nous teindre les cheveux en bleu ?

M. Altham était d'une humeur douloureusement littérale ce soir et ne parvenait pas à démêler l'information de la rhétorique.

"Est-ce qu'elle s'est teint les cheveux en bleu?" » demanda-t-il d'une voix légèrement émerveillée.

« Non, ma chérie : comment peux-tu être si stupide ? Et je viens de te le dire, elle était brune. Mais à son âge ! Comme si tout le monde se souciait de la couleur de ses cheveux. Son visage aussi ! Je ne nie pas que les rides soient moins marquées, mais peu importe qu'elle soit ridée ou non ?

Ces considérations agréables furent interrompues par le bruit du facteur frappant à la porte d'entrée, et comme le facteur avait la priorité sur tout et sur tout le monde, M. Altham se dépêcha de voir quelles excitations il avait pilotées jusqu'au port. Malheureusement, il n'y avait rien pour lui, mais il y avait une grande enveloppe prometteuse pour sa femme. Il était également rigide et ressemblait au réceptacle d'une carte d'invitation.

"Un pour toi, ma chérie," dit-il.

Mme Altham le déchira et poussa un grand soupir.

« Vous ne devineriez pas après cent tentatives », a-t-elle déclaré.

"Alors ayez la gentillesse de me le dire", remarqua son mari.

Mme Altham a tout lu d'un seul coup, sans arrêt.

"Mme. Evans à la maison jeudi 20 juillet 22h Shakespeare Fancy Dress et bien je ne l'ai jamais !

Pendant un moment, le silence de la stupéfaction régna. Alors M. Altham poussa un grand soupir.

« Je ne suis jamais allé à un bal costumé », a-t-il déclaré. « Je pense que je devrais me sentir très bizarre et mal à l'aise. Qu'est-ce qu'on est censé faire une fois là-bas, Julia ? Restez debout et regardez-vous les uns les autres. Cela semblera très étrange. Que me recommanderiez-vous d'être ? Je suppose que nous devrions être un couple.

Mme Altham, pour lui rendre justice, n'avait pas sérieusement réfléchi à son apparence personnelle depuis des années. Mais alors qu'elle se levait de table et se tournait consciemment vers le miroir au-dessus de la cheminée, il est vain de nier qu'elle y ait réfléchi maintenant. Elle n'avait pas dix ans à peine de l'âge de Mme Ames, et elle se rendit compte, alors qu'elle se regardait soigneusement dans un verre parfaitement honnête, que même en prenant pleinement en considération tout ce que Mme Ames avait fait à ses cheveux et à son visage, elle-même gardait encore la juste mesure de leur différence d'années entre eux. Mais il était encore trop tôt pour envisager la question de son imitation. Il y avait d'autres choses que suggérait la contemplation d'un bal costumé à considérer en premier. Il y avait tellement de choses, en fait, qu'elle savait à peine par où commencer. Elle a donc tout préparé ensemble, à la manière d'une tarte à la mer, dans laquelle tout ce qui est éventuellement comestible est mis au four et cuit.

« Nous aurons suffisamment de temps pour en parler, ma chère, dit-elle, car si Mme Evans pense que nous allons tous dépenser des sommes infinies pour acheter des robes pour sa soirée, elle a tort dans la mesure où elle se trompe. Pour ma part, je suis inquiet. D'ailleurs, vous pouvez mettre vos plus vieux vêtements, et je peux emprunter le tablier et la casquette de Jane, et nous pouvons y aller en tant que Darby et Joan. En fait, je ne sais pas du tout si j'irai — même si, bien entendu, on ne voudrait pas blesser les sentiments de Mme Evans en refusant. Savez-vous, Henry, je ne devrais pas du tout me demander si nous en avons fini avec Mme Ames et tous ses airs de supériorité et de leadership. Vous pouvez être sûr que Mme Evans ne l'a pas consultée avant de décider d'organiser une soirée costumée. Il est bien plus probable qu'elle et le major Ames aient tout inventé entre eux, pendant que Mme Ames était absente, et aient décidé de leur rôle, et j'ose dire que ce sera Roméo et Juliette. Je ne serais pas du tout surpris si Mme Ames n'allait pas du tout à la fête, mais essayait de préparer quelque chose pour son propre compte le soir même. Ce serait comme elle, j'en suis sûr. Mais qu'elle y aille ou non, il me semble que nous avons fini par la voir régner sur nous tous. Si elle n'y va pas, je pense qu'elle sera la seule absente, et si elle y va, elle y va en tant qu'invitée de Mme Evans. Pendant toutes ces années, elle n'a jamais pensé à une soirée déguisée… »

Mme Altham s'interrompit au milieu de son discours, piquée par la splendeur d'une pensée soudaine.

« Ou est-ce que tout cela en restant à l'écart de sa part, » dit-elle, « et en se teignant les cheveux et en se maquillant le visage, signifie-t-il qu'elle était au courant de tout cela depuis le début et qu'elle allait être la figure de proue de tout cela ? Je ne devrais pas me demander si c'était ça. Il est fort probable qu'elle et le Major Ames se présenteront sous les noms d'Hamlet et d'Ophélie, ou quelque chose d'aussi ridicule, même si je suis sûr qu'en ce qui concerne la « chair trop trop solide », le Major Ames ferait un Hamlet admirable, car je n'ai jamais vu de l'homme a pris du poids comme il le fait, malgré tous les roulages du jardin, ce que j'espère que le jardinier fait vraiment pour lui. Mais quelle que soit la vérité sur tout cela, et je suis sûr que tout le monde est si secret ici à Riseborough de nos jours, qu'on ne sait jamais combien de personnes ont dîné dans tel endroit un tel soir, à moins d'aller chez le volailler et de découvrir si un poulet ou deux ont été envoyés, qu'est-ce que je disais ?

Elle avait dit beaucoup de choses. M. Altham a correctement deviné le fil de la pensée qu'elle souhaitait rappeler.

« Malgré le secret... » suggéra-t-il.

Cela a servi le but.

« Non, mon cher Henry, dit rapidement sa femme, je n'accuse personne de secret : si je l'ai fait, vous m'avez mal compris. Tout ce que je voulais dire, c'est que lorsque nous aurons décidé de ce que nous allons faire, nous ne le dirons à personne. Un divertissement déguisé n'a que très peu de sens si vous savez exactement à quoi vous pouvez vous attendre, et dès que vous voyez un Roméo, vous pouvez dire avec certitude qu'il s'agit du major Ames, par exemple ; et je suis sûr que s'il doit y aller en tant que Roméo, il serait tout à fait approprié que Mme Ames soit l'infirmière de Juliette.

"Je ne suis pas sûr d'aimer autant de parures", a déclaré M. Altham, qui pensait entièrement à sa propre toilette et ne se souciait pas du tout du major ou de Mme Ames. "Cela va paraître très étrange."

« C'est absurde, ma chère ; nous dînerons déguisés une ou deux soirées auparavant, et vous vous y habituerez bien, quoi qu'il arrive. Henry, tu te souviens de ma robe de satin blanc, que je portais à peine une douzaine de fois, parce qu'elle me paraissait trop grande pour Riseborough ? C'était aussi le cas, j'en suis sûr : vous aviez tout à fait raison. Depuis, il est dans le camphre. Je portais mes perles romaines avec. Il y a trois rangées et le fermoir est composé de vraies perles. C'est exactement ce qui convient à Cléopâtre.

«Je m'en souviens parfaitement», a déclaré M. Altham. Son esprit revint immédiatement au fait incontestable que, même si le major Ames était gros, lui-même était très maigre. S'il avait été obligé de décrire sa silhouette à ce moment-là, il aurait dit qu'elle était enfantine. La dépense d'une perruque ne semblait pas compter.

"Eh bien, ma chère, robe blanche et perles", dit sa femme. « Vous n'êtes pas très encourageant. Avec ce livre d'antiquités égyptiennes, je peux facilement remodeler la robe. Et je me souviens avoir lu dans une histoire romaine que Cléopâtre avait bien plus de trente ans lorsque Jules César lui était si dévoué. Et à en juger par les bustes, il devait être beaucoup plus chauve que toi !

Il ne sert à rien de nier que ce fut un coup assez dur. Depuis l'évocation du mot Cléopâtre, il se voyait complet, avec une perruque, dans un autre personnage.

« Mais Jules César avait soixante ans », observa-t-il avec une aspérité pardonnable. «Je ne vois pas comment je pourrais être un homme de soixante ans. Et d'ailleurs, ma chère, même si je suis sûr que personne ne penserait que tu as moins de cinq ans de ton âge réel, je ne vois pas comment tu pourrais être une simple fille de trente ans. Pourquoi ne devrions-nous pas reprendre « Antoine et Cléopâtre, dix ans après » ? Ce serait mieux que de ressembler à Jules César et Cléopâtre dix ans auparavant !

Mme Altham réfléchit à cela. Il était vrai qu'elle aurait du mal à paraître trentenaire, quel que soit le nombre de perles romaines qu'elle portait.

"Je ne sais pas si c'est une si mauvaise idée de votre part, Henry", dit-elle. "Il n'y a certainement personne au monde qui se soucie moins de son âge ou qui veut le cacher que moi. Et il y a quelque chose d'original dans votre suggestion - Antoine et Cléopâtre dix ans plus tard - Ah! il y a la cloche, qui va Soyez Mme Brooks qui entre. Et il y a aussi le téléphone. Ma parole, nous n'avons jamais un moment pour nous. Je ne devrais pas m'étonner si la moitié de Riseborough est venue nous voir ce soir. Veux-tu aller au téléphone et lui dire que nous sommes à la maison ? Et pas un mot à personne, Henry, sur ce que nous envisageons de faire. En tout cas, nous serons surpris, même si les autres parlent de leurs robes. Si on vous appelle pour vous poser des questions sur votre costume, dites que vous n'y avez pas encore réfléchi.

La semaine suivante, Mme Altham était complètement dans son élément. Elle avait quelque chose à cacher et se trouvait dans un état de tension délicieuse, entre le désir superficiel de dévoiler sa propre identité et la satisfaction profonde de ne pas le faire. Pour compléter son bonheur, le fameux satin blanc lui allait toujours, et elle était presque folle de curiosité de savoir ce que Major et Mme Ames « allaient être », et quelle était toute l'histoire de la fête projetée. À bien d'autres égards, son intérêt naturel pour les affaires des autres était assouvi. Mme Turner devait être Maîtresse Page, ce qui convenait très bien, car elle était âgée et grosse, et ne ressemblait pas du tout à Miss Ellen Terry. M. Turner avait choisi Falstaff et pouvait être reconnu n'importe où. Le jeune Morton, avec une modestie inhabituelle, avait choisi le rôle de l'apothicaire dans Roméo et Juliette. Mme Taverner devait être la reine Catherine et, presque plus joyeuse que tout, elle avait persuadé Mme Brooks de ne pas tenter de se faire passer pour Cléopâtre. Quels seraient les sentiments de Mme Brooks lorsqu'elle se rendrait compte, ce qui n'est pas inconcevable, que Mme Altham avait vu en elle une ressemblance frappante avec sa conception d'Hermione, parce qu'elle ne voulait pas qu'il y ait deux Cléopâtre, ne le savait pas. la préoccupe particulièrement. Elle avait invité Mme Brooks à dîner le lendemain de la fête, et son acceptation enterrerait la hache de guerre, si tant est qu'une hache de guerre existe. Finalement, elle avait rendu visite à Mme Evans, qui lui avait vaguement parlé du Songe d'une nuit d'été. Mme Altham avait considéré cela comme équivalent au fait qu'elle apparaîtrait sous le nom de Titania, et Mme Evans avait clairement eu l'intention qu'elle le prenne ainsi. En effet, l'idée lui était venue à l'esprit, mais pas de manière très vive. Son mari allait être Timon d'Athènes. Cela, encore une fois, était tout à fait satisfaisant : personne ne savait distinctement qui était Timon d'Athènes, et personne ne savait grand-chose du Dr Evans, sauf qu'il était généralement envoyé chercher au milieu de quelque chose. Il est probable que la même chose soit arrivée à Timon d'Athènes.

En effet, quelques heures après la réception des invitations de Mme Evans, qui arrivaient toutes simultanément par le courrier du soir local, un esprit de gaieté démoniaque, non moins féroce que celui qui inspirait Mme Altham, possédait tous les invités. . Même si c'était gai, c'était certainement démoniaque, car une quantité assez prodigieuse de ressentiment s'y mêlait, qui menaçait de temps à autre de ruiner complètement les débats. Par exemple, deux jours seulement après que toutes les invitations eurent été acceptées, Mme Evans avait de nouveau annoncé qu'il y aurait de la danse et que la soirée s'ouvrirait à dix heures et quart précisément par un quadrille dans lequel il était demandé que tout le monde y participerait. Il est facile d'imaginer la consternation privée qui présida cette soirée ; comment, dans une maison, Mme Brooks ayant poussé la table centrale de son salon de côté, toute seule et fredonnant pour elle-même, avançait d'un pas perplexe et oublié, et comment, à côté, Mme et M. Altham se disputaient violemment au sujet de l'ordre de les personnages, et fredonnaient des airs différents, pour se montrer, ou caracolaient dans des directions différentes. Car c'était là l'amère affaire : ces douleurs devaient être endurées dans la solitude, car il était évidemment impossible d'avouer que la pratique des quadrilles était si ancienne que leur souvenir avait complètement disparu. Mais heureusement (même si à ce moment-là cette suggestion provoqua beaucoup d'aspérité dans l'esprit de Mme Altham) Mme Ames vint à la rescousse en suggérant que, comme beaucoup d'entre eux avaient sans doute oublié la manière précise des quadrilles, elle proposa faire un cours demain après-midi à quatre heures et demie, où ils courraient tous ensemble un quadrille.

"Là! C'est ce que je pensais!" dit Mme Altham. « Cela signifie que ni le major ni Mme Ames ne se souviennent du déroulement du quadrille, et nous devons donc aller leur apprendre. Et elle dit qu'elle va nous apprendre ! Je suis sûr qu'elle ne m'apprendra jamais : je n'approcherai pas de la maison. Je n'ai besoin que personne m'enseigne les quadrilles, encore moins de Mme Ames. Il n'y a pas de réponse », a-t-elle ajouté à Jane.

M. Altham s'agitait sur sa chaise. Hier soir, il avait été tout à fait sûr d'avoir raison sur les points sur lesquels lui et sa femme différaient, et que les "partenaires de mise en scène" particuliers qu'ils s'étaient si souvent montrés ne se produisaient pas du tout dans le quadrille, mais se produisaient dans les lanciers. juste avant la chaîne des dames. Mais elle avait insisté sur le fait que la décoration des partenaires et de la chaîne des dames se faisait en quadrilles. Ce matin, cependant, il n'en était pas aussi sûr.

« Vous pourriez envoyer un mot à Mme Ames, observa-t-il, et lui dire que vous ne viendrez pas.

« Aucune réponse n'a été demandée », a déclaré sa femme avec enthousiasme. « Elle vient de dire qu'il y aurait un entraînement de quadrille à quatre heures et demie. Qu'il y ait. Je suis sûr que je n'ai aucune objection, même si je pense que tu aurais pu penser à le faire en premier, Henry.

"Mais elle aimerait savoir à combien de personnes il faut s'attendre", a déclaré Henry. « S'il doit être quatre heures et demie, il faut qu'elle soit prête à prendre le thé. C'est l'équivalent d'un goûter, à moins que vous ne supposiez que le cours sera terminé avant cinq heures.

Durant la nuit, Mme Altham avait réfléchi à son point de vue sur la chaîne des dames. Ce serait une chose affreuse si Henry avait raison et si, le soir même du bal, elle présentait sa main pour la chaîne des dames et qu'aucune chaîne d'aucune sorte ne suivait. Elle a opté pour une voie magnanime.

« Ma parole, je ne suis pas sûre de ne pas y aller, dit-elle, juste pour voir quelle est l'idée de Mme Ames d'un quadrille. Je ne devrais pas m'étonner si elle a mélangé cela avec quelque chose de tout à fait différent, ce qui serait risible. Et après tout, nous ne devrions pas être si méchants, et si la pauvre Mme Ames sent qu'elle va avoir des difficultés à cause du quadrille, je suis sûr que je serai heureux de l'aider. Sans doute elle nous a convoqués ainsi, pour ne pas avoir à montrer qu'elle sentait qu'elle voulait être secourue. Nous y irons, Henry, et j'ose dire que je lui ferai comprendre comment elle veut s'habiller ! Mais n'oubliez pas de dire que nous, en tout cas, n'avons pas encore réfléchi à nos costumes. Et en chemin, autant passer chez M. Roland, car si je veux porter mes trois rangs de perles, il faudra qu'il m'en rapporte quelques autres, car je trouve qu'il y a beaucoup de fil visible. J'ose dire que des perles ordinaires répondraient parfaitement à cet objectif. Je n'ai pas l'intention d'acheter davantage de vraies perles romaines. Ils appartenaient à ma mère, et je ne voudrais pas y ajouter quelque chose. Et si vous insistez pour avoir une pierre rouge dans votre casquette, pour faire une boucle pour la plume, je suis sûr que vous ne pourriez pas faire mieux que d'acquérir un morceau de ce qu'il appelle le rubis allemand qui se trouve actuellement dans sa boutique. Je suppose que personne à Riseborough ne pourrait le distinguer de la réalité, et une fois tout cela terminé, je le porterais comme pendentif pour mes perles. Si vous le souhaitez, j'en paierai la moitié, et cela ne représente en tout que quelques livres.

Cela ne semblait pas être une offre vraiment intéressante, mais Henry eut le bon sens de l'accepter. Il voulait une pierre pour boucler la plume d'un bonnet plutôt coquet qu'ils avaient décidé d'adapter à Marc Antoine, et il ne se souciait pas vraiment de ce qui lui arrivait après l'avoir porté à cette occasion, car il était peu probable qu'une autre occasion similaire surgirait. Au fond de son esprit, il avait l'idée d'en faire un solitaire, mais il savait qu'il n'aurait pas le courage pratique de cette conception audacieuse. Il faudrait également un autre paramètre.

Dans d'autres maisons, il n'y avait pas moins de triomphes anticipés et de perplexités passées. Il y avait aussi, dans certains cas, des intrigues sauvages et secrètes. Par exemple, quelques soirs plus tard, Mme Brooks, à côté, triant des vêtements dans sa garde-robe à partir desquels elle pourrait concevoir un costume qui devrait rappeler Hermione au spectateur, regarda depuis la fenêtre de sa chambre, où sa quête était en cours, et vit un spectacle étrange dans le jardin voisin. Il y avait une dame en satin blanc avec des perles ; il y avait un monsieur en toge romaine avec un bonnet à plumes. Le gentleman romain était un personnage douteux ; la dame indubitable. S'il y a jamais eu une Cléopâtre âgée, c'est bien elle.

Mme Brooks s'assit lourdement après avoir observé ce spectacle. C'était certainement Cléopâtre dans le jardin voisin : tout comme c'était certainement un serpent dans l'herbe. En un instant, sa décision fut prise. Elle comprit pourquoi on l'avait découragée d'être Cléopâtre ; la fausse Mme Altham avait voulu être Cléopâtre elle-même, sans rivale. Mais elle serait aussi Cléopâtre. Riseborough devrait juger entre l'efficacité des deux représentations. Bien entendu, tout le monde savait que Mme Altham possédait trois rangées de perles romaines, qui n'étaient rien d'autre qu'une sorte d'émail vitreux. Mais Mme Brooks, comme Riseborough le savait aussi, possédait cinq ou six rangées de véritables perles de rocaille. Il était impossible de *dénigrer* les perles de graines : c'étaient des perles, bien que petites, et ne prétendaient pas être différentes de ce qu'elles étaient. Mais le préfixe romain, pour toute personne impartiale, invalidait le mot « perles ». De plus, même en tant que Cléopâtre sans perles, elle aurait été prête à se soutenir contre Mme Altham. Cléopâtre aurait dû être grande, ce qu'elle était.

Cléopâtre aussi devrait être belle, ce qui ne l'était pas non plus. Et Mme Altham l'avait exhortée à y aller en tant qu'Hermione ! Bien sûr, elle dut réviser sa toilette, mais heureusement elle n'avait pas progressé plus loin que la couture de rosaces blanches sur une paire de chaussures en satin légèrement usées, qui convenaient également à toutes les héroïnes de Shakespeare.

La semaine qui s'était écoulée pour M. et Mme Altham dans une succession d'excitations et d'inquiétudes si agréables n'avait pas été sans incident pour Mme Ames. Lorsque (par le même courrier qui portait leurs invitations aux autres invités) l'annonce du bal costumé lui parvint et qu'elle la lut à son mari (comme l'avait fait Mme Altham) vers la fin du dîner, il exprima : ses sentiments avec beaucoup de caca et l'opinion que, de toute façon, il avait dépassé les années de déguisement. Il exagéra un peu cette attitude (car il avait été convenu que l'invitation serait pour lui une surprise) et il constata avec consternation que sa femme était tout à fait d'accord avec lui et qu'elle était prête, dès la fin du dîner, à lui écrire des regrets. La raison n'était pas loin d'être recherchée.

« J'espère que je ne suis pas ce que… ce que les domestiques appellent « susceptible », dit -elle (et en fait, il était difficile de voir comment les domestiques pourraient l'appeler autrement), « mais je dois dire que, compte tenu du temps que nous avons passé J'ai été à Riseborough, et le nombre de divertissements que nous avons organisés pour les gens d'ici, je pense que la chère Millie aurait pu me consulter – ou vous, bien sûr, Lyndhurst, en mon absence – au sujet d'une nouveauté telle qu'un bal costumé. Je n'ai aucune envie d'interférer de quelque manière que ce soit avec la petite fête que la chère Millie pourrait choisir d'organiser, mais je suppose qu'étant donné qu'elle peut la planifier sans moi, elle peut aussi en profiter sans moi. Je suis conscient que je ne suis en aucun cas nécessaire au succès d'un parti. Et puisque vous pensez que vous avez un peu dépassé l'âge de vous habiller, Lyndhurst – même si je ne dis pas que je suis d'accord avec vous – je pense que nous serons plus heureux à la maison ce soir-là. J'écrirai très gentiment à ma chère Millie pour lui dire que nous sommes fiancés. Il ne fait aucun doute que les Altham dîneraient avec nous, car je n'imagine pas qu'elle voudrait se lever déguisée.

Le major Ames n'était pas un penseur vif, mais il a vu plusieurs choses sans s'arrêter. La première était que, de toute façon, il devait certainement y aller, mais qu'il ne se souciait pas beaucoup de savoir si Amy y allait ou non. La seconde était que, ayant exprimé sa surprise à l'annonce de la fête, il était maintenant trop tard pour dire qu'il en était au courant dès le début et qu'il allait se faire passer pour Antoine, tandis que Mme Evans devait être Cléopâtre. Une troisième était qu'il fallait faire quelque chose, une quatrième qu'il ne savait pas quoi.

« Je vous laisse à votre cigarette, Lyndhurst, » dit sa femme en se levant, « et j'écrirai à ma chère Millie. Promenons-nous encore dans le jardin ce soir.

Elle sortit de la salle à manger, il ferma la porte derrière elle et elle se dirigea directement vers son bureau dans le salon. Au-dessus était suspendu un miroir et (toujours pas dans l'état d'esprit que les domestiques appellent « sensible »), elle s'assit pour écrire ce gentil mot. Un certain degré de coucher de soleil persistait encore dans le ciel à l'ouest, et il ne serait pas nécessaire d'allumer une bougie pour écrire. Il y avait aussi assez de lumière pour qu'elle puisse voir une image rose d'elle-même dans le verre, et elle s'arrêta. Elle y vit ce qu'elle savait que Mme Altham avait vu cet après-midi, à savoir l'absence de cheveux gris et les rides adoucies et liquéfiées de son visage. Il est vrai que son mari n'avait pas encore observé, ni en tout cas commenté ces signaux renouvelés de sa jeunesse, mais Mme Ames n'avait pas encore désespéré et tapait quotidiennement (comme indiqué) sur la crème émolliente. Cette lumière rosée du coucher du soleil donnait à son visage une couleur délicate, et elle s'appropriait inconsciemment l'enchantement emprunté de la lumière... Alors ce qui n'était pas une susceptibilité subit un adoucissement semblable à celui de ses rides. Elle savait qu'elle avait fait preuve d'une intention sarcastique lorsqu'elle disait qu'elle était consciente que sa présence n'était pas nécessaire au succès d'une fête. Ce serait méchant envers la chère Millie si elle refusait d'y aller, car un dîner à la maison n'était aucune excuse ; elle pouvait très bien y aller quand les voitures arrivaient à onze heures moins vingt. Il était également absurde de la part de Lyndhurst de dire qu'il avait dépassé l'âge où « s'habiller » était convenable. Malgré ses cheveux, dont il se débrouillait très bien, il était encore assez jeune de visage pour excuser la tentation de s'embellir, et un manteau vénitien cacherait naturellement sa tendance à l'embonpoint. Sans doute la chère Millie n'avait-elle pas eu l'intention de se mettre en avant d'une manière ou d'une autre ; sans doute n'avait-elle pas encore vraiment compris que Mme Ames était une autocrate reconnue en tout ce qui concernait la fête.

Tout ce train de pensées n'avait besoin que de quelques secondes pour se dérouler, et, tandis qu'elle se regardait toujours, le nom des héroïnes de l'enchantement résonnait délicatement dans son cerveau. Elle passa sans émotion sur Juliette et Ophélie, car elle n'avait pas l'imagination assez floue pour voir son reflet capable de retrouver le printemps naissant de celles-ci, ou la svelte jeunesse de Rosalinde. Elle ne voulait pas de rôle de jeune fille et ne se lisait pas non plus la dignité précoce de Portia. Mais n'en est-il pas une qui descendit le Nil vert au son des flûtes dans une barque dorée, non pas une fille, mais une femme dans le charme de sa pleine maturité ?

L'idée s'est détaillée en plan et en manœuvre. Elle avait envie de se jeter ainsi sur Lyndhurst, de lui faire voir dans un éclair de révélation avec quel courage elle pouvait soutenir le rôle de cette sorcière... Au moment où la porte du salon s'ouvrit, et simultanément ils commencèrent tous deux une phrase dans mots identiques.

"Sais-tu, ma chérie, j'ai réfléchi..."

Ils s'arrêtèrent tous les deux et il éclata de son rire génial.

« Sur mon âme, ma chère Amy, dit-il, je crois que nous avons toujours les mêmes pensées. Je vais vous dire ce que vous alliez dire. Vous alliez dire : « Je pensais que ce ne serait pas très gentil envers ma chère Millie » – c'est ce que *vous* diriez, bien sûr – pas très gentil envers Mme Evans si nous refusions. Et je suis d'accord avec toi, ma chère. Sans doute aurait-elle dû vous consulter d'abord, ou si vous étiez absent, elle aurait même pu, comme vous l'avez suggéré, m'en parler. Mais vous pouvez vous permettre d'être indulgente, ma chère — après tout, c'est votre cousine — et vous ne voudriez pas gâcher sa fête, la pauvre, en refusant d'y aller. Et si vous y allez, bien sûr, je mettrai de côté mes sentiments naturels à l'égard d'un vieux idiot comme moi qui se fait un homme, et je m'habillerai d'une manière ou d'une autre. Je pense que j'ai un vieux costume avec un manteau vénitien mis de côté quelque part, même si j'ose dire qu'il est rongé par les mites et rouillé maintenant, et je vais m'habiller d'une manière ou d'une autre et venir avec toi. Je suppose qu'il y a dans Shakespeare de vieux metteurs en scène — je dois revoir les pièces de ce type — que même un vieux soldat à la retraite peut imiter. Falstaff, par exemple, un vieux gros homme de cette espèce.

Une partie de ce discours, c'est le moins qu'on puisse dire, n'était pas, il faut le craindre, tout à fait absolument naïf. Mais le major Ames n'était pas naturellement tout à fait naïf. Il s'était déjà assuré que le vieux costume en question avait été parfaitement conservé par les boules de naphtaline qu'il avait soin de renouveler de temps en temps, et qu'il n'était nullement mité ni rouillé. Encore une fois, puisqu'il avait décidé de se faire passer pour Antoine, il n'était pas parfaitement simple de faire allusion à Falstaff. Mais après tout, le discours exprimait tout ce qu'il voulait dire, et seules nos paroles les plus heureuses peuvent en faire autant. En fait, cela penchait peut-être un peu vers l'autre côté de l'expression, car il frappa à ce moment-là Mme Ames (la frappa aussi violemment et inexplicablement qu'une noix de coco lui tombant sur la tête) que la question du manteau vénitien n'avait pas été abordée. l'esprit de son mari pour la première fois ce soir-là. Elle sentait, sans pouvoir expliquer son sentiment, que l'idée du bal costumé n'était pas nouvelle pour lui. Mais il était impossible de l'accuser d'une si profonde duplicité ; en effet, après avoir réfléchi un moment à la question, elle écarta ses soupçons. Mais les soupçons étaient là.

Elle l'a rencontré à mi-chemin.

« Vous avez bien deviné, Lyndhurst, dit-elle ; «Je pense que ce serait méchant envers la chère Millie si toi et moi n'y allions pas. J'ose dire qu'elle aura déjà assez de difficulté à faire un rassemblement. J'écrirai tout de suite.

Cela fut bientôt fait, et alors même qu'elle écrivait, la vision d'elle-même de la pauvre Mme Ames devenait plus rose dans son esprit. Mais il fallait qu'elle se jette sur son mari, qu'elle se jette sur lui. En supposant que ses soupçons absurdes de l'instant précédent étaient vrais, il était d'autant plus nécessaire de se jeter sur lui, de se précipiter sur Cléopâtre... Il se demandait, en attendant, comment diable garder le secret de son costume et de celui de son hôtesse, si Amy discute des costumes ou suggère le roi et la reine du Danemark qui leur conviennent. Il serait peut-être même préférable d'accepter la situation en tant que telle et de dire à Mme Evans que sa femme voulait y aller en couple (c'est ainsi que Mme Altham l'a exprimé) et qu'il était plus prudent d'abandonner l'idée d'un Antony errant. et une Cléopâtre errante se rencontrant le soir même sans préméditation. Mais ses paroles suivantes firent disparaître toutes ces difficultés ; ils disparurent aussi complètement qu'une montre ou un lapin sous le coup de baguette du prestidigitateur.

Mme Ames n'a jamais léché les enveloppes ; elle appliquait de l'eau avec une brosse en poil de chameau, provenant d'un petit récipient semblable à une bouteille de larmes.

"Quelle absurdité, ma chère Lyndhurst", dit-elle. « Envie de jouer le rôle de Falstaff ! Vous devez penser à quelque chose de mieux que ça ! Cher moi, c'est une idée très audacieuse de la part de Millie, mais il me semble vraiment que nous pourrions nous amuser beaucoup. J'espère que tous Riseborough ne discuteront pas ensemble de leurs costumes, afin que nous sachions exactement à quoi nous attendre. Un bal costumé ne sert à rien s'il n'y a pas de surprises. Je dois aussi réfléchir à mon costume. Je n'ai pas la chance d'en avoir un prêt.

Elle se leva de table, toujours avec l'image rosée d'elle-même en tête.

« Je pense que je ne vous dirai pas qui je vais être, dit-elle, même si j'ai pensé à quelque chose de convenable. Je me garderai comme une surprise pour vous. Et reste une surprise pour moi, Lyndhurst. Rencontrons-nous pour la première fois dans nos costumes lorsque la calèche est à la porte prête à nous emmener à la fête. Vous ne pensez pas que ce serait amusant ? Mais vous devez me promettre, ma chère, que vous ne vous ferez pas passer pour Falstaff, ni pour n'importe quel vieux type. Sinon, j'aurai honte de toi.

Il sonna avec effusion (la cordialité de l'action était typique de l'accueil qu'il réserva à la suggestion de sa femme) et ordonna l'envoi du message.

"Par jupiter! Amy, dit-il, comme tu es toujours du genre à penser aux choses. Et si tu le souhaites, j'essaierai de me faire une silhouette présentable, même si je suis sûr que je devrais être plus à ma place à la maison en attendant ton retour pour en savoir plus. Mais je ferai de mon mieux, je ferai de mon mieux, et j'ose dire que le manteau vénitien n'est pas si mal après tout. J'ai toujours fait attention à garder un peu de naphtaline dans la boîte avec.

Le flirt ne peut peut-être pas être défini à tort comme le fait de faire semblant d'être amoureux, et pourtant c'est un mot presque trop solide pour s'appliquer aux relations du major Ames avec Mme Evans au cours de la semaine ou deux avant le bal, et il serait plus précis. dire qu'il faisait semblant de flirter. De même que lorsqu'il l'embrassa lors de cette soirée audacieuse déjà décrite, il pensait entièrement à lui-même et au fringant de cette démarche, de même, dans les jours qui suivirent, cette même futilité inepte et cette même autosatisfaction s'emparèrent de lui. Il faisait de nombreuses visites secrètes à la maison, entrant comme un cambrioleur, au milieu de l'après-midi, par un passage peu fréquenté de la voie ferrée, aux heures où elle lui disait que son mari et sa fille seraient certainement sortis, et que le secret de ces réunions leur ont ajouté du piquant. Il éprouvait — un état d'esprit si déplorable qu'il est presque impossible de le décrire — il éprouvait un agréable sentiment de méchanceté qui était pour ainsi dire confirmé par le certificat attestant sa complète innocence. Pour lui, ce n'était qu'une farce de flirt. Mais la farce l'emplissait d'une sorte de joie enfantine ; il se persuadait que sa part était réelle et que, par un destin tragique, il lui était interdit, à lui et à la femme qui était faite l'un pour l'autre, de jouir de leur affinité. C'était une aventure sans danger, une mine sans poudre. Car même à deux reprises, alors qu'il effectuait l'une de ces visites clandestines, le Dr Evans était revenu à l'improviste et les avait trouvés ensemble. Le pauvre aveugle, semblait-il, ne se doutait de rien ; en fait, son accueil a été extrêmement cordial.

"C'est bien de votre part de venir aider ma femme lors de sa fête", a-t-il déclaré. « Que ferais-tu sans le major Ames, petite femme, je ne sais pas. Ne vous arrêterez-vous pas pour dîner, major ?

Puis, après une réponse appropriée et une digression vers d'autres sujets, l'œil insensé du major jetait un regard furtif sur Millie, et pendant un instant ses yeux rencontraient les siens, papillonnaient et tombaient. Et étant donné qu'il n'y avait probablement pas au monde de pire juge de la nature humaine que le major Ames, il est étrange que son commentaire mental soit à peu près vrai.

« Chère petite femme, se dit-il ; "Elle m'aime vraiment!"

CHAPITRE VII

Jupiter Pluvius , ou M. J. Pluvius, sous lequel le major Ames avait l'habitude de faire allusion avec facétie au temps, semblait aimablement enclin à coopérer avec le projet de Mme Evans, car la soirée de sa fête promettait d'être idéale pour le but. Les quelques jours précédents avaient été très chauds et aucune particule d'humidité ne se cachait dans les pelouses cuites, de sorte que ses invités pouvaient se promener à leur guise sans risquer de contracter le catarrhe ou les taches sur les chaussures qui devaient s'avérer être du satin blanc. De plus, par une bonté particulière de la Providence, il n'y avait pas de lune, de sorte que l'éclairage des guirlandes lumineuses et des lanternes chinoises ne souffrait pas d'une comparaison décourageante avec une luminosité plus puissante. Sur une grande partie de la pelouse, Mme Evans, à la suggestion du major Ames (n'ayant pas à payer pour cet attirail, il était singulièrement fructueux en suggestions), avait fait poser un plancher en planches ; ici se déroulaient la procession d'ouverture, le quadrille et les danses ultérieures, tandis qu'à côté se trouvait le mûrier à l'ombre duquel étaient réparties les hospitalités les plus matérielles. Les arbres et la piste de danse étaient abondamment soulignés de lanternes, et des rangées droites de guirlandes lumineuses y conduisaient depuis la porte du jardin de la maison. Le mur du jardin et la haie près de la voie ferrée étaient également dessinés, tandis que l'orchestre (un piano, deux cordes et un cornet d'une qualité étonnamment perçante) devait être dissimulé dans le petit *cul-de-sac* qui menait à la remise à rempotage et rouleau de jardin. Les buissons étaient moins vivement éclairés ; Ici, Hamlets et Rosalindes pouvaient errer en couples isolés, sans être harcelés par une illumination trop scrutatrice. Le major Ames avait effectué sa dernière visite clandestine cet après-midi et s'était déclaré parfaitement satisfait des arrangements. Elsie et le médecin étaient là.

La fête avait été annoncée comme commençant à dix heures et demie, et c'était à peine à cette heure que Mme Ames descendait de sa chambre où elle avait été si longtemps occupée depuis la fin du dîner matinal. Ses bras étaient nus du bout des doigts jusqu'à ses petites épaules rondes, sur lesquelles étaient serrées, avec de belles broches en forme de cairngorm, les bretelles de sa longue tunique. Mais il n'y avait aucun effet d'étalage excessif de chair humaine, puisque ses bras étaient très courts, et en plus ils étaient abondamment parés. Sur un bras, un serpent métallique se tordait du poignet au coude, sur l'autre, il y avait enserré au-dessus du coude un simple cercle d'un métal très brillant et brillant. Un filet de perles bleues, trop magnifiques pour être des turquoises, était épinglé sur ses cheveux non fanés, et de son devant pendait sur son front une grosse perle en forme de poire, évoquant celle que l'extravagante reine dissout ensuite dans du vinaigre. Toute perle, nous disent les scientifiques, qui est capable de se dissoudre dans le vinaigre doit être une perle curieuse ; celle que Mme Ames portait au milieu de son front était également curieuse. L'art avait été spécialement invoqué, en plus de la nourriture normale pour la peau ce soir-là, dans le cas du visage de Mme Ames et d'un sourcil égyptien formel, comme l'indique l'illustration de « Ramsès » dans l' *Encyclopédie* , décorée au fusain. l'endroit où se trouvait autrefois son propre sourcil. Au-dessous de son œil, une touche du même fusain ajoutait de l'éclat à l'œil lui-même ; plusieurs touches de rouge apportaient à ses joues leur éclat approprié.

La longue tunique retenue sur ses épaules par les broches en forme de cairngorm lui arrivait jusqu'aux genoux. Il était peut-être un peu serré, mais quand on n'a qu'un seul châle arabe, recouvert de gros fils d'or, il faut le faire aller le plus loin possible, et après tout, il lui arrivait aux genoux. Un petit pli en était bouclé et tombait sur sa ceinture jaune, il était séparé sur les côtés au-dessous des hanches et découvrait une jupe faite de deux châles arabes tirés d'argent qui, cousus ensemble, descendaient jusqu'à sa cheville. Elle n'avait pas l'intention de danser autre chose que le quadrille d'ouverture. Sous cette jupe striée d'argent apparaissaient, comme cela était naturel, ses jolis petits pieds potelés. Sur eux, elle portait des sandales qui montraient au maximum leur rondeur, leur beauté et leur petitesse. Une sangle correcte était placée entre le gros orteil et le suivant, et les sangles étaient recouvertes de papier argenté. Depuis des années, Riseborough savait à quel point ses chaussures étaient petites ; ce soir, Riseborough devrait s'assurer que ces chaussures étaient largement assez grandes pour ce qu'elles contenaient. Enfin, autour de son cou, quatre rangées de magnifiques perles nacrées ; il n'est pas étonnant que Cléopâtre n'ait pas pensé à dissoudre une perle, alors que sa dissolution laisserait intacte une si nombreuse compagnie de trésors similaires.

En descendant, elle entendit un bruit soudain dans le salon, comme si un homme lourd avait trébuché tout à coup. Il ne lui fallait pas plus d'ingéniosité que d'habitude pour supposer que Lyndhurst était déjà là et qu'il s'était fait trébucher dans un nouvel équipement. Et à ce moment-là, une soudaine bouffée d'excitation et d'anticipation l'envahit, et elle se demanda à quoi il ressemblerait. Pour elle, elle avait la plus profonde confiance dans le succès de sa garniture. Il ne pouvait s'empêcher d'être étonné, ravi. Et une émotion qu'elle n'avait jamais ressentie vivement, mais qui était depuis longtemps dépassée, la secouait et faisait trembler ses genoux. Elle se sentait si jeune, si audacieuse. Elle aurait souhaité qu'il sorte à ce moment, car tandis qu'elle descendait les escaliers, il ne pouvait s'empêcher de voir à quel point ses pieds étaient petits et doux...

Presque avant que son souhait ne soit réalisé, il a été exaucé. Un juron bien étouffé succéda au bruit trébuchant, et le major Ames, en toge romaine blanche et en collants, sortit dans la salle. Il n'y avait aucun vestige de manteau vénitien autour de lui ; il était complètement différent de ce à quoi elle s'était attendue. Une perruque abondante lui couvrait la tête, la toge masquait complètement ce que l'exercice du rouleau de jardin n'avait pas complètement enlevé, et en bas, ses gros mollets se dressaient majestueusement sur ses classiques chaussures à lacets. S'il y a jamais eu un Marc Antoine avec une moustache militaire, ce n'est pas en Egypte ni à Rome, mais ici ; par un hasard divin , sans concertation, il avait choisi lui-même le personnage complémentaire du sien. Il leva les yeux et la vit, elle baissa les yeux et le vit.

« Bénis mon âme », dit-il. «Amy! Cléopâtre !

Elle lui fit un petit sourire joyeux.

« Bénis mon âme », dit-elle. «Lyndhurst! Marc Antoine !

Il y eut une longue et horrible pause. Il était clair pour elle que quelque chose de totalement inattendu s'était produit. Elle avait voulu être inattendue, mais il y avait quelque chose qui n'allait pas dans la qualité de sa surprise. Alors la virilité qu'il avait en lui lui vint en aide.

« Sur ma parole, » dit-il, « vous vous êtes magnifiquement relevée, Amy. Cléopâtre maintenant, avec des perles et tout, et des sandales ! Eh bien, vous leur enlèverez tous leur éclat ! C'est parti, hein ? Antoine et Cléopâtre ! Qui y aurait pensé ! Le taxi est rond, chérie. Il vaudrait mieux que nous partions si nous voulons participer au cortège. Tu ne veux pas de cape ou quoi que ce soit ? Antoine et Cléopâtre ; Que Dieu bénisse mon âme !

C'était suffisant pour apaiser l'embarras immédiat. Il est vrai qu'il n'avait pas été bouleversé par cette apparition d'elle comme elle l'avait voulu dire, et la pause d'étonnement, elle le craignait, n'était pas celle d'un abandon d'admiration. Et pourtant, peut-être qu'il se sentait timide, tout comme elle ; debout ici, dans toute cette splendeur de pantomime brillante, il pourrait bien la sentir aussi étrangère à lui qu'elle le sentait à elle. D'ailleurs, il lui fallait non seulement ressembler à Cléopâtre, mais être Cléopâtre, se comporter avec la gaieté et la jeunesse que son aspect lui donnait le droit d'attendre. Entre-temps, il lui avait également mérité des compliments, car aucun homme qui juge utile de se déguiser n'a l'âme assez inhumaine pour ne pas apprécier les applaudissements.

Elle recula d'un pas ou deux pour le regarder dans son ensemble.

« Ma chère, dit-elle, vous êtes splendide ; cette toge vous va à merveille. Et tes bras ont l'air si bien en sortant de ses plis. Quels bras puissants, Lyndhurst ! Vous pourriez récupérer votre petite Cléopâtre et la ramener en Égypte si facilement.

Quelque chose de leur irresponsabilité qui, comme par une Providence particulière, couve l'audace de prendre des apparences étranges, s'abat sur elle. Elle n'aurait pas plus pu lui faire un tel discours dans ses vêtements ordinaires du matin, ni même dans la fameuse soie rose, qu'elle n'aurait pu voler. Mais maintenant, son costume lui déliait la langue. Et malgré l'embarras terrible qu'il savait l'attendre lorsqu'ils arriveraient à la fête, et qu'une seconde Cléopâtre les accueillerait, cette ivresse du costume (susceptible, malheureusement, de se manifester non seulement dans *le vin gai*) lui montait également à la tête.

« *Ma Reine !* " dit-il, sentant que le français les rapprochait d'une manière ou d'une autre de l'atmosphère orientale appropriée.

Elle releva sa jupe d'une main et lui tendit l'autre.

« Il faut partir, mon Antoine, dit-elle.

Ils montèrent dans le taxi ; un cheval à l'air quelque peu blasé fut fouetté dans un trot lent et triste, et ils s'éloignèrent sur la route dure et sèche.

Une file de voitures attendait déjà pour débarquer ses cargaisons lorsqu'elles approchèrent de la maison, et se penchant furtivement et fébrilement à la fenêtre, Mme Ames aperçut un ou deux Hamlet et quelques Titania traverser rapidement et timidement le trottoir entre deux rangées de voyageurs étonnés. prolétariat. À côté d'elle, dans le taxi, son mari grognait et s'agitait ; elle devina que pour lui cette entrée était de la nature d'un bain par une journée froide ; Même si la prochaine baignade était revigorante, le plongeon était froid. Mais elle ne connaissait pas la véritable cause de son embarras et de son appréhension ; si sa carrière militaire l'avait jamais amené (ce qui n'était pas le cas) à affronter le feu, il était probable, même si son courage n'était pas remarquable, qu'il aurait accueilli les canons avec plus de gaieté qu'il n'attendait le moment auquel il était désormais inévitablement confronté. lui. Puis vint leur tour ; il y eut une pause, puis la portière de leur voiture s'ouvrit brusquement, et ils descendirent du véhicule innocent qui était pour lui aussi menaçant qu'une charrette. Dans un instant, Cléopâtre rencontrerait Cléopâtre, et il ne pouvait avoir aucune idée de la manière dont Cléopâtre le prendrait. L'hôtesse Cléopâtre, comme il le savait, allait aussi porter des sandales ; des serpents devaient tordre ses longs bras blancs....

Mme Ames ajusta la perle en forme de poire sur son front.

"Je pense que si nous disons une heure et demie, ce sera assez tard, Lyndhurst", dit-elle. "Si nous ne sommes pas prêts, il peut attendre."

Il sembla à Lyndhurst qu'une heure et demie serait probablement bien assez tard.

Le rassemblement des convives avait lieu dans le salon qui donnait sur le jardin ; un garçon de l'auberge « Crown », avec une barbe au menton et vêtu d'une sorte de surplis blanc et portant une lanterne à la main, qui pourrait avec la même raison être supposé être l'Homme dans la Lune tiré du *Songe d'une nuit d'été* , ou un fossoyeur d' *Hamlet* , a dit : « Noms des personnages, s'il vous plaît, madame », et les a précédés jusqu'à la porte de cette chambre. Il a crié « Cléopâtre et Marc Antoine ».

Une autre Cléopâtre, une « conception différente de cette partie », comme le disait le *Kent Chronicle* dans son prochain numéro, une Cléopâtre sombre, blanche et élancée, s'avança vers eux. Elle avait l'air vexée, mais alors qu'elle parcourait la silhouette de Mme Ames du haut en bas, comme un pianiste expérimenté jouant une gamme chromatique, sa vexation semblait complètement disparaître.

« Chère cousine Amy, dit-elle, comme c'est parfaitement charmant ! Je n'ai jamais vu... Wilfred, salue Cléopâtre. Et Antoine ! Oh, major Ames !

De nouveau, elle recréa la gamme chromatique, en commençant par le haut, pour ainsi dire (son visage), avec une longue note, et en s'y arrêtant de nouveau lorsqu'elle y revenait.

D'autres arrivées suivirent, et ces Antoine et Cléopâtre en particulier se mêlèrent aux invités déjà rassemblés. La plus grande partie était rassemblée, et les manières et l'attitude habituelles de Mme Ames convenaient parfaitement à son rôle royal. La famille Turner, en tout cas, qui se tenait un peu à l'écart des autres, n'étant pas tout à fait « dans » la société de Riseborough, et se sentant plutôt chaude et fiévreuse dans les épaisses étoffes de brocart qui conviennent à Falstaff, à Mistress Page et au roi Thésée, Elle ne se sentait ni plus ni moins mal à l'aise lorsqu'elle leur faisait quelques compliments que lorsqu'elle leur parlait, le dimanche, après l'église, son gros livre de prières à la main. Ailleurs, le jeune Morton, au visage blanc et au nez rouge, était l'apothicaire traditionnel, et Mme Taverner était si copieusement habillée en reine Catherine qu'elle attendait vraiment avec impatience le moment où le cortège sortirait dans la plus grande fraîcheur. de l'air nocturne. Puis une annonce stentorienne du serveur du Crown poussa tout le monde à se retourner vers la porte.

« Antoine et Cléopâtre dix ans plus tard », a-t-il crié.

Il y eut une légère pause. Puis entrèrent M. et Mme Altham, les mains hautes jointes au bout des doigts. Ils marchèrent tous les deux assez haut, elle tenant sa jupe éloignée de ses pieds, et tous deux pointant leurs orteils comme pour exécuter une *pavanne* . Cette entrée avait été longuement répétée, et elle était saisissante au point de produire une sorte de stupéfaction.

Mme Evans parcourut les deux yeux du regard et fut apparemment satisfaite.

« Chère Mme Altham, dit-elle, comme c'est parfaitement charmant ! *Et* M. Altham. Mais dix ans plus tard ! Il ne faut pas nous demander de croire cela.

Elle se tourna vers son mari et parla rapidement, avec un air moins aimable qu'elle avait l'habitude de porter en public.

« Wilfred, dit-elle, dis à l'orchestre de commencer immédiatement la marche d'ouverture du cortège, au cas où il y en aurait d'autres… »

Mais il l'interrompit...

"En voici une autre, Millie," dit-il joyeusement. "Oui, nous ferions mieux de commencer."

Son discours fut noyé par la voix du serveur effronté.

« Cléopâtre ! » il cria.

Mme Brooks entra avec toutes les rangées de perles de rocaille.

Riseborough, si l'on consultait les documents de recensement, ne comptait peut-être pas un pourcentage anormalement élevé d'habitants ayant atteint l'âge moyen, mais il est certain que dans les festivités de ses cercles supérieurs, la maturité détenait une écrasante majorité sur la jeunesse. Il en était ainsi ce soir-là, et parmi la demi-centaine de personnes qui se déguisaient ainsi, il y en avait peu qui n'étaient pas, numériquement parlant, d'âges tout à fait discrets. La connaissance diffuse de ce fait donnait sans aucun doute confiance à leur gaieté, car il n'existait aucun critère inconscient de jeunesse remarquable par lequel leur exaltation un peu mûre pouvait être jugée et trouvée déficiente en effervescence authentique et naturelle. Ainsi, malgré la conjonction quelque peu fâcheuse de quatre matrones Cléopâtre, un esprit d'une gaieté extraordinaire s'empara bientôt de tout le groupe. Il est concevable que des comparaisons odieuses surgissent demain comme des champignons, et (sans ressembler à des champignons) continuent à croître et à prospérer pendant de nombreux jours et dîners, mais ce soir, un si grand environnement de personnes âgées a donné à chacune de ces personnes âgées un agréable sensation de ne pas souffrir mais plutôt de briller par rapport aux autres. Même Cléopâtre elle-même était contente ; Mme Ames, par exemple, a vu à quel point il était sensé que Mme Altham se présente comme une Cléopâtre dix ans plus tard, tandis que Mme Altham, observant Mme Ames, a vu à quel point sa modestie titulaire avait été surérogatoire et s'est demandée si Mme Ames Ames prenait soin de montrer ses pieds de cette façon, tandis que Mme Brooks savait que tout le monde contrastait mentalement sa grandeur de reine avec le manque de centimètres de Mme Ames, et son abondance de beaux cheveux avec la perruque évidente de Mme Altham. Tandis que, tout le temps, Mme Evans, que l'apparition d'une quatrième Cléopâtre avait momentanément bouleversée, sentait qu'à ce rythme-là, elle pourrait facilement continuer à être Cléopâtre pendant plus d'années que « les dix années d'après », si justement supposées par Mme Evans. .Altham. De la même manière, le major Ames, avec ses six pieds d'os et de muscles anglais solides et sa cinquième décennie d'années encore à moitié épuisée, estimait que M. Altham n'avait fait que fournir une échelle de comparaison inhabituellement flatteuse pour lui-même. Simultanément, M. Altham, avec une couronne de laurier autour de la tête, réfléchissait à quel point il se serait senti mal à l'aise si sa couronne de laurier n'était pas ancrée sur une fondation aussi solide qu'une perruque, et se demandait si le jardinage (sur le principe que toute chair est herbe) entraînait invariablement une si grande croissance de tissus. Mais toutes ces agréables communions avec soi n'étaient, en réalité, qu'un affluent mineur du véritable fleuve de jouissance qui dansait et bavardait pendant les heures étoilées de cette nuit de juillet. D'une manière ou d'une autre, l'assemblée entière semblait s'être débarrassée du fardeau naturel et inévitable de ses années ; ils dansèrent et flirtèrent doucement, s'assirent dans les buissons sombres et jouèrent à nouveau sur le bord de la mer de la vie, découvrant que les châteaux de sable étaient redevenus réels. Mme Ames, par exemple, n'avait eu l'intention de danser que le quadrille d'ouverture, mais avant que la deuxième danse, qui était une valse, ne soit terminée, elle avait accepté l'offre de M. Altham et se promenait lentement avec lui. Il fallait un peu de précaution pour ne pas trop tendre les brides des sandales, mais elle prit cette précaution, et regretta, quoique brûlante, quand la danse prit fin. Puis le major Ames, qui pilotait Mme Altham, les rejoignit à la table des coupes de Moselle.

« « Sur ma parole, Altham, » dit-il, « je ne sais pas quoi vous dire. Vous avez pris ma Cléopâtre, mais ensuite j'ai pris la vôtre. N'échangez pas de vol, hein ?

Sa femme lui tapota le bras avec son éventail à palmette.

"Lyndhurst, viens avec toi!" dit-elle en employant une expression dont elle ignorait l'existence dans son esprit.

«Je vais y aller», dit-il. "Mais quelle est ma Cléopâtre ?"

À ce moment-là, Mme Evans s'est approchée.

« Mes deux Cléopâtre doivent m'excuser », dit cet homme étonnant. «Je suis fiancée pour cette prochaine danse à la Cléopâtre de nous tous. Ha! Ha!"

Il offrit son bras à Mme Evans, et ils sortirent de nouveau de la grotte du mûrier.

L'orchestre n'avait pas encore commencé pour la danse suivante, la plupart des invités se pressaient sous le mûrier à la fin de la dernière et, pour le moment, ils avaient pour eux seuls le crépuscule frais et étoilé. Et puis, tout à coup, le sentiment de joie turbulente du major l'abandonna ; il se sentait gêné de savoir secrètement qu'il était censé dire quelque chose en accord avec cette intimité. Comment cette attente était exprimée, il le savait à peine ; la légère pression sur son bras semblait l'annoncer sans équivoque. Cela lui rappelait qu'il était un homme, et pourtant, avec toute cette gaieté et cette galanterie qui caractérisaient si clairement son comportement envers les femmes en public, il se sentait mal à l'aise et mal à l'aise. Il s'est lancé dans un éloge funèbre désespéré et complet, aspirant dans son âme privée au début du groupe.

" ' Pon mon âme, tu es une enchanteresse, Millie ! " il a dit. « Vous venez chez notre vieux et respectable Riseborough, et avant d'être ici six mois, vous nous emmenez tous au pays des fées. Positivement féerique. Et—et je ne vous ai jamais vue aussi belle que ce soir.»

« Promenons-nous dans le jardin », dit-elle. «Je veux que tu voies tout maintenant, c'est illuminé. Et les arbustes sont jolis aussi, avec—avec le filtre de la lumière des étoiles qui traverse les arbres. Dis-moi honnêtement, comme un ami, est-ce que ça va ? Est-ce qu'ils s'amusent ?

"Ils lèvent les talons comme des enfants de deux ans", a déclaré le major Ames.

« Comme c'est méchant de ta part de dire ça ! Mais en réalité, j'ai eu un mauvais moment, quand—quand la dernière Cléopâtre est arrivée.»

Elle s'arrêta un moment. Puis de sa voix claire et soyeuse :

« Chères vieilles choses ! » dit-elle.

Or, Mme Evans n'était en aucune façon une femme intelligente, mais si elle avait eu l'intelligence et l'esprit de Cléopâtre elle-même, elle n'aurait pas pu prononcer trois mots de plus parfaitement choisis. Toute la confiance froide et instinctive d'une femme plus jeune et d'une jolie femme parlant de personne plus âgée et simple était là ; là aussi, c'était le défi délibéré de la coquette. Et le major Ames était tout à fait impuissant face à la simplicité d'un tel art. Les simples manières, le code ordinaire de la politesse, exigeaient qu'il soit d'accord avec son hôtesse. En outre, même s'il n'était pas du tout amoureux d'elle, il ne pouvait résister à l'hypothèse que ses paroles impliquaient et, après tout, c'était une jolie femme, qu'il avait embrassée, et il était seul dans la salle étoilée. crépuscule avec elle.

"Pauvre chère Amy!" il a dit.

Millie Evans poussa un léger petit soupir, comme celui d'une enfant contente. Il avait exprimé avec la plus grande précision ce qu'elle souhaitait qu'il ressente. Alors, à la manière d'une femme dont la nature est déformée par un faux léger mais enraciné, elle parla comme si ce n'était pas elle qui lui avait inspiré les trois mots qu'elle avait failli lui faire dire.

"Elle s'amuse tellement", dit-elle. «Je n'ai jamais vu la cousine Amy avoir l'air aussi heureuse et satisfaite. Je la trouvais si charmante aussi, et quels adorables petits pieds dodus elle a. Mais, ma chère, c'était plutôt une surprise quand vous et elle avez été annoncés. Il semblait que cette pauvre Cléopâtre allait être sans Antoine ! Mon Dieu, quel mot.

Il y eut là un appel plus direct, et encore une fois le major Ames se retrouva impuissant face à sa douce étreinte. Sa main n'était pas exactement une main de fer dans un gant de velours, mais une main faite de papier qui attrape les mouches. Elle avait maintenant enlevé son gant. Et il commençait à lui coller.

"Peuh!" il a dit.

Cela, encore une fois, avait un son parfaitement satisfaisant à ses oreilles. La brusquerie et le caractère bluffant de cette attitude lui plurent plus que n'importe quelle protestation n'aurait pu le faire. Il était si direct, si timide, si viril.

Elle rit doucement.

« Chut, tu ne dois pas dire ces choses », dit-elle. « Ah, voilà le groupe qui commence, et c'est notre danse. Mais promenons-nous simplement dans les buissons avant de repartir. Le crépuscule et le calme sont un tel soulagement après l'éblouissement. Lyndhurst… ah, mon Dieu. Cousin Lyndhurst, je devrais dire : vous ne devez vraiment pas rentrer chez vous avant que ma petite danse ne soit complètement terminée. Grâce à vous, les choses se passent si bien. Cher Wilfred, cela ne me sert à rien. N'a-t-il pas l'air d'un vieux chéri comme Timon d'Athènes ? Une sorte de mélange entre Georges IV en collants et un dompteur de lions.

Mme Evans se sentait plus activement vivante ce soir qu'elle ne l'avait ressenti depuis des années. Sa langue, qui était généralement un adjudant assez hésitant à ses regards et à ses petits mouvements sinueux, était presque vivifiée à savoir. Il est certain que sa description de son mari avait une acuité et un sens du ridicule pour l'inspirer. À travers les branches de cytise des arbustes, ils pouvaient maintenant le voir, escortant la plus grande et la plus âgée Cléopâtre, qui était Mme Brooks, jusqu'au bout du jardin. Vaguement, à travers le rideau d'obscurité, ils aperçurent le parquet en bois qui avait été posé sur l'herbe ; Mme Ames — la danse était une polka — pirouettait franchement dans les bras d'un redoutable Falstaff. Mme Altham luttait avec l'apothicaire, et Elsie Evans, l'une des rares jeunes personnes présentes, essayait en vain de galvaniser le général Fortescue, à peine déguisé en Henri VII, pour qu'il prenne un semblant d'activité.

Mme Evans poussa un autre soupir, un soupir d'un curieux calibre.

« Tout cela semble si lointain », dit-elle. "Toutes les lumières et la danse sont moins réelles que les ombres et le calme."

Ce n'était pas tout à fait improvisé ; elle avait réfléchi à quelque chose du genre. Cela avait pour effet de donner au major Ames une sensation soudaine de chaleur, d'une sorte de chaleur anxieuse. Il commençait à percevoir la vérité de ce qu'il avait imaginé de manière fantaisiste dans ses propres communications personnelles, à savoir que cette « pauvre petite dame » était très, très attachée à lui. Il avait souvent insisté sur cette pensée auparavant avec une odieuse satisfaction égocentrique ; maintenant, la pensée était moins satisfaisante ; c'était inquiétant et légèrement alarmant. Comme la mouche sur le papier tue-mouches, avec une jambe déjà collée, il en posa une seconde pour obtenir un levier permettant de libérer la première, et constata qu'elle adhère également.

Mme Evans reprit la parole.

"J'ai pris tellement de plaisir dans tous les préparatifs", a-t-elle déclaré. « Tout cela vous intéressait tellement. Dites-moi, cousin Lyndhurst, que vous n'êtes pas déçu.

Il ne lui était guère possible de faire moins que ce qu'il faisait. Ce qu'il a fait était bien peu. Il pressa le bras qu'il tenait assez près de sa toge blanche, et un romantisme insolite lui monta aux lèvres.

"Vous m'avez enchanté", dit-il. "Moi, nous, nous tous."

Elle eut un petit rire ; au crépuscule, cela ne sonnait pas plus fort qu'une brise.

« Il n'était pas nécessaire d'ajouter cela », dit-elle.

Là où elle se tenait, une couche d'ombre et de lumière jouait sur elle. Un petit jet de cytise entre son visage et les lumières de la pelouse, se balançant doucement dans une brise qui s'était égarée dans cette nuit calme, projetait sur elle des ombres vacillantes. Maintenant, ses bras brillaient de blanc sous les taches de rousseur de l'ombre, maintenant c'était son visage qui était une lune pour lui. Ou encore, les deux seraient dans l'ombre et une étoile de diamant sur ses cheveux jaune vif concentrerait toute la lumière en elle-même. Tout le charme mystérieux et insaisissable de sa féminité était là, rendu plus réel par le décor fantastique. Il était enflammé d'une chaleur plus grande qu'il n'en avait jamais connue, mais, tout le temps, une créature épouvantable dans son cerveau mi-puritain, mi-immoral, lui disait que tout cela était « diaboliquement vilain ». Il était aussi inhabitué à de tels scrupules qu'à de telles tentations, et, d'une façon curieuse, il avait aussi honte de l'un qu'il avait peur de l'autre. Il résuma enfin l'ensemble de ces méprisables conclusions.

"Veux-tu me donner juste un baiser, Millie!" il a dit; "juste un baiser de cousin, avant d'aller danser?"

Le lendemain matin, les vers qui avaient échappé au lève-tôt dans le jardin du major Ames avaient certainement tous été capturés et disposés à plat par le rouleau de jardin, tant ses déplacements étaient rapides et incessants. Car, bien que l'aube ait recouvert le ciel des teintes ignobles du jour qui approchait, quand Antoine et Cléopâtre furent de nouveau conduits chez eux par un cocher somnolent ; bien que le repos du major Ames ait été des plus fragmentaires, et bien que le petit déjeuner, en prévision des heures tardives, ait été ordonné la veille à neuf heures et demie inhabituelles, il trouva son lit une demeure intolérable à sept heures. et il avait espéré chasser de son esprit des pensées quelque peu inquiétantes en appliquant ses membres à un effort corporel intense.

Lui et sa femme avaient été les derniers invités à partir ; en fait, après le départ des autres, ils s'attardèrent un peu, fumant une dernière cigarette. Même Mme Ames avait été persuadée d'en allumer une, mais un accès de toux convulsive, qui faisait trembler la perle en forme de poire comme une feuille de tremble, l'a amenée à la jeter, disant qu'elle l'appréciait beaucoup. Il avait dansé avec Mme Evans trois ou quatre fois ; trois ou quatre fois ils s'étaient assis dans l'obscurité fraîche du bosquet, et il lui avait dit plusieurs choses qu'il lui paraissait impératif de dire pour le moment, mais qu'il ne pensait pas vraiment. Mais à mesure que la soirée avançait, il les pensait davantage ; elle avait un charme enfantin et impuissant qui commençait à éveiller ses sens. Et pourtant, sous cette confiance enfantine, il se rendait vaguement compte qu'il y avait une âme de femme avide qui le cherchait. Son charme était une arme ; une volonté très efficace l'utilisait. Quoi qu'il en soit, pensa-t-il alors que les honnêtes rosées du labeur coulaient de son front ce matin dans la chaude lumière du soleil matinal, il n'avait pas dit grand-chose... il avait dit que Riseborough était un endroit différent depuis qu'elle — ou avait-il dit : « ils"? était venu là-bas; que ses yeux étaient noirs à la lumière des étoiles, que... honnêtement, il ne se souvenait de rien de plus intime que cela. Mais ce qui avait rendu son lit intolérable, c'était le sentiment que la situation n'était pas terminée la nuit dernière, que son bateau, pour ainsi dire, n'avait pas été ramené à terre en toute sécurité, mais était toujours au milieu d'eaux qui s'accéléraient. Et pourtant il était en son pouvoir de ramener le bateau à terre à tout moment ; il n'avait qu'à prendre un coup décisif pour atterrir, sortir et s'échouer, pour revenir - ce n'était sûrement pas difficile - à ses pensées et à ses activités normales. Depuis des années, son jardin, son club, ses affaires domestiques, son journal quotidien lui fournissaient suffisamment d'activités ; il n'avait qu'à revenir dans leur cercle sûr, quoique monotone, et à considérer ces perturbations comme épisodiques. Mais déjà il avait cessé de considérer

Mme Evans comme une « chère petite femme » ou une « pauvre petite femme
» ; d'une manière ou d'une autre, il semblait qu'elle avait mis le doigt – pour
utiliser une métaphore prosaïque – dans ses œuvres. Elle fouillait parmi les
rouages internes et les ressorts de son mécanisme. Pourtant, c'était là
exprimer son point de vue avec trop de force ; c'était celle de la contingence
qu'il craignait. Mais avec la curieuse irresponsabilité d'un homme plutôt
égoïste et sans imagination, le fait qu'il s'était laissé manipuler dans son
mécanisme interne lui apparaissait comme un détail sans importance et
négligeable. Ce n'est que lorsqu'elle commença à le titiller, produisant pour
ainsi dire des petits vrombissements extraordinaires et des courses de roues
depuis longtemps lentes et régulières, qu'il commença à penser que quelque
chose d'important se produisait. Mais après tout, il n'y avait rien de tel qu'un
coup de rouleau de jardin pour donner à quelqu'un l'appétit du petit-déjeuner
et pour écraser les vers et les réflexions inutiles.

Même si neuf heures et demie semblaient « assez tard pour tout le monde »,
comme Mme Ames l'avait dit la veille au soir, ce n'est que vers dix heures
qu'elle mit une cuillerée de thé supplémentaire dans sa théière en argent, car
elle sentait qu'elle avait besoin d'un peu de thé. boisson plus fortifiante que
d'habitude, pour annuler sa réticence à suivre la routine quotidienne. La vue
aussi de son costume de Cléopâtre, posé sur le canapé de sa chambre, et
éclairé par un soleil d'été joyeux et intransigeant, avait éveillé dans son esprit
un certain mécontentement, un certain sentiment de déception, de vieillesse,
de grief. Le papier doré avait mué sur l'une des brides des sandales, une goutte
de glace à la fraise renverséc faisait une tache défigurante sur la tunique du
châle arabe, et elle-même se sentait vaguement sans or et défigurée.

La cigarette aussi – elle avait si souvent dit de la manière la plus libérale qu'elle
ne trouvait pas méchant de la part des femmes de fumer, mais seulement
horrible. Certes, elle ne se sentait pas méchante ce matin, mais elle se sentait
certainement tout aussi disposée à considérer n'importe qui d'autre comme
horrible et… et peut-être méchant. Décidément, une tasse de thé fort était
indiquée.

Le major Ames était remonté à l'étage pour prendre son bain et s'habiller
après son exercice dans le jardin, et il était redescendu quelques minutes plus
tard, sentant le savon, avec une attitude joviale et bruyante qui sentait
l'irréalité.

"Bonjour, ma chère Amy," dit-il. « Et comment te sens-tu après la fête ? Je
suis debout depuis quelques heures ; rien de tel qu'une séance d'exercice pour
se ressourcer après des heures tardives.

« Veux-tu prendre ton thé maintenant, Lyndhurst ? elle a demandé.

« Prends-le maintenant, ou attends que je l'obtienne, hein ? Je l'aurai maintenant. Délicieux! Je dis toujours que personne ne fait du thé comme toi.

Or, les esprits turbulents au petit déjeuner n'étaient pas habituels chez le major Ames, et, comme on l'a dit, sa femme détectait facilement une fausse impression à leur sujet. Son vague sentiment de déception et de grief commença à prendre des contours plus concrets.

« C'est un plaisir de vous voir de si bonne humeur, Lyndhurst », observa-t-elle avec une légère nuance d'acidité. « Se lever tard ne vous convient généralement pas. »

Il y avait ici de quoi provoquer la répartie. Aussi sa turbulence superficielle disparaissait-elle rapidement devant l'acidité de sa femme, comme des taches au contact de l'ammoniaque.

"Dans ce cas, cela ne semble pas être d'accord avec vous, ma chère", dit-il. « J'espère que vous n'avez pas mal à la tête. Ce n'était pas sage de votre part de vous arrêter si tard. Mais nous nous sentirons sans doute mieux après le petit-déjeuner. Dois-je te donner du bacon ? Ou allez-vous essayer quelque chose qui ressemble à du poisson ?

"Un petit kedjeree, s'il vous plaît", dit Mme Ames, ignorant ostensiblement cette insinuation sur son cuisinier.

« Kedjeree, n'est-ce pas ? Eh bien, vivez et apprenez.

« Si vous avez quelque plainte à formuler au sujet de Jephson, dit-elle, je vous prie de le faire.

"Non pas du tout. On ne s'attend pas à un *cordon bleu* . Mais j'ose dire que Mme Evans ne paie pas plus que nous pour son cuisinier, et regardez le dîner d'hier soir.

«Je pensais que les cailles étaient particulièrement insipides», a déclaré Mme Ames; « et si vous voulez être grandiose et avoir *des pêches à la Melba* , je préférerais offrir à mes invités de vraies pêches et de la bonne glace, plutôt que des pêches en conserve et de la crème anglaise. Je ne dis rien du champagne, parce que je l'ai à peine goûté.

« Eh bien, ma chère, je suis sûr que vous avez bien raison de ne pas le critiquer. Tout ce que je peux dire, c'est que je ne veux jamais manger un meilleur dîner.

Soudain, Mme Ames se rendit compte qu'un autre élément solide était apparu autour de son vague mécontentement et de sa réaction.

"Vous pensez sans aucun doute que tous les arrangements de Millie sont parfaits à tous points de vue", observa-t-elle.

« Je ne sais pas ce que vous voulez dire par là, » dit-il assez vivement ; "Mais je sais que lorsqu'une femme s'est donné tant de peine et s'est donné tant de peine pour divertir ses amis, ceux-ci feraient preuve d'un esprit plus gentil s'ils s'abstenaient de la critiquer et de la déprécier."

"Aucune quantité d'appréciation ne rendrait les pêches en conserve fraîches ou ne transformerait la crème anglaise en glace", a déclaré Mme Ames, posant la fourchette avec laquelle elle s'était amusée avec le kedjeree, qui en effet n'était qu'une sorte de création sordide. « Il est insensé de prétendre qu'une chose est parfaite alors qu'elle ne l'est pas. Je ne considère pas non plus ses manières d'hôtesse comme parfaites. Elle avait l'air aussi en colère que deux bâtons lorsque la pauvre Mme Brooks est apparue. Je suppose qu'elle pensait que personne n'avait le droit d'être Cléopâtre à part elle-même. Certes, la pauvre Mme Brooks avait l'air très idiote, mais si tous ceux qui avaient l'air idiots la nuit dernière étaient restés à l'écart, il n'y aurait pas eu beaucoup de danse.

Elle but encore plusieurs gorgées de thé fort, tandis qu'il se dépliait et paraissait absorbé par le journal du matin, et sous leur influence stimulante comprit soudain et distinctement à quel point son attaque était peu judicieuse. Elle avait cédé à une mauvaise humeur passagère, ce qui est toujours une erreur. Il était vrai que dans son esprit, elle avait le sentiment que Lyndhurst avait passé beaucoup trop de temps la nuit dernière avec son hôtesse ; en un mot, elle était jalouse. C'était donc abominablement stupide, d'un point de vue purement mondain, de critiquer et de rabaisser Millie à ses yeux. S'il n'y avait absolument aucune raison pour sa jalousie – qui n'était à présent qu'un humble petit bouton vert – une telle attaque était injustifiée ; s'il y avait du terrain, il était très insensé, à ce stade en tout cas, de lui donner la moindre raison de soupçonner son existence. Mais elle était assez sage maintenant, pour ne pas se hâter de réparer son erreur, mais pour la réparer lentement et délibérément, comme si aucune réparation n'était en cours.

"Mais je dois dire que le jardin avait l'air charmant", dit-elle après une pause. « Vous a-t-elle dit, Lyndhurst, si c'était elle ou son mari qui veillait à l'éclairage ? Le projet était si complet ; il englobait toute la pelouse ; il n'y avait rien de irrégulier là-dedans. Je soupçonne que le Dr Evans l'a planifié ; cela ressemblait en quelque sorte davantage au travail d'un homme.

Un air de culpabilité furtive passa sur le visage du major ; Heureusement, cela a été caché par le *Daily Mail*.

"Non; Evans m'a dit lui-même qu'il n'avait rien à voir avec ça", a-t-il déclaré. «C'était joli, pensais-je; très jolie."

« Si les nuits restent chaudes, dit-elle, ce serait bien d'avoir le jardin illuminé une nuit, si la chère Millie ne pensait pas que nous nous appropriions ses idées. Je ne pense pas qu'elle le ferait; elle est au-dessus de ce genre de choses. Eh bien, chérie, je dois aller commander le dîner. Avez-vous des souhaits ?

Il était évidemment plus sage, du point de vue du Major, d'accepter ce bouquet de rameaux d'olivier. Après tout, Amy était bien trop sensée pour imaginer qu'il puisse y avoir quoi que ce soit qui puisse réveiller le chien de garde conjugal. Il n'y en avait pas non plus ; se dit-il à la hâte. Un baiser cousin, auquel il aurait volontiers renoncé pour le moment.

Certes, la nuit dernière, il avait été un peu super stimulé. Il y avait l'irresponsabilité des déguisements, il y avait le fait de savoir que Millie n'était pas insensible à son égard ; il y avait la sensation de ses propres grandes jambes galbées en collants, il y avait de la danse et des lanternes, et tout cela avait été de puissantes substances intoxicantes pour Riseborough, qui avait pratiqué pendant si longtemps le abstinence à l'égard de telles excitations. Amy elle-même avait été tellement emportée par cette effervescence de gaieté qu'elle avait fumé une cigarette, et Dieu savait combien une telle aventure était éloignée de sa conduite habituelle. Généreusement, il s'était abstenu de brandir cette cigarette comme une arme contre elle lors de cet épisode acrimonieux du petit-déjeuner, et il n'avait aucune intention consciente de la suspendre, comme une épée de Damoclès au-dessus de sa tête, au cas où elle poursuivrait sa démarche critique et critique envers Millie. . Mais quoi qu'il ait dit la nuit dernière, elle l'avait fait. Sans avoir l'intention d'utiliser ses connaissances, il savait que c'était en son pouvoir. Que ne donnerait pas Mme Altham, par exemple, pour être informée par un témoin oculaire que Mme Ames avait soufflé – ce n'était rien de plus – sur l'herbe abhorrée ? Alors, conscient d'une position qu'il pouvait rendre offensante à volonté, il accepta le rameau d'olivier, et proposa un curry froid pour le déjeuner.

Le petit-déjeuner chez Mme Altham reflétait des conditions d'esprit moins compliquées. Elle et son mari étaient extrêmement contents d'eux-mêmes et passionnés à l'égard de tout le monde. Puisque leur attitude était typique de l'opinion que Riseborough avait généralement de la fête de la nuit dernière, elle peut être résumée dans une envolée rhétorique de Mme Altham, avec laquelle son mari était entièrement d'accord.

En guise de palliation, on peut mentionner qu'ils avaient tous deux mangé de grandes quantités de nourriture à une heure inhabituelle. C'est par le corps que se font les portes subtiles de l'âme, et les commentaires au vitriol du matin sont souvent l'équivalent précis d'une indulgence inhabituelle de la veille.

« Eh bien, je suis sûre que si j'avais su, dit Mme Altham, je n'aurais pas dû me donner la peine de le faire. Bien sûr, tout le monde disait : « Comme ta robe est belle », simplement pour qu'on leur dise la même chose. Et je ne veux plus jamais entendre le mot Cléopâtre, Henry, alors je t'en prie, ne le répète pas. Imaginez Mme Ames apparaissant dans le rôle de Cléopâtre, et nous prenant la peine de dire que nous étions Antoine et Cléopâtre dix ans plus tard ! Vingt ans plus tôt, cela aurait été plus approprié si nous l'avions su. Peut-être que je me trompe, mais lorsqu'une femme arrive à l'époque de la vie de Mme Ames, qu'elle se teigne les cheveux ou non, il est plus sage pour elle de garder ses pieds cachés, sans parler de ce à quoi elle a dû ressembler face à moitié. les commerçants de Riseborough qui bordaient les trottoirs lorsqu'elle descendit de son taxi. J'ai cru entendre un grand éclat de rire alors que nous remontions la High Street ; Je ne devrais pas me demander si c'était le bruit de tous leurs rires alors qu'elle descendait de sa voiture. Bien sûr, tout cela était très joliment fait, en ce qui concerne la pauvre Mme Evans, mais je me demande si le Dr Evans aime qu'elle dépense de l'argent ainsi, car, aussi inapproprié que soit le dîner, je suis sûr qu'il était très cher. , car c'était uniquement des truffes et de l'aspic. Il devait y avoir un surlonge de bœuf dans la tasse de soupe que je prenais entre deux danses, et une soupe forte comme celle-là en pleine nuit remplit terriblement. Et Mme Brooks apparaissant comme une autre Cléopâtre, après tout ce que j'avais dit à propos d'Hermione ! Eh bien, je suis sûr que si elle choisit de se ridiculiser comme ça, cela ne regarde personne d'autre que la sienne. Elle ne ressemblait à rien d'autre qu'à une grande jument blanche chancelante. Si tu vas au club, Henry, je ne devrais pas me demander si je suis sorti avec toi. La matinée me semble bien étouffante et un peu d'air frais me ferait du bien. Quant au gros rubis allemand de votre casquette, je crois que personne ne l'a remarqué. Ils regardaient tous les longs bras blancs de Mme Evans. La pauvre, elle est probablement très anémique ; Je n'ai jamais vu une telle pâleur. Je l'ai peu vue de toute la soirée. Elle semblait entrer et sortir des buissons comme un lapin tout le temps avec le major Ames. Je ne devrais pas me demander si Mme Ames lui faisait une bonne conversation en ce moment.

Puis, comme tout le reste de Riseborough, et contrairement au scorpion, il y avait une bénédiction au lieu d'une piqûre dans sa queue.

«Mais certainement, tout cela était très joli», dit-elle; « Même si tout cela semblait très étrange à l'époque. J'ai du mal à croire que ce matin nous étions tous habillés comme ça, sautillant dehors. Les bals costumés sont très intéressants ; vous voyez tellement de choses sur la nature humaine, et même si j'ai regardé le cortège de haut en bas, Henry, je n'ai vu personne d'aussi bien habillé que vous. Mais je suppose qu'il y a beaucoup de jalousie partout. Et de toute façon, Mme Evans a désormais évincé Mme Ames. Personne ne parlera de rien sauf hier soir pendant quinze jours, et je suis sûr que lorsque

Mme Ames a demandé au prestidigitateur qui a transformé l'omelette en montre, nous l'avions tous oublié trois jours plus tard. Et après tout, Mme Evans est une femme très agréable et hospitalière, et je n'aurais manqué cette fête pour rien au monde. Si vous entendez parler au club qu'elle souhaite vendre ses lanternes chinoises et ses guirlandes lumineuses d'occasion, Henry, ou si vous trouvez des raisons de croire qu'elle les avait louées pour la nuit dans les magasins marchands, vous pourriez demander le prix, et s'il est raisonnable, achetez-en quelques douzaines. S'il fait encore aussi chaud, nous pourrions illuminer le jardin lors de notre dîner d'août. Au moins, je suppose que Mme Evans ne considère pas qu'elle a le monopole de l'éclairage des jardins !

Henry se trouva tout à fait d'accord avec l'esprit de ce discours.

«Je m'en souviendrai, ma chère», dit-il; « si j'entends quelque chose dire au club. J'y monterai bientôt, car je ne serais pas surpris si la plupart des membres y passaient leur matinée. Je pense que je vais prendre une autre tasse de thé.

« Vous en avez déjà eu deux », dit sa femme.

Il se sentait un peu irritable.

« Alors cela fera trois », observa-t-il.

Mme Evans a finalement pris son petit-déjeuner dans sa chambre. Lorsqu'elle descendit, elle découvrit que son mari avait déjà quitté la maison lors de ses visites, ce qui fut un soulagement. Elle avait l'impression que si elle avait vu son visage joyeux et souriant ce matin, elle l'aurait presque détesté.

Elle commanda le dîner, puis sortit dans le jardin. Des ouvriers étaient déjà là, en train de démonter la piste de danse, et son jardinier récupérait les guirlandes lumineuses dans des plateaux et les transportait à l'intérieur. Çà et là, il y avait des endroits calcinés, brûlés sur l'herbe, et sous le mûrier les *débris* du souper n'avaient pas encore été enlevés. Mais les arbustes, comme la nuit dernière, étaient isolés et frais, et elle resta assise là pendant une heure sur le banc du jardin donnant sur la pelouse. De petits flocons de soleil doré filtraient à travers le feuillage, et un cytise, délicatement pulvérisé, oscillait dans la brise légère. Elle ne savait pas si elle était heureuse ou non, et elle n'y prêtait aucune attention. Mais elle se sentait plus consciente que jamais auparavant.

CHAPITRE VIII

LA DISCUSSION sur le bal costumé, comme l'avait dit Mme Altham, était primordiale sur tous les autres sujets pendant au moins quinze jours après l'événement, et la grande question qui devenait chaque année d'un intérêt si captivant au cours du mois de juillet, à savoir où passer son bal costumé. Le mois d'août était minuscule et n'atteignit ses proportions ordinaires que très tard dans le mois. Ces discussions n'ont généralement porté aucun fruit puisque, presque sans exception, tout le monde passait le mois d'août exactement là où il avait passé le mois d'août depuis une douzaine d'années, mais il était évidemment sage de considérer le problème sous un angle nouveau. chaque année, et soyez prêt, au cas où un nouveau recours se présenterait, à changer l'habitude des années, ou du moins à envisager de le faire. Les listes d'hôtels à l'extrémité de Bradshaw et les petits manuels publiés par le South-Eastern Railway étaient, en règle générale, presque la seule forme de littérature à laquelle on s'adonnait pendant ces soirées de juillet, et M. Altham, dont l'imagination était toujours en feu. par des photos de navires, étudiait souvent les traversées des bateaux à vapeur de River Plate et considérait que les tarifs étaient très raisonnables, en particulier l'entrepont. Le fait qu'il était un marin épouvantablement mauvais ne diminuait en rien l'enthousiasme avec lequel il étudiait leurs traversées et leurs prix. Par la suite, lui et Mme Altham passèrent toujours le mois d'août à Littlestone-on-Sea, dans une villa complètement indépendante appelée Blenheim, où une écossaise compétente, qui, pour ajouter de la couleur à l'illusion, affirmait qu'elle s'appelait réellement Churchill, les hébergea et les logea. sur des aliments solides et des couettes. Au cours du mois de juillet, on peut le remarquer, Mme Altham parvenait généralement à se quereller avec son cuisinier, qui donnait congé. Il y avait donc une bouche de moins à nourrir pendant leur absence, et chaque année, à leur retour, ils avaient l'excitation de nouvelles et surprenantes confiseries de la cuisine.

Mme Ames, on s'en souvient, avait déjà profité d'une quinzaine de vacances à Overstrand cette année, et la dernière semaine de juillet la vit encore peu encline à faire des projets de vacances. Ils avaient loué depuis un an ou deux une sorte de bungalow près de Deal, qui, entre autres avantages, était construit de telle manière que toute remarque faite dans n'importe quelle partie de la maison pouvait être entendue dans n'importe quelle autre partie de la maison. Il lui suffisait presque de dire, alors qu'elle finissait de s'habiller : « Nous sommes prêts pour le petit-déjeuner », pour entendre Parker répondre depuis la cuisine : « La bouilloire est juste en ébullition, madame. Cette année, cependant, elle avait tardé à demander si le bureau était vacant pour le mois d'août, et elle s'aperçut, lorsque l'on répondit tardivement à sa lettre, qu'il était déjà occupé.

Elle en fit part à son mari et à Harry, qui étaient revenus de Cambridge avec des cheveux inhabituellement sauvages et défrisés, avec une indignation tempérée.

« Compte tenu du nombre d'années que nous avons prises, » a-t-elle déclaré, « je dois dire que je pense qu'ils auraient dû nous le dire avant de nous laisser passer cela au-dessus de nos têtes comme ça. Mais j'ai toujours pensé que Mme Mackenzie était une personne très avide, susceptible d'accepter la première offre qui se présenterait, et je suis sûr que la maison n'a jamais été très confortable. Je suis convaincu que nous pouvons facilement trouver mieux sans trop de peine ! »

« Le plafond de ma chambre fuyait toujours », a déclaré Harry ; "et il n'y avait nulle part où écrire !"

Mme Ames avait fini son petit-déjeuner et se leva. Elle sentit vaguement dans son esprit qu'après le bal costumé, il était temps pour elle de faire quelque chose d'original. Pourtant, l'idée était si nouvelle... Riseborough ne manquerait pas de dire qu'ils n'avaient pas eu les moyens de s'offrir des vacances. Mais, après tout, cela importait peu.

"Je ne sais vraiment pas pourquoi nous prenons toujours la peine de partir dans un logement inconfortable en août", a-t-elle déclaré, "et de laisser notre propre maison confortable vacante."

Le major Ames, s'il avait été un cheval, aurait dressé l'oreille. Mais l'oreille humaine étant inadaptée à de tels mouvements, il se contenta d'écouter avec avidité. Il avait peu vu Millie ces quinze derniers jours et commençait à réaliser à quel point sa présence lui manquait. Entre eux, il est vrai, ils étaient proches d'une intimité qui avait ses dangers, qu'il craignait en réalité plus qu'il ne désirait, mais il sentait, avec cette illusion qui vient si facilement à ceux qui ne savent rien d'eux-mêmes, que il était sur ses gardes maintenant. En attendant, elle lui manquait, et il devinait bien qu'il lui manquait. Et, pauvre con, il se disait qu'il n'avait pas le droit de lui couper ce qui lui faisait plaisir. Il peut se montrer spartiate dans ses propres affaires, s'il le souhaite, mais il ne doit pas jouer le Lycurgue aux yeux des autres. Et une idée qui lui était venue en privé et qui, à l'époque, semblait impossible à réaliser, s'est soudainement projetée dans les horizons des possibles.

— Et vous vous plaignez toujours de l'humidité des maisons étrangères, Lyndhurst, ajouta-t-elle ; « et comme le dit Harry, il n'a pas de place pour écrire et étudier. Pourquoi devrions-nous partir ? Je suis sûr qu'après l'excitation du mois dernier, ce serait un repos complet de rester ici quand tout le monde est parti. Je n'ai pas eu un moment pour moi ce dernier mois, et je ne serais pas du tout fâché de m'arrêter tranquillement ici.

Le major Ames connaissait avec suffisamment de précision l'influence qu'il exerçait sur sa femme. Il se rendait compte, en ce qui concerne le cas présent, qu'une légère opposition de sa part produisait généralement une fermeté correspondante de la part de la sienne. Une opposition accentuée a produit des résultats divers ; parfois il gagnait, parfois elle. Mais de légères remontrances confirmaient toujours ses vues opposées aux siennes. Il avait son propre plan à cette occasion, et sa détermination à rester à Riseborough se révélerait être une alliance avec ce plan. C'est pourquoi il protesta gentiment.

« Vous le regretteriez avant la fin du mois », a-t-il déclaré. « Pour moi, je suis un vieux militant et j'espère pouvoir m'installer confortablement n'importe où. Mais tu t'ennuierais avant la fin du mois d'août, Amy, et quand tu t'ennuies, ta digestion en est invariablement affectée.

«J'aimerais m'arrêter à Riseborough», dit Harry. "Je déteste la mer."

"Tu iras partout où ta mère décide d'aller, mon garçon", dit le major Ames, poursuivant toujours son plan. « Si elle souhaite aller à Sheffield en août, vous et moi irons aussi et… et apprendrons sans aucun doute quelque chose d'utile sur les couverts. Mais n'essayez pas de vous arrêter à Riseborough, ma chère Amy. Au moins, si vous suivez mon conseil, vous ne le ferez pas.

Le major Ames n'était pas très intelligent, mais la plus haute intelligence n'aurait pas pu faire mieux. Il avait appris le truc de la légère opposition, tout comme un chien stupide dirigé par un maître conservateur peut apprendre à grogner pour Asquith par une répétition incessante. Lorsqu'il l'a appris, il le fait correctement. Le major avait bien fait cette fois-ci.

"Je ne vois pas pourquoi Harry ne devrait pas avoir son mot à dire sur la question de savoir où nous passerons ses vacances", a-t-elle déclaré. « Votre chambre au bungalow, Lyndhurst, était certainement assez confortable, mais c'était la seule pièce décente de la maison. En aucun cas nous ne pouvons obtenir le bungalow pour ce mois d'août. Avez-vous d'autres projets quant à l'endroit où nous devrions aller ?

Il y avait de la place pour un peu plus de sa politique d'opposition.

"Eh bien, maintenant, Brighton", dit-il. « Pourquoi pas Brighton ? Il y a un club là-bas ; J'ose dire que je devrais prendre un petit Bridge ce soir, et sans aucun doute tu ferais des connaissances, Amy. Je pense que les Westbourne y sont allés l'année dernière.

Cette raison remarquable pour aller à Brighton rendait Mme Ames presque épigrammatique.

« Et puis nous pourrions aller à Margate, » remarqua-t-elle, « et y gagner les faveurs. »

« Bien sûr, ma chère », dit-il. "J'ose dire que le curry serait assez bon marché."

Mme Ames ouvrit la porte de la véranda.

« Je vous prie de me faire savoir, Lyndhurst, dit-elle, si vous avez une proposition sérieuse à faire.

C'était l'habitude du major Ames de commencer à travailler dans le jardin immédiatement après le petit-déjeuner, mais ce matin-là, il sortit plutôt un de ses chéroots de grande taille (ceux-ci propices à la méditation) et s'installa sur une chaise sur la véranda. Son développement mental n'était pas, à bien des égards, d'un ordre très élevé ou complexe, mais il possédait cette capacité assez rare de pouvoir s'asseoir et penser à une chose à l'exclusion des autres. Le fait que la plupart d'entre nous s'assoient et réfléchissent à une chose se résout rapidement en une étude confuse de la plupart des autres choses ; Le major Ames pouvait faire mieux que cela, car il le pouvait, et cette fois il exclut de son esprit tous les autres sujets, et à la fin il revint, pour ainsi dire, « apportant ses gerbes avec lui ». Il avait élaboré un plan précis et raisonnable.

Harry avait communiqué le fait intéressant de sa passion pour Mme Evans au club Omar Khayyam et était, bien sûr, tenu de poursuivre son infâme intrigue. Il avait déjà écrit à son enchanteresse plusieurs paroles galopantes, un peu lâches en grammaire et en rimes, qu'il avait copiées dans un petit carnet de maroquin vert, dont il avait inscrit sur la page de titre : « Dédié à MOI ». une procédure semblable à celle de Narcisse pour quiconque ne se souvenait pas des initiales de Mme Evans. Cet après-midi, sentant le souffle poétique souffler en lui, mais n'ayant rien de précis à dire, il décida de faire appel à l'inspirateur de sa muse, afin de raviver son feu. Vêtu d'un col très bas, qui montrait toute l'étendue de son cou plutôt maigre, et orné d'une cravate rouge, car le socialisme n'était pas moins une orthodoxie dans le club que les principes athées et l'amour illicite, il partit secrètement et eut le chance de trouver la déesse seule, et il fut accueilli avec cette déférence plutôt timide et enfantine qu'il avait trouvée si adorable auparavant.

« Mais comme c'est gentil de votre part de venir me voir, dit-elle, alors que je suis sûre que vous devez avoir tant d'amis qui vous veulent. Je pense que c'est si gentil.

De toute évidence, elle était timide ; elle ne connaissait pas son pouvoir. Ses yeux étaient plus bleus que jamais ; ses cheveux étaient d'un or très pâle. «Comme je me souvenais d'elle autrefois», pensa-t-il en faisant référence à la soirée de fin juin. En effet, il y avait un poème daté du 28 juin, plutôt audacieux.

« La gentillesse est entièrement de votre côté, dit-il, en me laissant venir et (il avait envie de dire) adorer, mais n'osait pas vraiment, et prendre le thé avec vous. »

"Cher moi, c'est une sorte de gentillesse égoïste", dit-elle. « Allons au jardin. Je pense que c'était très méchant de votre part, M. Harry, de ne pas venir à mon bal la semaine dernière. Mais bien sûr, vous, les hommes de Cambridge, avez des choses plus sérieuses à penser que de petites fêtes champêtres.

« Pendant des jours, je n'ai pensé qu'à votre danse, dit-il ; « Mais mon tuteur a tout simplement refusé de me laisser descendre. Un type étroit et pédant, qui, je suppose, n'a jamais dansé. Parlez-moi de votre robe ; J'aime t'imaginer déguisé.

Elle ne pouvait s'empêcher de paraître vouloir attirer. C'était autant la faute à la façon dont sa tête était posée sur son cou, à la couleur de ses yeux, qu'à son esprit.

« Oh ! une robe blanche toute simple », dit-elle ; « et quelques perles. Ils—ils voulaient que j'y aille en tant que Cléopâtre. Tellement idiot – moi avec une fille adulte. Mais mon mari a insisté.

On n'avait pas parlé du bal costumé chez Mme Ames ces derniers temps, et il n'en avait pas entendu parler depuis deux jours qu'il était à la maison. Ses deux parents avaient des raisons de laisser cela passer dans le domaine des choses qui en sont finies.

« Est-ce que maman et père y sont allés ? Il a demandé. « Je suppose qu'ils se sentaient trop vieux pour s'habiller ?

"Oh non. Ils sont venus sous les traits d'Antoine et Cléopâtre. Ils ne vous l'ont pas dit ? La cousine Amy avait l'air tellement... tellement intéressante. Et ton père était splendide dans le rôle de Marc Antoine.

"Alors le Dr Evans Mark Antony était-il aussi ?" demanda Harry.

"Non; c'était Timon d'Athènes.

« Alors qui était votre Marc Antoine ? » Il a demandé.

Mme Evans se sentit rougir et son agacement envers elle-même la rendit maladroite lorsqu'elle versa le thé. Elle sentit que les yeux étroits en forme de vrille d'Harry étaient fixés sur elle.

«Voyez comme je suis stupide», dit-elle. «J'ai renversé ton thé dans la soucoupe. Cher M. Harry, nous avions des tas de Cléopâtre : Mme Altham en était une, Mme Brooks en était une autre. Nous avons dansé avec Hamlets et... et n'importe qui.

Mais ce jeune homme grossier et ridicule, sentait-elle, avait une idée en tête.

« Et est-ce que père et mère ont dansé ensemble toute la soirée ? Il a demandé.

Elle se sentait impatiente.

"Bien sûr que non. Tout le monde a dansé avec tout le monde. Nous avions des quadrilles ; toutes sortes de choses."

Puis, avec l'instinct erroné qui nous pousse à être prudents au mauvais endroit, elle a décidé d'en dire un peu plus.

«Mais ton père a été si gentil avec moi», dit-elle. «Il m'a aidé avec tous les arrangements. Je n'y serais jamais parvenu sans lui. Nous avons passé d'énormes journées à en parler et à planifier. Maintenant, parlez-moi de Cambridge.

Mais Harry flairait un sonnet du caractère le plus remarquable. Il pourrait s'appeler The Rivals et traiterait d'une situation que le club Omar Khayyam trouverait certainement extrêmement « parful ».

"Je suppose que maman t'a aidé aussi?" il a dit.

C'était Byronic, lacérant. Elle devait souffrir aussi bien que lui… il y avait déjà une réplique piquante terminée. « Mais qui a souffert autant que moi ? » était le refrain. Des sensations fortes étaient réservées au Club Omar Khayyam. Après avoir suffisamment de vin jaune.

«La cousine Amy était absente», a déclaré Mme Evans. « Elle restait à Cromer jusqu'à juste avant mon petit bal. Ce n'est pas loin de Cambridge, n'est-ce pas ? Je suppose qu'elle est venue te voir.

Harry l'épargna et n'insista pas sur ces questions. Mais on en avait assez dit pour montrer qu'elle avait trahi sa confiance en lui. Les « rivaux » pourraient devenir assez incohérents vers la fin. L'incohérence était parfois d'une grande commodité, car les rimes exclamatives n'étaient pas rares.

Il lissa les cheveux défrisés de son front et changea de sujet avec tact.

"Et je suppose que tu vas bientôt partir maintenant", dit-il. «J'ai de la chance de vous avoir vu. Nous allons nous arrêter ici tout le mois d'août, je pense. Ma mère ne veut pas partir. Moi non plus; mais ni l'un ni l'autre ne s'en soucient.

La légère contrariété de Mme Evans à son égard se mêla soudain à l'intérêt.

"Comme c'est sage!" dit-elle. « C'est tellement absurde d'aller rester dans un endroit inconfortable au lieu de rester confortablement. J'aurais aimé que nous fassions la même chose. Mais mon mari doit toujours aller à Harrogate pendant quelques semaines. Et il aime que je sois avec lui. Je penserai à vous tous et je vous envierai de vous arrêter ici dans ce charmant Riseborough.

"Vous l'aimez?" demanda Harry.

« Comment ne le ferais-je pas avec tant de gens charmants qui se montrent amicaux avec moi ? Les relations aussi ; La cousine Amy, par exemple, et le major Ames, et laissez-moi voir, si Mme Ames est ma cousine, vous êtes sûrement le cousin Harry ?

Harry devint particulièrement fascinant et tendit son long cou vers l'avant.

« Oh, laissez de côté le « cousin » », a-t-il dit.

"Comme c'est gentil de ta part, Harry," dit-elle.

Cela, pour ainsi dire, a extrait les crocs empoisonnés des «Rivals» projetés, et six cartes postales mystérieuses ont été placées par la main de l'auteur dans la boîte aux lettres ce soir-là. Chacun consistait en une phrase mystique. "Elle m'appelle par mon prénom." Par une circonstance très commode, trop susceptible d'être considérée comme accidentelle, était ici née une ligne octo-syllabique, d'une douceur et d'une simplicité mielleuses. Il n'a pas tardé à en profiter, et le coucher de la lune peu de temps avant l'aube a vu un autre joyau achevé de la série ME.

Mme Evans cet après-midi-là, comme le major Ames ce matin-là, « s'est assise et a réfléchi », après qu'Harry l'ait quittée. Indépendamment du fait que tous les admirateurs, même les plus étranges, étaient toujours les bienvenus dans ses yeux bleu pâle, elle se sentait vraiment reconnaissante envers Harry, car il lui avait donné les informations sur lesquelles elle avait basé un plan aussi solide et simple que celui du Major. Ames', et a été conçu pour sécuriser le même objet. Depuis le soir du bal costumé, elle ne l'avait vu qu'une ou deux fois, et jamais en privé, et la plus grande vitalité qu'il avait éveillée en elle par les merveilleux processus d'affinité, avait faim de se nourrir. On ne peut pas dire qu'elle était déjà réellement consciente de sa déloyauté envers son mari, ni qu'elle envisageait réellement de trahir sa foi. Elle n'avait pas encore assez de force de sentiment pour imaginer une situation décisive ; mais elle pouvait tout au plus attacher son gouvernail, pour ainsi dire, afin que l'action du vent entraîne son bateau dans la direction dans laquelle elle souhaitait aller, puis rester les bras croisés sur le pont, disant qu'elle n'était pas responsable de la route. elle poursuivait. Le vent, la marée, les courants la poussaient irrésistiblement ; elle n'avait rien à voir avec le gouvernail, l'ayant attaché, elle n'y a pas touché. Comme la majorité de ce monde de misérables pécheurs, elle ne cherchait pas activement le danger qu'elle désirait, mais elle restait dans l'attente de celui-ci. En même temps, elle gardait un œil inquiet sur le rivage vers lequel elle se dirigeait. Est-ce que ça se rapprochait vraiment ? Si oui, pourquoi semblait-elle n'avoir fait aucun chemin ces derniers temps ?

Aujourd'hui, son plan laissait présager une main plus active dans ce qu'elle considérait comme le destin, mais malheureusement, bien qu'il fût aussi solide en soi que celui du major Ames, il a été élaboré indépendamment et dans l'ignorance de ce qui avait motivé sa légère opposition ce matin. de sorte que, bien que chaque plan soit assez admirable en soi, les deux, pris conjointement, aboutiraient, s'ils réussissaient, à un fiasco presque sublime dans son intégralité. La manière dont était la suivante.

Elsie, par hasard, n'était pas à la maison ce soir-là, et elle et son mari dînèrent seuls et se promenèrent ensuite dans le jardin.

« Vos échecs vont vous manquer ce soir, ma chérie », dit-elle. « Ou est-ce que cela vous amuserait de me donner une reine et quelques évêques et chevaliers, et de voir combien de temps il vous faudra pour me vaincre ? Ou devrions-nous passer une petite soirée conviviale et bavarde ensemble ? J'espère qu'aucune personne horrible ne tombera malade et je vous enverrai chercher.

« Moi aussi, petite femme », dit-il (elle commençait à détester l'appellation). « Et comme si je ne devais pas profiter d'une soirée tranquille pour discuter avec toi de plus de cinquante parties d'échecs ! Mais, cher moi, je serai heureux de m'évader à Harrogate cette année ! J'en ai vraiment besoin d'un mois. J'apprécierai vraiment cette odeur nauséabonde d'œuf pourri.

Elle eut un petit frisson.

« Oh, n'en parle pas, » dit-elle. "C'est déjà assez grave sans y penser à l'avance."

« Pauvre petite femme ! C'est presque dommage que tu ne sois pas goutteux aussi. Alors nous devrions tous les deux l'attendre avec impatience.

Elle s'assit sur l'un des sièges plantés d'arbustes et écarta ses jupes, lui laissant la place de s'asseoir à côté d'elle.

"Oui, mais comme je ne suis pas goutteuse, Wilfred", dit-elle. « Cela ne sert à rien de souhaiter que je le sois. Et je déteste tellement Harrogate. Je me demande--"

Elle poussa un petit soupir et mit son bras sous le sien.

"Eh bien, que se demande la petite femme maintenant?" Il a demandé.

« Je n'aime guère vous le dire. Tu es toujours si gentil avec moi que je ne sais pas pourquoi j'ai peur. Wilfred, trouverais-tu ça horrible de ma part si je te suggérais de ne pas venir avec toi cette année ? Je suis sûr que ça me rend malade d'être là. Vous aurez Elsie ; tu joueras aux échecs comme d'habitude avec elle toute la soirée. Vous voyez, toute la matinée, vous êtes à vos bains et vous faites généralement du vélo tout l'après-midi avec elle. Je ne pense pas que tu saches à quel point je déteste ça.

Elle avait commencé de sa manière timide et hésitante. Mais sa voix devint plus froide et décidée. Elle a présenté ses arguments comme une femme qui a tout réfléchi, comme elle l'a d'ailleurs fait.

« Mais que ferez-vous de vous-même, ma chère ? » il a dit. « Cela semble être un drôle de plan. Vous ne pouvez pas vous arrêter ici seul.

Elle se redressa, retirant sa main de son bras.

"En effet, je ne devrais pas être aussi seule ici qu'à Harrogate", a-t-elle déclaré. « Nous ne connaissons personne là-bas, et si on y pense, je suis vraiment seul la plupart du temps. C'est différent pour vous, parce que cela vous fait du bien et, comme je l'ai dit, vous faites du vélo avec Elsie tout l'après-midi et vous jouez aux échecs ensemble le soir.

Une nuance de trouble et de perplexité apparut sur le visage du docteur ; l'acte d'accusation, car il n'était guère moins que cela, était aussi bien ordonné et digéré que s'il avait été préparé pour une expertise médico-légale. Et la voix calme et sans passion continuait.

« Pense à ma journée là-bas », dit-elle en entrant dans les détails ordonnés. « Après le petit-déjeuner, vous allez aux bains, et je dois m'asseoir dans cet horrible salon pendant qu'ils rangent les choses. Même un hôtel serait plus amusant que ces logements meublés ; on pouvait regarder les gens entrer et sortir. Ou si je me promène le matin, je suis fatigué et je dois me reposer l'après-midi. Vous venez déjeuner et partez ensuite avec Elsie. C'est tout à fait vrai ; l'exercice vous fait du bien, mais à quoi sert ma présence là ? Il n'y a personne à qui aller voir, personne ne vient me voir. Ensuite, nous dînons et j'ai le plaisir d'apprendre où vous et Elsie avez fait du vélo. Vous jouez aux échecs après le dîner et j'ai le plaisir de savoir qui a gagné. Ici, en tout cas, je peux m'asseoir dans une pièce qui ne sent pas le dîner, ou je peux m'asseoir dans le jardin. J'ai mes propres livres et choses sur moi, et je connais des gens que je peux voir et avec qui je peux parler.

Il se leva et commença à arpenter l'allée devant le banc où ils étaient assis, l'âme bienveillante quelque peu perplexe.

"Rien de mal, petite femme?" Il a demandé.

"Certainement pas. Pourquoi devrais-tu penser ça ? J'imagine qu'il y a une raison suffisante dans ce que je vous ai dit. Je m'ennuie tellement là-bas, Wilfred. Et je déteste m'ennuyer. Je suis sûr que ce n'est pas bon pour moi non plus. Essayez d'imaginer ma vie là-bas et voyez à quel point elle est complètement différente de la vôtre. En plus, comme je l'ai dit, cela vous fait toujours du bien, et comme vous l'avez dit vous-même, vous accueillez favorablement l'idée de cette eau à l'odeur horrible.

Il se déplaçait toujours de long en large dans le crépuscule. Cela aussi l'énervait.

"Je vous en prie, asseyez-vous, Wilfred", dit-elle. « Votre marche comme ça me rend perplexe. Et vous pouvez sûrement me dire « Oui » ou « Non ». Si vous insistez pour que je vous accompagne, j'irai. Mais je trouverai cela très déraisonnable de votre part.

"Mais je ne peux pas dire 'Oui' ou 'Non' comme ça, petite femme", dit-il. « Je n'imagine pas que vous ayez imaginé à quel point Riseborough serait ennuyeux en août. Tout le monde s'en va, je crois.

Pendant un instant, elle songea à lui dire que les Ames allaient s'arrêter ici : puis, avec une prudence tout à fait déplacée, elle pensa plus sage de garder cela pour elle. Elle, coupable de la véritable raison de vouloir rester ici, bien que suffisamment cohérente et logique dans l'explication qu'elle lui avait donnée de sa raison, pensa, lui faisant un tort considérable, qu'un germe de suspicion pourrait ainsi pénétrer dans l'esprit de son mari.

« Il y a sûrement quelqu'un ici », dit-elle. « Les Altham, par exemple, ne partent qu'à la mi-août. »

« Vous ne vous souciez pas particulièrement d'eux, dit-il.

« Non, mais ils valent mieux que personne. Toute la journée à Harrogate, je n'ai personne. Ce n'est pas une compagnie de s'asseoir dans la pièce avec vous et Elsie en train de jouer aux échecs. En plus, les Westbourne seront chez eux. J'y irai beaucoup, j'ose dire. Aussi je serai dans ma propre maison, qui est confortable et que j'aime. Notre logement à Harrogate me dégoûte. Ils sont tous en toile cirée et en peluche ; il n'y a nulle part où s'asseoir quand ils débarrassent.

Son visage était toujours assombri.

"Mais c'est tellement étrange qu'une femme mariée s'arrête seule comme ça", a-t-il déclaré.

"Je pense qu'il est bien plus étrange que son mari veuille qu'elle passe un mois de solitude et d'ennui dans un logement", a-t-elle déclaré. « Parce que je ne me suis jamais plaint, Wilfred, tu penses que je ne l'ai pas détesté. Mais à bien y réfléchir, il me semble plus raisonnable de vous dire combien je déteste cela et de vous demander de ne pas y aller.

Il resta silencieux un moment.

— Très bien, petite femme, dit-il enfin. "Vous ferez ce que vous voudrez."

Instantanément, la froide précision de son discours changea. Elle poussa ce petit soupir de contentement conscient avec lequel elle se réveillait souvent le matin et attacha à nouveau son bras au sien.

« Ah, c'est cher de votre part, » dit-elle. "Tu es toujours tellement chéri pour moi."

Il n'était pas homme à donner des consentements à contrecœur, ou à gâcher un cadeau en l'offrant sans la plus grande cordialité.

« J'espère seulement que tu réussiras, petite femme, dit-il. « Et ça doit être ennuyeux pour vous à Harrogate. C'est donc réglé et nous sommes tous satisfaits. Voyons si Elsie est déjà entrée.

Elle rit doucement.

« Vous êtes un être cher », répéta-t-elle.

Wilfred Evans n'était ni analytique à l'égard de lui-même ni curieux de l'analyse qui pourrait rendre compte de l'action des autres. De même que dans son travail professionnel, il était plutôt démodé, mais éminemment sûr et sensé, de même, dans la conduite ordinaire de sa vie, il ne recherchait pas des causes abstruses ni des motifs subtils. Il lui suffisait amplement que sa femme sente qu'elle s'ennuierait atrocement à Harrogate et qu'elle serait moins désolée ici. D'un autre côté, cela impliquait une violation de l'une des coutumes les plus simples de la vie selon laquelle une femme devait être à un endroit et son mari à un autre. Cela l'inquiétait vaguement. La manière froide et précise avec laquelle elle avait mené son dossier était également inquiétante. Une douzaine de fois seulement, peut-être, au cours de leur vie conjugale, elle avait adopté cette rigidité glacée ; chaque fois il avait succombé devant elle. D'une manière ordinaire, si leurs inclinations étaient divergentes, elle le cajolait et le poussait à céder ou, tout en adhérant tranquillement à sa propre opinion, elle le laissait faire. Mais avec sa calme rigidité, rarement assumée, il n'avait jamais réussi à la combattre ; il y avait là une ténacité qu'il savait être plus forte que toute opposition qu'il pourrait y opposer. Rien ne semblait l'affecter, ni la dispute ni l'ordre conjugal. Elle continuait en disant : « Je ne suis pas d'accord avec toi », à la manière d'une eau fraîche qui coule sur une pierre. Ou bien, avec le même calme inexorable, elle répétait : « Cela me tient à cœur : je trouve que c'est très méchant de votre part. » Et une telle suffisance avait toujours rendu son opposition impuissante : sa volonté, une fois réellement éveillée, semblait paralyser la sienne. Une ou deux fois, sa lignée s'était révélée visiblement malade. Cela ne semblait faire aucune différence : la manière froide et précise était d'un niveau supérieur à la défaillance matérielle qui en avait résulté. Elle se contentait de répéter : « Mais c'était la meilleure chose à faire étant donné les circonstances. »

Dans ce cas, il s'étonna un peu qu'elle ait utilisé cette manière sur une question qui semblait aussi peu vitale que la question d'Harrogate, mais le lendemain matin, il avait cessé de s'en préoccuper davantage. Elle était redevenue tout à fait elle-même et, peu après le petit-déjeuner, elle partit faire quelques petites courses en ville, le surveillant dans son laboratoire pour savoir si elle pouvait faire des commandes pour lui. Son œil en ce moment était collé à son microscope : une culture de staphylocoques l'absorbait, et sans lever les yeux, il dit :

"Rien, merci, petite femme."

Il l'entendit s'arrêter : puis elle traversa la pièce vers lui et posa sa main fraîche sur son épaule.

«Wilfred, tu m'es si cher», dit-elle. "Tu n'es pas en colère contre moi?"

Il interrompit ses observations et l'entoura de ses bras.

"Fâché?" il a dit. "Je te le dirai quand je serai contrarié."

Elle lui sourit, rusée, timidement.

« Tout va bien, alors », dit-elle.

Son plan était donc réalisé.

L'affaire du staphylocoque ne retint pas longtemps le médecin, et peu après que le major Ames fut annoncé. Il était venu consulter le Dr Evans au sujet de certains symptômes goutteux sur lesquels le médecin s'était renseigné et examiné.

« Il n'y a aucune raison de s'inquiéter », a-t-il déclaré après une très brève enquête. « Je devrais vous recommander d'arrêter complètement l'alcool et de ne pas manger de viande plus d'une fois par jour. Un régime de quinze jours vous guérira probablement. Et faites beaucoup d'exercice. Je ne te donnerai aucun médicament. Il ne sert à rien de prendre des drogues quand on peut produire le même effet en ne prenant pas d'autres choses.

Le major Ames s'agita et fronça légèrement les sourcils.

«Je pensais, dit-il enfin, à me prendre en main plus complètement que cela. Je n'ai jamais approuvé les demi-mesures et je ne peux pas commencer maintenant. Si vous avez mal aux dents, éliminez-le et finissez-en. Pas de bidouille pour moi. Or, ma femme ne veut pas partir en août, et il m'a semblé que ce serait une très bonne occasion pour moi d'aller, comme vous, je pense, faire un cours d'eau. Débarrassez-vous de cette tendance, vous ne savez pas, éradiquez-la. Que dis-tu de cela ? Harrogate maintenant ; Je pensais à

Harrogate, si vous approuviez. Harrogate fait des merveilles contre la goutte, n'est-ce pas ?

Le docteur a ri.

"J'espère certainement qu'Harrogate fera des merveilles pour moi", a-t-il déclaré. « J'y vais chaque année. Et il ne fait aucun doute que beaucoup d'entre nous, qui vieillissons, en bénéficieraient. Mais vos symptômes sont très légers. Je pense que vous vous en débarrasserez bientôt si vous suivez le cours que je vous propose.

Mais le major Ames manifestait un étrange désir pour Harrogate.

"Eh bien, j'aime faire les choses à fond", a-t-il déclaré. «J'aime me débarrasser des racines et des branches, vous savez. Vous voyez, je n'aurai peut-être pas d'autre opportunité. Amy aime que je l'accompagne pendant ses vacances en août, mais il n'y a aucune raison pour que je m'arrête à Riseborough. Je ne lui ai pas encore parlé, mais si je pouvais dire que vous avez recommandé Harrogate, je suis sûr qu'elle souhaiterait que j'y aille. En fait, elle insisterait pour que j'y aille. Elle est souvent inquiète de mes tendances goutteuses, plus inquiète, comme je le lui dis souvent, qu'elle n'a besoin de l'être. Mais une de ses tantes a eu une attaque qui lui a touché le cœur de manière tout à fait inattendue et qui l'a tuée, la pauvre. Je pense en effet qu'Amy aurait moins de poids si elle savait que je vais me prendre complètement en main, sans bricoler et colporter uniquement des régimes. Alors, pourriez-vous me recommander d'aller à Harrogate ?

"Un traitement par Harrogate ne serait pas mauvais pour aucun d'entre nous qui mange un bon dîner tous les soirs", a déclaré le Dr Evans. "Mais je pense que si tu essayais..."

Le major Ames se leva, écartant toute autre discussion.

« Cela suffit, docteur », dit-il. « Si cela me faisait du bien, je sais qu'Amy souhaiterait que j'y aille ; tu sais ce que sont les femmes. Maintenant, je suis pressé par le temps ce matin, et je suis sûr que vous l'êtes aussi. Au fait, tu n'as pas besoin de mentionner mon plan avant d'en avoir parlé avec Amy. Mais parlons de logement, maintenant. Recommandez-vous un hébergement ou un hôtel ?

Le Dr Evans ne mentionna pas que sa femme ne serait pas avec lui cette année, car, ayant obtenu la permission de dire qu'Harrogate lui ferait du bien, le major Ames était devenu prodigieux et, quelques instants après, il rentrait chez lui en toute décontraction. , avec l'adresse du logement du Dr Evans dans sa poche. Il comptait sur sa propre puissance d'exagération pour écarter toute opposition possible de la part de sa femme, et se sentait comme un diable de diplomate.

Son plan était donc arrangé.

Le troisième élément de ce réseau de complots mal conçus s'est produit le matin même. Mme Ames, visitant High Street à cause d'un melon avancé, rencontra la cousine Millie lors d'une course similaire chez le boucher à cause de côtelettes avancées, car le temps était éprouvant. Il était naturel qu'elle annonce son intention de rester à Riseborough avec sa famille au cours du mois d'août : il était naturel aussi que la cousine Millie signifiait la rémission d'Harrogate. La cousine Amy a été cordiale à ce sujet et est rentrée chez elle. Elle en aurait probablement parlé à son mari s'il lui avait laissé le temps de le faire. Mais il éclatait d'une communication plus immédiate.

«Je n'aimais pas te le dire avant, Amy», dit-il, «parce que je ne voulais pas te rendre inutilement anxieuse. Et il n'y a plus lieu de s'inquiéter maintenant.

Mme Ames n'était pas très imaginative, mais elle se rendit compte que le magnolia nouvellement planté n'avait pas prospéré.

"Il n'y a pas vraiment de raison de s'inquiéter", a-t-il déclaré. « Mais le fait est que je suis allé voir le Dr Evans ce matin – n'ayez pas peur, ma chère – et j'ai été complètement révisé par lui, complètement révisé. Il a dit qu'il n'y avait aucune raison de s'inquiéter et m'en a assuré. Mais je suis goutteuse, ma chère, cela ne fait aucun doute, et bien sûr, vous vous souvenez de votre pauvre tante Harriet. Eh bien, ça y est. Et il dit Harrogate. C'est ennuyeux, bien sûr, mais Harrogate. Mais pas de quoi s'inquiéter : il me l'a dit à deux reprises.

Mme Ames a consacré un moment à une réflexion calme, claire, semblable à celle d'une huître, sans hâte, sans inquiétude. Il n'y avait aucune raison pour qu'elle lui dise quels étaient les projets de Mme Evans. Mais il était étrange qu'elle décide soudainement de s'arrêter à Riseborough, au lieu d'aller à Harrogate, après avoir entendu Harry dire que les Ames devaient rester à la maison, et Lyndhurst était soudainement obligée d'aller à Harrogate, au lieu de s'arrêter à Riseborough. . Une curieuse coïncidence. Tout le monde semblait faire des projets. En tout cas, elle n'en augmenterait pas le nombre, mais se contenterait d'acquiescer à ceux qui seraient faits.

« Ma chère Lyndhurst, quel bouleversement ! » dit-elle. « Bien sûr, si vous me dites qu'il n'y a aucune raison de m'inquiéter, je ne le serai pas. Le Dr Evans vous recommande-t-il d'aller à Harrogate maintenant ? Tu dois me dire tout ce qu'il a dit. Ils y vont toujours en août, n'est-ce pas ? Cela vous fera plaisir. Mais je crains que vous ne trouviez ces eaux peu agréables au goût.

Le major Ames estimait qu'il n'avait pas fait une impression suffisamment importante.

"Bien sûr, j'ai dit au Dr Evans que je ne pouvais rien décider avant de vous avoir consulté", a-t-il déclaré. « Ça semble être une grande rupture que de vous laisser ici, toi et Harry, et de partir comme ça. C'était à cela que je pensais, pas à savoir si l'eau était agréable au goût ou non. J'ai plus qu'une moitié envie de ne pas y aller. J'ose dire que je m'inquiéterai sans problème.

Encore une fois, Mme Ames fit une petite pause.

« Vous devez faire ce que le Dr Evans vous dit de faire », a-t-elle déclaré. "Je suis sûr qu'il n'est ni papa ni difficile."

L'expérience du major Ames ce matin confirme pleinement cette hypothèse. Il n'avait certainement été ni l'un ni l'autre, quelle que soit la différence entre les deux.

"Eh bien, ma chère, si vous et le Dr Evans êtes d'accord," dit-il, "je ne dois pas m'opposer à vous."

"Maintenant, est-ce qu'il t'a dit où aller ?"

"Il m'a donné l'adresse de son propre logement."

« Quel arrangement pratique ! Maintenant, ma chère, je vous supplie de ne pas perdre de temps. Envoyez un télégramme, payez la réponse, et nous vous embarquerons demain. Je suis sûr que c'est la bonne chose à faire.

Une soudaine conviction, douloureusement réelle, qu'il se comportait de manière grossière, s'abattit sur le major Ames. Ce sentiment était si entièrement nouveau pour lui qu'il aurait aimé l'attribuer à une obsession de la goutte dans un endroit nouveau, la conscience, par exemple, car il avait du mal à croire qu'il puisse s'accuser lui-même d'une conduite mesquine. Il avait l'impression qu'il devait y avoir une erreur à ce sujet. Il aurait presque souhaité qu'Amy ait créé des difficultés ; alors il y aurait eu l'idée compensatoire qu'elle aussi se comportait mal. Mais elle n'aurait pas pu se conduire d'une manière plus naïve et sympathique ; elle ne semblait trouver aucune improbabilité inhérente au fait que le Dr Evans ait conseillé Harrogate, ni aucun doute quant à l'opportunité de suivre ses conseils. C'était presque désagréable pour lui de voir les choses rendues si agréables.

Mais alors cette impression salutaire s'effaça, car tout ce qui sentait l'auto-reproche ne put longtemps trouver refuge dans son esprit. Au lieu de cela, il s'imaginait à la gare de Harrogate, accueillant les Evans. Elle aurait probablement l'air plutôt fatiguée et fragile après le voyage, mais il lui aurait préparé un taxi et le thé les attendrait à leur arrivée au logement....

CHAPITRE IX

UNE SEMAINE plus tard, Mme Ames était assise au petit-déjeuner, avec Harry en face d'elle, attendant le premier courrier et, parmi les cadeaux du premier courrier, une lettre de son mari. Il en avait écrit une très peu de temps après son arrivée à Harrogate, disant qu'il se sentait déjà mieux. Les eaux, comme Amy l'avait supposé, ne pouvaient pas être décrites comme agréables, puisque leur composition consistait principalement de ces ingrédients particuliers qui donnaient aux œufs pourris leur saveur caractéristique, mais qu'importe, disait le vaillant, un mauvais goût dans la bouche ? si tu savais que ça te faisait du bien ? Un excellent groupe encourageait la déglutition de ce liquide désagréable, et à l'heure du déjeuner, les bains et les beuveries étaient terminés pour la journée. Il attendait avec impatience l'arrivée des Evans ; ce serait agréable de revoir quelqu'un qu'il connaît. Il réécrirait avant plusieurs jours.

Le courrier est arrivé ; il y avait une lettre pour elle, de la grande écriture tentaculaire du major, et elle l'ouvrit. Mais ce n'était guère une lettre : une ampoule de jurons recouvrait les pages fumantes… et celle des Evans – deux d'entre eux – était arrivée.

Le petit visage de Mme Ames, semblable à celui d'un crapaud, exprimait rarement plus qu'un calme féminin, mais si Harry avait observé sa mère, il aurait pu penser qu'une nuance d'amusement planait là.

« Une lettre de ton père », dit-elle. « Plutôt une lettre inquiète. Le remède diminue, je crois, et vous fait vous sentir mal.

Harry avait l'air plutôt jaune et échevelé. La veille, il s'était couché très tard, et la recherche de rimes avait été particulièrement fatigante et inefficace.

« Moi non plus, je ne me sens pas bien du tout », dit-il. "Et je ne pense pas que la cousine Millie va bien."

"Pourquoi?" » demanda calmement Mme Ames.

« Je suis allé la voir hier et elle n'est pas venue. Elle parut terriblement surprise d'apprendre que son père était parti à Harrogate.

« Je suppose que le Dr Evans ne le lui avait pas dit», remarqua Mme Ames. "S'il te plaît, téléphone-lui après le petit-déjeuner, Harry, et demande-lui de dîner avec nous ce soir."

"Oui. Comme les femmes sont curieuses ! Un jour, ils semblent si heureux de vous voir, un autre jour, vous n'êtes pour eux qu'écume sur une vague brisée.

C'était l'un des fragments de la nuit dernière.

"Sur quoi cassé ?" » a demandé Mme Ames. Le bruissement de la feuille qui tournait du *Morning Post* l'avait empêchée d'entendre. Il n'y avait aucune intention sarcastique dans son enquête.

"Cela n'a pas d'importance", dit Harry.

Sa mère le regarda.

«Je devrais prendre une petite dose, ma chérie», dit-elle, «si tu ressens ça. La chaleur nous dérange tous parfois. Veux-tu s'il te plaît téléphoner maintenant, Harry ? Alors je saurai quoi commander pour le dîner.

La nature de Mme Ames était indéniablement simple ; elle n'avait pas de profondeurs brumeuses ni de curieuses fentes faiblement éclairées sur la surface ronde et lisse de sa vie, mais parfois les natures simples sont capables de curieuses complexités de sentiments, d'autant plus insaisissables qu'elles sont elles-mêmes incapables d'enregistrer exactement ce qu'elles ressentent. Elle voyait certainement un lien entre la non-arrivée de la chère Millie à Harrogate et la lettre enflammée de son mari. Elle avait soupçonné également un lien entre la décision de la chère Millie de passer le mois d'août à Riseborough et sa conviction que le major Ames allait le faire également. Mais l'ampleur du fiasco a aspiré le ressentiment qu'elle aurait autrement pu ressentir : il était impossible d'être en colère contre des conspirateurs aussi désolés. En même temps, à l'égard de son mari, elle éprouvait la plus vive satisfaction intérieure de sa communication cinglante et la relisait. La pensée de son propre rajeunissement méprisé ou plutôt inaperçu ajoutait à cela ; elle avait le sentiment qu'il avait été « servi ». Pas un seul instant elle ne le soupçonnait d'autre chose que du plus innocent des flirts, et elle était disposée à reconnaître que la chère Millie avait provoqué un tel flirt. À ce moment-là également, il devait être tout à fait clair pour les deux parties contrariées qu'elle était pleinement consciente de leurs futiles desseins ; il est donc clair que son propre *rôle* était de paraître totalement inconscient de tout cela et, inconsciemment, d'administrer de vilains petits coups à chacun d'eux avec un visage souriant. "Ils se sont ridiculisés", a exprimé son verdict indulgent sur toute l'affaire. Puis, d'une manière étrangement féminine, elle ressentit une sorte de fierté secrète envers son mari pour avoir eu la virilité de flirter, même doucement, avec la femme de quelqu'un d'autre ; mais immédiatement s'ensuivit le ressentiment qu'il n'avait montré aucune tendance à flirter avec les siens, alors qu'elle l'avait encouragé. Quoi qu'il en soit, il avait choisi la plus jolie femme de Riseborough, et c'était le plus bel homme.

Mais son humeur a changé ; l'idée d'administrer en tout cas quelques vilains petits coups s'est présentée sous un jour de plus en plus attrayant. Les deux idiots avaient voulu danser sur leur propre rythme ; ils devraient plutôt danser sur le sien, et pour entamer sa propre mélodie, elle écrivit aussitôt ce qui suit à son mari.

« MA TRÈS CHÈRE LYNDHURST ,

« Je ne peux pas vous dire à quel point j'ai été heureux de recevoir vos deux lettres et de savoir à quel point Harrogate vous fait du bien. Quelle excellente chose que vous soyez allé voir le Dr Evans (s'il vous plaît, souvenez-vous de moi) et qu'il ait insisté si fortement pour que vous vous preniez complètement en main.

Elle s'arrêta un instant, se demandant exactement quelle était la force de cette insistance. Il était possible que ce ne soit pas très fort. Raison de plus pour maintenir la sentence. Elle a maintenant souligné les mots « si fortement ».

« Bien sûr, les eaux sont dégoûtantes à prendre, et je déclare que je peux presque les sentir quand je lis votre description vivante, mais, comme vous l'avez dit dans votre première lettre, qu'est-ce qu'un mauvais goût dans la bouche quand vous savez qu'il vous fait mal ? bien? Et votre deuxième lettre me convainc à quel point vous aviez raison de partir, et quand des choses comme la goutte commencent à apparaître, cela vous fait naturellement vous sentir un peu déprimé et inquiet. Je veux que vous vous arrêtiez là tout le mois d'août et que vous vous en débarrassiez complètement.

« Ici, nous nous entendons très bien et je suis si heureux de ne pas être allé à la mer. Millie est ici, comme vous le savez, et nous la voyons beaucoup. Elle vient constamment, *en fille* , je suppose que vous l'appelleriez, et elle est de bonne humeur et est si jolie. Mais je ne suis pas tout à fait à l'aise avec Harry (c'est privé). Il est très attiré par elle, et elle ne me paraît pas très sage dans sa façon de le traiter, car elle semble l'encourager dans ses bêtises. Peut-être lui en parlerai-je, et pourtant je n'aime guère.

Encore une fois, Mme Ames fit une pause : elle ne se doutait pas qu'elle avait un talent aussi brillant dans l'administration de ces vaccins. Ce qu'elle a dit n'était peut-être pas tout à fait exact, mais c'était plein de sens.

« Je me souviens aussi de ce que vous avez dit, à savoir qu'il était si bon pour un garçon de s'occuper d'une femme vraiment gentille et que cela l'empêchait de commettre des ennuis. Je suis sûr qu'Harry lui écrit toutes sortes de poèmes, car il soupire beaucoup et a un index très d'encre, pour lequel je lui donne de la pierre ponce. Mais si elle n'était pas une femme aussi gentille et si loin de tout flirt, je me sentirais obligé de parler à Harry et de l'avertir. Elle semble très heureuse et joyeuse. J'ose dire qu'elle se sent comme moi et qu'elle est heureuse de penser qu'Harrogate fait du bien à son mari.

« Écrivez-moi encore bientôt, ma chère, et donnez-moi encore un excellent récit de vous-même. N'était-il pas étrange que vous ayez décidé d'aller à

Harrogate alors que Millie avait décidé de ne pas le faire ? Si vous n'étiez pas de si bons amis, on aurait pu croire que vous vouliez vous éviter ! Eh bien, je dois arrêter. Millie dîne avec nous et je dois commander le dîner.

Elle a lu ce qu'elle avait écrit avec un contenu considérable. "Ce sera plus méchant que les eaux d'Harrogate", pensa-t-elle, "et tout aussi bon pour lui." Et puis, avec une certaine grandeur qui se cachait derrière toutes ses petitesses, elle chassa pratiquement de son esprit toutes ces bêtises. Mais elle a continué à utiliser des moyens purement naturels pour restaurer la couleur de ses cheveux, et a tapoté et tamponné les coins de ses yeux avec cet aliment miraculeux pour la peau. C'était une mesure prophylactique ; elle ne voulait pas paraître « effrayée » lorsque Lyndhurst reviendrait de Harrogate.

Mme Ames était bien consciente que le fameux bal costumé lui avait causé une certaine perte de prestige en sa qualité de reine de la société de Riseborough. Cela avait suivi de près son innovation consistant à inviter les maris et les femmes à dîner séparément, et avait quelque peu terni l'éclat de sa réussite, et en effet cette dernière n'avait pas été aussi marquante qu'elle l'avait espéré. Depuis une semaine ou deux, elle sentait qu'on attendait d'elle quelque chose de nouveau, mais comme c'est souvent le cas, elle se rendait compte que la reconnaissance d'une telle vérité ne conduisait pas nécessairement à la découverte de la nouveauté. Peut-être que la mesquinerie de la conduite de Lyndhurst, qui l'a amenée à réfléchir sur sa propre sagesse supérieure, l'a mise sur la voie, car à peu près à cette époque, elle a commencé à s'intéresser de nouveau au mouvement des suffragettes qui, d'après ce qu'elle a vu dans les journaux, a été productif de des alarmes si aventureuses à Londres. Pour elle-même, elle était par nature respectueuse des lois et, bien que, contrairement à Lyndhurst, favorable aux femmes qui voulaient voter, elle avait dit un jour que jeter des pierres aux premiers ministres n'était pas en soi inconvenant et ne faisait que s'appuyer sur le Les auteurs de ces crimes attirent l'attention de la police sur eux-mêmes, plutôt que l'attention du public sur le problème. Mais une recrudescence d'actes similaires au cours de l'été dernier l'avait amenée à se demander si elle avait dit le dernier mot sur le sujet, ou si elle avait eu la dernière pensée. Certes, l'intérêt sensationnel suscité par des actes aussi violents l'avait amenée à s'émerveiller de la force des sentiments qui les animaient. Apparemment, les dames dont elle ne pouvait remettre en question l'éducation - toujours un mot de puissance avec Mme Ames - se comportaient comme des voyous. L'affaire l'intéressait en elle-même, indépendamment de sa valeur éventuelle comme nouveauté pour l'automne. Des élections devraient également avoir lieu en novembre. Jusqu'alors, le quartier de Riseborough dans lequel elle vivait n'avait pas laissé sa tranquillité être interrompue par des excitations politiques, mais, comme un homme endormi, il approuvait avec somnolence un membre conservateur. Mais que se passerait-il si elle prenait la tête d'une certaine agitation politique et si elle introduisait un élément suffragette dans l'élection ? C'était une affaire plus solide que de voir un certain nombre de Cléopâtres sauter dans un jardin.

Elle avait toujours ressenti un certain intérêt pour le mouvement, mais c'était le désir de faire une nouveauté pour l'automne, poivré, pour ainsi dire, par une impatience face à la vaine trahison des projets de son mari à Harrogate, et une ambition de prendre une ligne de sa propre opposition à lui, lui présenta leur croisade sous un jour sérieux. Les militants croisés qu'elle avait jusqu'alors considérés comme atteints d'une étrange folie, et le commentaire masculin de son mari : « Ils devraient être bien giflés, par Jupiter ! » avait l'air du bon sens, d'autant plus qu'il ajoutait, à l'intention des croisés de rang social plus élevé : « Ce sont probablement des fous, les pauvres. »

Mais pendant ce tranquille mois d'août, son intérêt plus sérieux fut éveillé, et elle acheta, bien que furtivement, toute la littérature sous forme de petits tracts et d'adresses accessibles sur le sujet. Et lentement, même si le désir d'une nouveauté automnale qui éclipserait le souvenir des congrégations de Cléopâtre était une force motrice dans son esprit, quelque chose du véritable ferment commença à germer en elle, et elle apprit par une enquête privée ce que les suffragettes les couleurs étaient. Naturellement, l'introduction d'une idée abstraite dans son esprit était un processus laborieux, car sa vie avait consisté pendant des années en une chaîne sans fin de petits événements concrets et avait été vécue parmi des gens qui n'avaient jamais vu une idée abstraite se développer, pas plus qu'eux. avait vu un éléphant dans une vraie jungle. Il était toujours apprivoisé et mangeait des petits pains, comme au Zoo, tout comme d'autres idées leur parvenaient peptonisées par les colonnes des quotidiens. Mais une chose sauvage se cachait derrière le tronc obéissant ; quelque chose de sauvage se cachait derrière les rapports faisant état de performances ridicules dans la cour du palais de Westminster.

Le mois d'août était encore étouffant, et le major Ames était toujours à Harrogate, lorsqu'un soir, elle et Harry dînèrent avec Millie. Puisque rien d'aucune sorte ne s'est produit à Riseborough au cours de ce mois désert, la discussion introductive sur les événements qui s'étaient produits depuis leur dernière rencontre dans High Street ce matin-là n'était pas susceptible d'une grande extension. Aucun d'entre eux n'avait vu l'avion qui aurait survolé la ville dans l'après-midi, et personne n'avait eu de nouvelles de Mme Altham. Puis Mme Ames a tiré le coup de feu qui était destiné à impliquer Riseborough dans la fumée et le soufre.

"Lyndhurst et moi", a-t-elle déclaré, "ne sommes jamais d'accord sur les Suffragettes, et maintenant que je sais quelque chose à leur sujet, je suis plus que jamais en désaccord."

Millie parut légèrement choquée : elle pensait aux suffragettes comme elle pensait aux personnes qui figurent dans l'actualité policière. En fait, ils le faisaient souvent. Elle savait qu'ils voulaient voter sur quelque chose, mais c'était pratiquement tout ce qu'elle savait, sauf qu'ils exprimaient leur désir de voter en frappant les gens.

«Je ne sais rien d'eux», dit-elle. « Mais ne sont-ils pas très peu distingués ? »

"Ils sont une honte pour leur sexe", dit Harry. « Nous les avons vite fait sortir de Cambridge ! Ils ont essayé de tenir une réunion à l'arrière, mais moi et quelques autres sommes allés là-bas, et... eh bien, on n'a plus beaucoup entendu parler d'eux. Je ne les appelle pas du tout des femmes. Je les appelle des femelles.

Mme Ames avait d'excellentes raisons de soupçonner une romance dans le récit de son fils sur ses exploits.

"Dites-moi exactement ce qui s'est passé dans les coulisses de Cambridge, Harry", dit-elle.

Harry se rétracta légèrement.

"Il n'y a pas grand-chose à dire", a-t-il déclaré. « Notre club s'est senti obligé de protester et nous y sommes allés, comme je l'ai dit. Cela a semblé les intimider un peu ! »

« Et puis les surveillants sont-ils venus vous intimider ? demanda son inexorable mère.

« Je crois qu'un surveillant est venu ; Je n'ai pas attendu ça. De toute façon, ils ont commis un fiasco parfait. Ils m'ont dit que c'était un échec total et nous n'en avons plus entendu parler.

"Alors c'était tout ?" dit Mme Ames.

« Et bien assez. Je suis d'accord avec mon père. Ils déshonorent leur sexe !

"Ma chérie, tu en sais aussi peu que ton père", dit-elle.

"Mais c'est sûrement le jugement d'un homme..." dit Millie, jetant un regard faible à Harry.

« Chère Millie, le jugement d'un homme n'a aucune valeur s'il ne sait rien de ce qu'il juge. Nous avons tous lu des articles dans les journaux et entendu dire qu'ils étaient très violents, qu'ils s'enchaînaient à des endroits peu pratiques comme des grilles et qu'ils étaient emmenés par les policiers. Parfois, ils giflent les policiers, mais il doit sûrement y avoir quelque chose derrière qui les rend ainsi. Je découvre ce que c'est. Tout cela est très intéressant. Ils disent qu'ils doivent payer leurs impôts et taxes, mais qu'ils n'obtiennent aucun privilège. Si un homme paie des impôts et des taxes, il obtient un droit de vote, et pourquoi une femme ne le devrait-elle pas ? Tout cela est très bien exprimé. Ils me semblent raisonner aussi bien qu'un homme. Je veux en savoir beaucoup plus sur tout cela. Personnellement, je ne paie pas de taxes ni de taxes, car c'est l'affaire de Lyndhurst, mais si nous avions arrangé différemment et que j'avais payé la maison ainsi que les taxes et les taxes, pourquoi n'aurais-je pas droit à un vote à sa place ? Et d'après ce que j'ai appris, le jardinier a droit de vote, tout comme Lyndhurst, bien que Lyndhurst s'occupe de tout le jardinage et ne laisse pas Parkins toucher aux fleurs.

Mme Evans soupira.

« Tout semble très confus et sens dessus dessous », a-t-elle déclaré. «Fume, Harry, si tu en as envie. Veux-tu une cigarette, cousine Amy ? J'ai bien peur de n'en avoir aucun. Je ne fume jamais."

Harry était un peu blessé à cause de la manipulation de sa mère et n'était pas réticent à riposter.

«Je ne savais pas que ma mère fumait», a-t-il déclaré. « Est-ce que tu fumes, maman ? Comme c'est délicieux ! Comme c'est oriental ! Je n'ai jamais su que tu étais oriental. J'ai toujours pensé que tu disais que ce n'était pas méchant pour les femmes de fumer, mais seulement horrible. Soyez horrible. Je suis sûr que les Suffragettes fument.

Mme Ames tourna un rapide regard attrayant vers Millie, implorant la confiance. Puis elle a menti.

"Chère Millie, à quoi penses-tu?" dit-elle. "Bien sûr, je ne fume jamais, Harry."

Mais l'appel des regards n'avait pas produit d'effet.

"Mais le soir de ma petite danse, cousine Amy," dit-elle, "tu avais sûrement une cigarette. Ça t'a fait tousser et tu as dit que c'était agréable ! »

Mme Ames aurait aimé ne pas se montrer aussi impitoyable à l'égard des suffragettes de Cambridge.

« Il y a une grande différence entre faire une chose une fois, dit-elle, et en faire une habitude. Je pense que je voulais voir à quoi ça ressemblait, mais je n'ai jamais dit que c'était sympa, et quant au fait que ce soit oriental, je suis sûr que je suis heureux d'appartenir à l'Occident. J'ai toujours pensé que cela n'était pas féminin, et puis je l'ai su. Je ne me suis senti de nouveau que lorsque je me suis brossé les dents et rincé la bouche. Maintenant, chère Millie, je m'intéresse vraiment aux Suffragettes. Leurs demandes sont raisonnables, et si nous sommes déraisonnables quant à leur satisfaction, elles doivent l'être également. Pendant des années, ils ont été raisonnables et personne n'y a prêté attention. Que doivent-ils faire sinon être violents et attirer l'attention sur eux-mêmes ? Tout cela est si bien exprimé ; vous ne pouvez pas ne pas être intéressé.

"Wilfred ne me laisserait jamais frapper un policier", a déclaré Milly. "Et je ne pense pas que je pourrais le faire, même s'il le voulait."

"Mais le but du mouvement n'est pas de frapper les policiers", a déclaré Mme Ames. «Ils sont vraiment désolés de devoir…»

"Ils sont encore plus désolés après", dit Harry.

Mme Ames tourna un petit œil flétri vers sa progéniture.

« Si vous aviez attendu d'entendre ce qu'ils avaient à dire au lieu de vous enfuir avant l'arrivée du surveillant, dit-elle, vous en auriez peut-être appris un peu plus sur eux, ma chère. Ils ne sont pas du tout désolés après ; ils vont en prison assez gaiement, en deuxième division aussi, ce qui est terriblement inconfortable. Et beaucoup d'entre eux ont reçu une éducation aussi luxueuse que chacun d'entre nous.

«Je ne pouvais pas aller en prison», dit Mme Evans d'une voix faible mais ferme. « Et même si je le pouvais, ce serait une grave erreur de ma part, car je suis sûr que cela nuirait à la pratique de Wilfred. Les gens n'aimeraient pas consulter un médecin dont la femme a été en prison. Elle a peut-être attrapé quelque chose. Et Elsie aurait tellement honte de moi.

Mme Ames poussa le genre de soupir réprimé qui lui était habituel lorsque Lyndhurst se plaignait que l'eau de son bain n'était pas chaude, tout en étant consciente que la chaudière de la cuisine était en train d'être nettoyée.

"Mais il n'est pas nécessaire d'aller en prison pour être suffragette, chère Millie", a-t-elle déclaré. "La vie en prison ne fait pas partie des objets du mouvement."

Mme Evans avait l'air timidement désolée.

«Je ne savais pas», dit-elle. «C'est tellement intéressant d'être raconté. Je pensais que tous les braves allaient en prison et prenaient leur petit-déjeuner ensemble lorsqu'ils étaient libérés. Je suis sûr d'avoir lu qu'ils prenaient leur petit-déjeuner ensemble.

Un léger sourire frémit sur sa bouche. Elle était consciente que sa cousine Amy la trouvait très stupide, et il y avait un plaisir délicat à paraître tout à fait idiote ainsi. Cela fit danser la cousine Amy avec irritation intérieure, et elle expliqua encore plus soigneusement.

« Oui, chère Millie, dit-elle, mais le fait qu'ils prennent leur petit-déjeuner ensemble n'a pas grand-chose à voir avec leurs objets… »

« Je n'en sais rien, » dit Harry ; "Il y a à Cambridge un club auquel j'appartiens et dont le but est de dîner ensemble."

"Alors c'est très gourmand de votre part, ma chère", dit Mme Ames, "et les Suffragettes ne sont pas comme ça. Ils vont en prison et font toutes sortes de choses peu distinguées au nom de leurs convictions. Ils veulent être traités avec justice. Depuis des années, ils réclament justice et personne ne leur prête la moindre attention ; maintenant, ils font venir les gens. Je vous assure que jusqu'à ce que je commence à lire à leur sujet, j'avais très peu de sympathie pour eux. Mais maintenant, je pense que toutes les femmes devraient les connaître. Certes, ce que j'ai lu m'a beaucoup ouvert les yeux, et il y a effectivement une quantité de femmes de très bonne famille qui en font partie.

Harry sortit son mouchoir de la manche de son veston ; il le gardait habituellement là. En ce moment, le club Omar Khayyam était plutôt excellent en matière de distinctions de classe.

"Je ne vois pas ce qui compte", a-t-il déclaré. "Parce que l'arrière-grand-mère d'un homme a été créée duchesse pour être la maîtresse d'un roi..."

Mme Evans et Mme Ames se levèrent simultanément ; au contraire, Mme Ames s'est levée d'abord à l'ombre.

"Je ne pense pas que nous ayons besoin d'entrer dans cela, Harry", a déclaré Mme Ames.

Millie a tempéré le vent.

« Veux-tu nous rejoindre bientôt, Harry ? dit-elle. « Si vous tardez trop, je viendrai vous chercher. Nous avons fait de la politique ce soir ! Est-ce qu'il fera trop froid pour toi dans le jardin, cousine Amy ?

Laissé à lui-même, Harry consacra plusieurs minutes de réflexion pitoyable à l'état d'esprit de sa mère. Malgré son intérêt éveillé pour le mouvement des suffragettes, elle lui paraissait déplorablement démodée. Mais avec son deuxième verre de porto, ses pensées prirent un ton plus rose, et il résolut d'attendre que la cousine Millie vienne le chercher. Elle voulait sûrement qu'il fasse cela : elle voulait sans doute avoir juste un mot privé avec lui. Elle avait souvent croisé son regard pendant le dîner, avec un regard désapprobateur, comme si ce n'était pas de sa faute de dire que cette ennuyeuse histoire sur les Suffragettes. Il avait l'impression qu'ils se comprenaient....

Il y avait un grand miroir Chippendale au-dessus du buffet, et il se leva de table et observa la partie supérieure de sa personne qui s'y reflétait. Une mèche de cheveux lui tombait sur le front ; on pourrait plus justement l'appeler un panache. Il lui paraissait avoir une figure très intéressante, rare, saisissante. Il était également habillé de façon intéressante et caractéristique, avec un col Byroniquement bas, une chemise douce à volants et, à la place d'un gilet, une ceinture de smoking noire. Puis il monta précipitamment sur une chaise pour voir toute sa silhouette svelte qui lui paraissait si élancée. Il était ennuyeux qu'à ce moment d'appréciation critique, une femme de chambre vienne voir si elle pouvait se débarrasser...

Il n'y a rien qui confirme autant l'individualisme que les périodes de solitude relative. Chez les hommes, cette confirmation est susceptible d'être freinée par l'ennui auquel leur sexe est soumis, mais les femmes, moins fréquemment en proie à cette émotion paralysante, lorsque les exigences que les tâches ménagères et la compagnie domestique leur imposent sont supprimées, entrent très rapidement dans les royaumes d'eux-mêmes. Ce processus était très fortement à l'œuvre à l'instant avec Millie Evans ; superficiellement, son calme et sa douceur dénuée de sens étaient inchangés, de sorte que Mme Ames, en tout cas, se demandait presque si elle avait eu raison de lui attribuer une part quelconque dans les plans d'Harrogate, tant sa cordialité insipide et déférente était imperturbable, mais en bas elle s'explorait et découvrait une capacité de ressentir qui l'étonnait par son intensité. Toute sa vie, elle s'était contentée de susciter l'émotion sans la partager, aimant voir des hommes attentifs à elle, aimant les voir attirés par elle et disposés à la tendresse. Ils étaient plus intéressants comme ça, et elle se prélassait doucement dans la chaleur de leur lueur, comme un lézard sur le mur. Elle n'avait pas voulu plus que cela ; elle était un lézard, pas un vampire, et se dorer au soleil sur le mur, puis glisser doucement dans une crevasse, semblait un exercice tout à fait suffisant pour ses émotions. Heureusement ou malheureusement (ceux qui considèrent que le calme et la respectabilité totale sont le but de l'existence préféreraient le premier adverbe, ceux qui pensent que le développement de l'individualité vaut le risque d'être un peu torride, le second) elle avait épousé un homme qui n'exigeait que peu de choses. ou rien de plus que ce qu'elle était disposée à donner. Il ne s'était pas attendu à un ravissement inquiétant, mais à un foyer confortable avec une « petite femme » toujours là, de bonne humeur, comme Millie l'était, et joyeuse et souple comme, à une douzaine d'exceptions près lorsque la précision calme entra en jeu, elle avait toujours été. . D'un point de vue tempérament, il était presque aussi peu développé qu'elle, et le mariage avait été ce qu'on appelle un mariage très sensé. Mais ces mariages sensés ignorent le fait que les êtres humains, comme les rives de la baie de Naples, sont périodiquement volcaniques, et les colons supposent que leur petite propriété, parce qu'aucun signe sulfureux n'est apparu à la surface, est essentiellement en repos, négligeant le fait qu'à un moment ou à un autre, des perturbations émotionnelles sont à prévoir. Mais parce que de nombreuses années tranquilles se sont écoulées sans être perturbées, ils en viennent à croire que les feux humains et naturels ont cessé de couver et ne sont plus vivants sous les racines de leurs agréables vignes et oliviers. Toute sa vie jusqu'à présent, Millie Evans avait été comme l'un de ces domaines tranquilles ; maintenant, alors qu'elle atteignait l'âge mûr, elle commençait à ressentir l'agitation des forces vitales. La surface de sa vie n'était toujours pas perturbée, elle vaquait aux affaires diminuées du ménage avec ses soins habituels et, pendant les semaines de ce mois d'août solitaire, tricotait quelques cravates pour son mari et lisait quelques romans de la bibliothèque en circulation. , avec un intérêt pas plus tiède que d'habitude. Mais l'agitation souterraine se poursuivait, même si aucune fente cracheuse de feu n'apparaissait à la surface. Inconsciemment, elle a tissé des images et des rêves, sachant à peine que c'est de ces rêves que naissent inévitablement les événements et les actes de la vie. Elle avait à peine admis que ses projets pour août avaient mal tourné : la conviction que Lyndhurst Ames s'était retrouvé goutteux et avait eu besoin d'Harrogate ponctuellement au moment où il savait qu'elle pouvait y être attendue, les redressait suffisamment. Cette intention a plus que compensé la fausse couche des événements.

Ce soir-là, lorsque ses deux invités furent partis, l'étape inévitable se produisit : ses impulsions incontrôlées devinrent plus fortes et plus précises, et hors du subconscient brumeux de son esprit, la perturbation jaillit vers la lumière de sa conscience quotidienne. Avec une véritable flamme, il monta ; ce n'était pas sa propre imagination qui l'avait allumé ; lui, elle le savait, était un partenaire conscient, et elle avait pour signe le souvenir qu'il l'avait embrassée. D'une manière ou d'une autre, au plus profond de son cœur en train de s'éveiller, cela signifiait pour elle quelque chose de prodigieux. Cela n'avait pas été réalisé à l'époque, mais cela avait été comme le contact d'un produit corrosif, doux et acide, s'enfouissant, la dévorant et pourtant la nourrissant. Jusqu'à présent, cela semblait avoir peu de signification, maintenant il revêt une signification énorme. Cela ne signifiait probablement pas grand-chose pour lui ; les hommes faisaient de telles choses facilement, mais c'était cela qui s'était enfoui en elle, faisant une entrée si insignifiante, mais pénétrant si loin. Ce n'était pas une preuve qu'il l'aimait, mais c'était devenu un signe qu'elle l'aimait. Autrement, cela n'aurait pas pu arriver. Il y avait quelque chose de définitif au début de tout cela. Puis il l'avait embrassée une seconde fois le soir du bal costumé. Il avait appelé cela un baiser de cousin, et elle sourit à cette pensée, car cela montrait qu'il fallait en rendre compte, l'excuser. Elle éprouvait une sorte de tendresse pour ce subterfuge palpitant, aux ailes brisées, si transparent, si peu trompeur. Si les cousins s'embrassaient, ils ne se souvenaient plus de leur relation par la suite, surtout s'il n'y avait pas de relation. Il ne l'avait pas embrassée parce qu'elle était une sorte de cousine de sa femme.

Pourtant, il est difficile de dire qu'il l'avait embrassée. Sans doute, cette première fois, sous le mûrier, c'était sa tête qui s'était penchée vers elle, tandis qu'elle restait passive, attendant. Mais c'était elle qui l'avait poussé à le faire, et elle se glorifiait de la douce contrainte qu'elle lui avait imposée. Même en y pensant ce soir, son œil pétillait. « Il ne pouvait pas s'en empêcher », se dit-elle. "Il ne pouvait pas s'en empêcher."

Du crépuscule cloîtral de son âme était sorti quelque chose qui y avait dormi toute sa vie, quelque chose de païen, incapable de scrupules et de regrets, aussi dénué de morale qu'une nymphe ou une Bacchanale sur une frise grecque. Elle ne se souciait pas, semble-t-il, de défier ou de défier les traditions et les principes dans lesquels elle avait vécu toutes ces années ; il semblait ignorer leur existence, ou, tout au plus, ils n'étaient que des ombres qui s'étendaient en barres inconsistantes sur un trottoir éclairé par le soleil. À présent, il se tenait là, tremblant et tranquille, comme un papillon de nuit récemment sorti de sa chrysalide gainée, mais aussitôt, maintenant qu'il était sorti, il deviendrait plus fort, et ses ailes froissées se développeraient en pignons emplumés d'argent et d'or.

Mais elle ne faisait aucun projet, elle tournait à peine ses yeux vers l'avenir, car l'avenir serait sûrement aussi inévitable que l'avait été le passé. Une à une, les chaudes journées d'août tombaient comme les pétales des fleurs de pêcher, qui doivent tomber avant que les fruits ne commencent à gonfler. Elle ne voulait ni retarder ni accélérer leur dépérissement. Il ne restait que peu de jours, peu de pétales à tomber, car d'ici une semaine, ainsi que son mari l'avait écrit, il reviendrait, bien mieux pour sa guérison, et le major Ames l'accompagnerait. «Je serai si heureux de revoir ma petite femme», avait-il dit. "Elsie et moi, elle nous a manqué."

De temps en temps, elle essayait de penser à son mari, mais elle ne parvenait pas à concentrer son esprit sur lui. Elle était trop habituée à lui pour pouvoir fixer émotionnellement ses pensées sur lui. Elle était également habituée à Elsie, ou plutôt à son ignorance totale d'Elsie. Elle n'aurait pas pu non plus dresser un tableau de l'esprit de la jeune fille, pas plus qu'elle n'aurait pu dresser un tableau des branches du mûrier sous lequel elle s'asseyait si souvent, contemplant l'entrelacement de ses branches, mais ne les voyant jamais vraiment. Jamais elle n'avait connu le lien psychique de la maternité ; même le physique ne signifiait pas grand-chose pour elle. Elle était la mère d'Elsie par accident, pour ainsi dire ; et elle n'était que comme un arbre dont un jardinier a fait une bouture, et l'a planté à proximité, de sorte que le jeune arbre et la tige mère poussent en vue l'un de l'autre, mais tout à fait indépendamment, sans le sentiment de leur unité originelle. Même lorsque son bébé était resté au sein, impuissant et tirant toujours tout d'elle, le doux mystère intime de la vie qui leur était commune à tous deux n'avait été pour elle qu'une énigme murmurée ; et c'était il y a bien longtemps, son souvenir était devenu une photographie fanée qui aurait pu en réalité représenter non pas elle-même et son bébé, mais n'importe quelle mère et son enfant. Il était très possible qu'Elsie soit bientôt transplantée par mariage et qu'elle doive elle-même en apprendre un peu plus sur les échecs pour pouvoir jouer avec son mari le soir.

Telle avait été jusqu'ici sa vie affective : ce résumé et son maigre total sont tout ce qu'on peut à juste titre lui attribuer. Elle aimait son mari, elle savait qu'il était gentil avec elle, et ainsi, dans sa manière inanimée, la nourriture qu'elle mangeait était bonne pour elle, dans le sens où elle la nourrissait et la soutenait. Mais sa gratitude n'était pas teintée d'émotion ; elle n'était pas sentimentale pendant son petit-déjeuner, car c'était la mission de la nourriture de lui apporter un soutien, et la mission de son mari n'avait pas été bien plus pour elle que cela. Ni le fait d'être épouse ni la maternité n'avaient éveillé sa féminité. Pourtant, en tant que femme, elle était la chose la plus dangereuse de toutes les choses créées ou fabriquées, une coquille non explosée, susceptible de se briser elle-même ainsi que quiconque la manipulait. L'obus était encore vivant, son boîtier non corrodé et son contenu encore potentiellement violent. Cette violence, à présent, y était sombre et silencieuse ; sa gaine était lisse et légèrement brillante. Cela semblait n'être qu'un jouet, un ornement de salon ; il pourrait être posé sur n'importe quelle table dans n'importe quel salon. Mais son cœur n'avait jamais été pénétré par l'amour qui pouvait transformer sa violence en force : maintenant son capuchon était vissé et son fusible réparé. Jusqu'à ce que l'humidité et la décadence du vieillissement lui ôtent sa puissance, il sera toujours susceptible de se détruire lui-même et de détruire son environnement.

Ces mêmes jours qui, pour elle, allumaient des choses dangereuses, passèrent pour Mme Ames dans un *crescendo* d'éveil d'intérêt. Toute sa vie, elle avait été enveloppée comme le noyau d'une noix, dans l'enveloppe dure et sèche des conventions, sa vie avait été enfermée dans une succession d'événements infimes et, littéralement parlant, elle n'avait jamais respiré l'air extérieur des idées. . Comme on l'a remarqué, elle patronnait régulièrement l'église Saint-Barnabé et passait une bonne heure ou deux chaque semaine à la décorer avec les produits du jardin de son mari, depuis le premier printemps, lorsque les perce-neige pâles et timides étaient disponibles, jusqu'à la fin de l'automne, lorsque les gelées d'octobre et de novembre ont finalement noirci les salvias et les chrysanthèmes. Mais tout cela avait été de la nature de la routine : une certaine admiration pour le vicaire, une appréciation sans passion de sa noble vie ascétique, son visage fort et maigre et le feu de ses paroles avaient rendu sa fréquentation régulière et sa contribution à sa vie. les œuvres de charité sont tout à fait honorablement abondantes, en proportion de ses moyens peu abondants. Mais elle ne s'était jamais refusée à rien pour les augmenter, et le temps qu'elle passait auprès des fleurs était largement compensé lorsqu'elle voyait l'éclipse qu'elles faisaient des broderies de Mme Brooks, ou lorsque les lys déversaient sur elles leur pollen orangé. à la nappe d'autel. Sa récente tentative de rajeunissement avait été peut-être plus étrange, du point de vue émotionnel, mais même cela avait été un effort calculé et matérialiste. Il ne s'agissait pas d'une manifestation de son amour pour son mari, ni d'un désir d'éveiller son amour pour elle. Il s'agissait simplement d'un effort décoratif pour attirer son attention et l'empêcher d'errer ailleurs.

Mais maintenant, avec sa sympathie allumée pour le mouvement des suffragettes, naissait en elle la conscience d'une parenté avec son sexe qu'elle avait jusqu'alors considéré comme un ensemble de personnes auxquelles, en matière de dîner et entièrement comportement social correct, elle doit être un exemple et une loi, alors que même ses hospitalités n'avaient pas été dictées par l'esprit d'hospitalité mais plutôt par une sorte de compétition pompeuse et distinguée. Maintenant, elle commençait à comprendre que derrière les simples événements de la vie, pour valoir quelque chose, il devait y avoir une idée, et derrière la croisade de cette femme, avec tout son hooliganisme, son hystérie, son fanatisme de singe, se cachait une idée de la justice et la sororité. Ces mots semblaient simples et elle aurait dit d'emblée qu'elle savait ce qu'ils signifiaient. Mais, à mesure qu'elle commençait vaguement à les comprendre, elle comprit qu'elle les ignorait aussi bien que ce qu'était réellement l'Australie. Pour elle, de même qu'il s'agissait d'une expression uniquement géographique, la justice était une expression abstraite. Mais le sens de la justice était connu de ceux qui renonçaient au confort et aux commodités de la vie pour elle et qui, pour elle, supportaient joyeusement le ridicule, la vie en prison et l'incompréhension. Et les vapeurs d'une idée, pour celle qui n'en avait pratiquement jamais goûtée, l'enivraient comme le vin nouveau monte à la tête d'un abstinent.

Les idées sont des choses dangereuses et doivent être gardées derrière un pare-feu, de peur que les enfants, dont ce monde est en grande partie constitué, ne se brûlent les doigts en pensant que ces jouets brillants et étincelants sont destinés à être joués. Mme Ames, malgré sa méconnaissance d'eux, n'a pas commis cette erreur. Elle réalisa que si elle voulait se réchauffer, pour ressentir la lueur du feu dans ses membres à l'étroit et gelés, elle devait le traiter avec respect et apprendre à le gérer. C'était en tout cas son intention, et elle avait une certaine capacité de minutie.

C'est dans la dernière semaine d'août que le major Ames était attendu de retour, après trois semaines de traitement. Au début, comme le reflétaient ses lettres, ses expériences avaient été horribles ; les eaux lui donnaient la nausée, et l'échec irritant du plan qui était la véritable raison de son départ pour Harrogate, lui causait des accès de faible rage qui étaient d'autant plus exaspérants qu'il fallait les supporter en secret et en silence. De plus, le logement qu'il s'était procuré lui semblait inutilement cher, et tout cet afflux de lingots était consacré à des traitements dont le Dr Evans lui avait dit qu'ils étaient en réalité tout à fait inutiles. Des lettres régulières et pétillantes de sa femme, faisant l'éloge du mois d'août passé à Riseborough, continuaient d'arriver et le remplissaient d'une envie impuissante. Lui aussi aurait pu passer le mois d'août à Riseborough s'il n'avait pas été aussi précipité. En fait, ses matinées étaient consacrées à absorber d'horribles courants d'air et à mijoter doucement dans les eaux fétides de la source de Starbeck : ses repas étaient simples jusqu'au grotesque, ses soirées étaient consacrées à de stupides jeux de patience, tandis qu'Elsie et le docteur se penchaient silencieusement sur leur échiquier, se disant « Check » à intervalles réguliers. Mais au fil des jours et de leur fastidieuse uniformité, il y avait une certaine inquiétude et un certain désir. Il était clair que Millie, tout comme lui, avait prévu qu'ils seraient ensemble en août, mais son désir ne l'absorbait pas, mais le rendait plutôt agité et anxieux pour l'avenir. Il ne savait même pas s'il était amoureux d'elle ; il ne savait même pas s'il voulait l'être. La pensée d'elle éveillait son imagination et il se voyait amoureux d'elle ; en même temps, il n'était pas certain que, si les deux derniers mois pouvaient être revécus, il se laisserait dériver dans la position où il est maintenant. Il s'est trouvé. Il n'y avait ni ardeur ni rien d'impératif dans son cœur ; quelque chose, il est vrai, était chauffé, mais cela couvait et fumait seulement. C'était de la nature d'un incendie qui éclate dans des meules de foin : il était né de l'étouffement et d'un confinement serré, et était aussi différent que deux choses de même nature peuvent l'être, de la flambée rapide et de la flamme louable du soleil et de la brise. -flamme alimentée. Cela l'inquiétait et le bouleversait ; il ne pouvait sobrement croire aux images que son imagination dessinait de son irrésistible amour pour elle : leurs couleurs s'estompaient rapidement, leurs contours étaient vacillants et incertains. Et le fond était encore plus difficile à combler... comment organiser la composition ? Où en serait Amy ? Quel aspect porterait Riseborough ? Et puis, après un long silence, Elsie a dit : « Vérifiez ».

Le major Ames devait arriver à Riseborough peu après quatre heures de l'après-midi, et Mme Ames avait du mal à être chez elle à cette heure-là pour l'accueillir et lui donner du thé, et avait persuadé Harry de monter à la gare pour le rencontrer. . Elle avait rassemblé une charmante décoration de fleurs pour éclairer la pièce et en avait déposé quelques vases supplémentaires dans son dressing. Peu de temps après, un taxi arriva de la gare avec ses bagages, mais ni lui ni Harry ne l'occupèrent. Il était donc naturel de conclure qu'ils descendaient à pied, et elle prépara du thé, puisqu'ils ne resteraient pas longtemps derrière le tranquille quatre-roues. Elle voulait tout particulièrement lui offrir un retour propice et confortable : il ne fallait pas qu'il pense que, parce que ce mouvement des suffragettes occupait tant ses pensées, elle allait se négliger dans ses soins. Mais les minutes passaient toujours, et elle prit elle-même une tasse de thé et la trouva déjà de plus en plus astringente. Elle ne pouvait pas deviner ce qui avait pu le retenir, mais il aurait certainement dû se faire préparer une autre infusion de thé, car il détestait ce qu'il appelait dans les moments d'irritation une teinture de tanin. Cinq heures sonnèrent, et les deux quarts qui suivirent. Avant cela, une conjecture s'était formée dans son esprit.

Puis vint le cliquetis de son chapeau et de son bâton déposés dans le hall, et le cliquetis de la poignée de porte pour son entrée.

"Eh bien, Amy," dit-il, "et voici ton fils prodigue de retour. Entraînez-vous tard comme d'habitude et je suis descendu. Comment vas-tu?"

Elle se leva et l'embrassa.

« Très bien, Lyndhurst, dit-elle ; "et il n'est pas nécessaire de vous demander comment vous allez."

Elle s'arrêta un moment.

"Vos bagages sont arrivés il y a près d'une heure", dit-elle.

Il avait oublié ce détail.

"Il y a une heure? Sûrement pas », a-t-il déclaré.

Elle lui accorda encore une pause pendant laquelle il pourrait en dire davantage, mais rien ne vint.

"Vous avez pris le thé, je suppose", dit-elle.

"Oui; Evans a insisté pour que je passe chez lui et que j'y prenne une tasse. Ce voyou sur lequel Harry s'est arrêté. Eh bien, eh bien : nous avons tous été jeunes autrefois ! Vous vous souvenez de la vieille histoire que je vous ai racontée sur la femme du colonel quand j'étais petit.

Elle s'en souvenait parfaitement. Elle était sûre aussi qu'il n'avait pas eu l'intention de lui dire où il se trouvait depuis son arrivée à la gare.

CHAPITRE X

LE début d'octobre, et le Dr Evans, qui conduisait son épi rapide et régulier, attelé à la légère charrette à chiens, le long de la route plate en direction de Norton, eut le loisir d'observer la beauté de la saison des flammes. Il n'avait que quelques visites à effectuer, et aucun des deux cas ne lui causait d'inquiétude professionnelle. Mais ce fut avec un effort conscient qu'il ordonna à son esprit obéissant de cesser de s'inquiéter et de s'abreuver de l'influence bienfaisante de cette matinée géniale qui suivait une nuit qui leur avait donné les premières gelées de l'année. La route, après avoir quitté Riseborough, traversait quelques kilomètres de forêts délicieuses ; des fossés remplis et obstrués par l'herbe adulte et les herbes de l'été le bordaient de chaque côté. A gauche, le soleil avait transformé les rosées nocturnes gelées en un héraldique liquide, à droite où les feuillages des bords de route étaient encore dans l'ombre, les joyaux facettés du givre qui annonçait l'hiver à venir raidissaient encore l'herbe et étaient blancs. sur les barbes grises des clématites tentaculaires dans les haies. Mais au-dessus de ces enchevêtrements de végétation basse, une grande gloire flamboyait, et la grande forêt de hêtres était toute embrasée de flammes orange et rouges tremblantes dans la brise. Çà et là, un if au tronc fauve, au velours vert et aux feuilles incaduques, ressemblait à une tache noire de combustible non consommé dans le feu de l'automne ; ici, une compagnie de chênes robustes ressemblait à un groupe de jeunes hommes aux épaules carrées au milieu des jeunes filles de la forêt. Elle avait aussi ses fées, les bouleaux sylphes, dont les petites feuilles semblaient se répandre sur leur blancheur comme une pluie de confettis. Puis, dans les clairières les plus ouvertes, le gazon court et tondu par les lapins scintillait comme une émeraude au milieu des gris et des bruns sobres de la bruyère flétrie et des bois roux des fougères. De temps en temps, un lapin à peau blanche, signalant un danger à sa famille, se précipitait pour se mettre à l'abri au bruit de la charrette à chiens qui approchait. De temps en temps, un faisan, dont le plumage semblait reproduire dans le métal les teintes dorées de l'automne, s'éloignait, la tête et la queue baissées, du voisinage dangereux de l'homme. Au-dessous des hêtres, le sol n'était recouvert d'aucune végétation, mais déjà les « gloires tombées » de la feuille commençaient à s'y trouver, et de temps en temps un écureuil courait en bruissant sur elles et, ayant gagné la sécurité de ses voies élevées parmi les arbres, les grondait. Puck-like à l'interruption qui l'avait fait quitter son petit-déjeuner aux faines éclatées. À droite, au-dessous de la route à haute pente, le terrain descendait brusquement et laissait entrevoir la mer lointaine brunie par le soleil ; au-dessus, de petits groupes de nuages plumeux, rassemblés comme s'ils migraient pour l'hiver, flottaient sur l'azur estival du ciel.

L'œil alerte et joyeux du Dr Evans s'attardait sur ces choses délicieuses et, obéissant à son cerveau, notait et appréciait les multiples festivités du matin, mais il ne le faisait pas comme d'habitude, par instinct et par impulsions avides, mais parce qu'il a consciemment demandé il. Il lui fallait un aiguillon ; sa vigilance et sa gaieté étaient pressées sur lui, et peu à peu l'éperon ne parvenait pas à le stimuler, et il se mit à contempler les quartiers bien soignés de son épi aux longs pas, qui lui offraient habituellement une contemplation si agréable d'une musculature forte et harmonieuse. . Mais ce matin même, ils ne parvinrent pas à l'enchanter, et le rythme de son trot ferme ne faisait aucune musique dans son esprit. Il y eut un pli qui se transforma en un froncement de sourcils décidé entre ses yeux, et il communia avec le trouble dans son esprit.

Il y avait divers soucis de moindre importance, pas suffisamment importants pour perturber sérieusement l'équanimité d'un homme occupé et bien équilibré, et bien que chacun soit assez insignifiant en soi et ait clairement un côté humoristique pour un esprit par ailleurs content, leur effet cumulatif ce n'était pas amusant. En premier lieu, il y avait l'affaire de Harry Ames, qui, d'une manière assez ridicule et grossière, avait fait l'amour avec sa femme. Comme tout autre homme sensé l'aurait fait, Wilfred Evans avait vu presque immédiatement à son retour à Riseborough qu'Harry était disposé à se rendre ridicule, et il avait adressé un mot d'avertissement aimable à sa femme.

« Snobez-le un peu, petite femme », avait-il dit. « Nous en avons un peu trop de lui. C'est aussi plus juste pour le garçon. Tu es trop gentil avec lui. Une femme comme toi fait si facilement tourner la tête d'un garçon. Et vous avez souvent dit que c'était un garçon plutôt redoutable.

Mais pour une raison quelconque, elle prit mal les mots, devenant plutôt précis.

«Je ne sais pas ce que tu veux dire», dit-elle. "Voulez-vous expliquer, s'il vous plaît?"

« Assez facile, ma chère. Il est trop souvent là ; il se balance après toi. Riez un peu de lui ou bâillez un peu.

"Tu veux dire qu'il est amoureux de moi?"

"Eh bien, c'est un mot trop gros, petite femme, même si je suis sûr que tu vois ce que je veux dire."

"Je pense que je peux. Je pense que votre suggestion est plutôt grossière, Wilfred, et assez mal fondée. Est-ce que tous ceux qui sont polis et attentifs sont censés être amoureux de moi ? Je demande seulement des informations.

"Je pense que votre bon sens vous fournira toutes les informations nécessaires", a-t-il déclaré.

Mais son bon sens n'avait apparemment rien fait de tel, et finalement le Dr Evans en avait parlé au père de Harry. Les visites avaient cessé après cela avec une étonnante brusquerie, et le Dr Evans s'était retrouvé confronté à un regard vide de méconnaissance lorsqu'il croisait Harry dans la rue, et à un pincement des lèvres qui, selon lui, avait dû être pratiqué en privé. Mais le Club Omar Khayyam serait gagnant, car il lui devait ces strophes frappées et aigries appelées « Parted ».

Ici, la comédie frôlait la farce, mais la farce ne l'amusait pas. Il savait que sa propre interprétation de la présence assidue d'Harry était correcte, alors pourquoi sa femme aurait-elle dû nier si précisément que ces attentions absurdes ne signifiaient rien ? Il n'y avait rien de mal à l'avertissement sensé selon lequel un homme était grandement attiré par elle. Il n'y avait pas non plus de justification à l'horreur et à la consternation du colonel Ames face à cette suggestion, lorsque le médecin lui en parla. « Infâme jeune libertin » était sûrement une expression hyperbolique.

Le Dr Evans a inconsciemment donné un coup de fouet assez brusque à l'épi, à la grande surprise de cet excellent animal, car il parcourait ses kilomètres en cinq minutes chacun, et le médecin a présenté ses excuses pour son allusion involontaire par une remarque apaisante. Puis ses pensées revinrent à nouveau. Ce n'était pas là le seul problème avec la famille Ames, car sa femme s'était disputée avec Mme Ames. Cet homme bon détestait se quereller avec qui que ce soit et, pour sa part, s'y refusait avec succès, et que sa femme se retrouve dans une telle situation le désolait également. Il ne fait aucun doute que ce n'était qu'une tempête dans une tasse de thé, mais si vous vivez aussi dans une tasse de thé, une tempête là-bas est tout aussi bouleversante qu'un coup de vent en haute mer. C'est bien pire, car en haute mer, un navire peut se heurter à un temps plus clément, mais il n'y a pas d'échappatoire à ces perturbations de tasse de thé. La tasse de thé entière était impliquée : tout Riseborough, qui, il y a un an, lui avait semblé un endroit si approprié pour poursuivre une pratique peu exigeante, pour mener un travail original et doux, dans la paix et la tranquillité d'une petite société et du confort domestique, était devenu une tempête de vents contraires. « Et tout cela vient d'un tas d'absurdités », pensa le médecin avec impatience, essayant tout juste d'empêcher le coup de fouet de retomber sur l'épi industrieux.

L'intérêt de Mme Ames pour le mouvement des suffragettes avait donné naissance à tout cela. Elle avait annoncé qu'une réunion de salon aurait lieu dans sa maison, il y a maintenant quinze jours, et la réunion de salon avait explosé à mi-carrière, comme un pétard, dispersant des étincelles et des matières combustibles dans tout Riseborough. Il apparut que Mme Ames, constatant que la compréhension des objectifs des Suffragettes s'étendait aux cercles bourgeois de Riseborough, avait demandé aux épouses et filles de commerçants d'y participer. Il fallut peu de temps après pour que Mme

Altham remarque de manière tout à fait audible qu'elle ne savait pas qu'elle aurait le privilège de rencontrer tant de dames qu'elle ne connaissait pas auparavant, et l'intention sarcastique de ses paroles n'a pas échappé à l'attention. ses nouveaux amis. Le thé ne semblait qu'augmenter l'inflammation initiale, et l'intérêt que Mme Ames avait eu l'intention d'éveiller au sujet du vote des femmes se transforma en un intérêt à déterminer qui serait le plus offensant et poli, un très joli jeu. Il n'est pas étonnant qu'avant vingt-quatre heures, Mme Altham ait lancé une ligue anti-suffragette et que Millie, toujours forte de la conviction qu'elle ne pouvait en aucun cas aller en prison, s'était laissée aller à la prison. être entraîné dedans. Le lendemain soir, au dîner, elle fit doucement une terrible annonce.

«Je viens de croiser ma cousine Amy dans la rue», dit-elle; "elle ne semblait pas me voir."

"Peut-être qu'elle ne t'a pas vue, petite femme", dit son mari.

"Donc je n'ai pas semblé la voir", a ajouté Millie, qui n'avait pas fini sa phrase. "Mais si elle veut venir me voir et m'expliquer, je me comporterai avec elle comme d'habitude."

« Viens, viens, petite femme ! » dit le Dr Evans dans un esprit conciliant.

« Et je ne vois pas à quoi ça sert de dire 'Viens, viens' » , a-t-elle dit avec une grande précision.

Tout cela suffisait pour causer une inquiétude très sensible à un homme qui attachait une si juste importance à des conditions de vie paisibles et harmonieuses, et pourtant ce n'était qu'une petite chose comparée à une anxiété bien plus profonde qui le couvait. Jusqu'à présent, il ne s'était pas laissé contempler directement, mais aujourd'hui, au retour de ses deux visites, il s'est mis en face de ce dernier trouble secret. Il sentait qu'il lui était nécessaire de vérifier, pour le bien des autres tout autant que lui-même, quelle partie, le cas échéant, de son inquiétude était fondée sur la certitude, quelle partie, le cas échéant, pourrait être le produit d'une imagination trop inquiète. . Mais il savait qu'il n'était pas anxieux par tempérament, ni enclin à imaginer des ennuis. Au contraire, il était plus enclin, dans son désir d'une vie agréable et studieuse, à fermer les yeux sur l'approche apparente de la tempête, espérant qu'elle passerait. Il était inquiet pour Millie, non sans raison ; une centaine de symptômes justifiaient son inquiétude. Elle qui, depuis si longtemps, était d'une sérénité si imperturbable qu'un homme qui ne sentait pas son charme eût pu la traiter de méduse, était la proie de cinquante humeurs par jour. Elle avait à son égard d'étranges petits accès de tendresse, avec des accès de colère tout aussi étranges. Elle était agitée et remplie d'une énergie qui flamboyait, vacillait et disparaissait, la laissant indolente et inerte. Elle s'installait pour une matinée d'écriture de lettres, et après avoir déchiré quelques notes, enfilait ses gants de jardinage et se rendait jusqu'au lit d'herbes. Alors elle trouvait une raison impérieuse pour aller en ville et s'asseyait ainsi à son piano pour s'entraîner. Son appétit, habituellement d'ordre constant et fiable, lui faisait défaut, et elle passait des nuits brisées et agitées. Si elle avait été une fille, il aurait dit que ces symptômes allaient tous dans le même sens ; et il n'aurait probablement pas été difficile de deviner qui était le jeune homme en question. Pourtant, il pouvait difficilement accepter la conclusion appliquée à sa femme. C'était une chose hideuse qu'un mari nourrisse de tels soupçons, et encore plus hideuse que le mari soit lui-même. Et peut-être le plus hideux de tout, qu'il puisse deviner − là encore sans difficulté − qui était l'homme en question.

Il n'avait aucune idée de ce qu'il devait faire ou s'il devait ne rien faire ; il semblait que l'action comme l'inaction pouvaient aboutir à un désastre. Et, encore une fois, toute son explication des symptômes de Millie pourrait être erronée. Il pourrait y avoir d'autres explications − en fait, il y en avait d'autres possibles. Quant à cela, le temps nous le montrera ; à l'heure actuelle, la meilleure solution, peut-être la seule bonne, était d'être vigilant, sans toutefois se méfier, sans être observateur ni indiscret. Plutôt que de fouiller ou de se méfier, il irait voir Millie elle-même et lui dirait sans réserve tout ce qu'il avait en tête. Il savait bien ce qu'aurait été l'attitude héroïque, l'attitude de l'Anglais viril et impétueux, chère au mélodrame. Il lui était très facile de « taxer » le major Ames de bassesse, de grincer des dents contre sa femme, puis de fondre en larmes viriles, dont chaque sanglot semblait le déchirer. Mais pour sa nature calme et sensée, il semblait difficile de voir ce qui était censé se passer ensuite. Dans le mélodrame, le rideau s'est baissé et vous avez commencé dix ans plus tard dans le Queensland avec des natures régénérées diffusées à grande échelle. Mais dans la vraie vie, il était impossible de recommencer dix ans plus tard, ou dix minutes plus tard. Il fallait continuer tout le temps. Il aurait volontiers recommencé, en ce divin matin d'octobre, indéfiniment plus tard. La difficulté était de savoir comment continuer maintenant.

Ses affaires ne l'avaient pas retenu longtemps, et il n'était pas encore longtemps après midi que l'épi, toujours content et alerte du mouvement, mais les flancs fumants, s'arrêta à sa porte. La fraîcheur claire de la matinée était complètement passée, et l'air dans le bassin ou dans la tasse de thé d'une ville était calme et étouffant. Il y avait un chapeau familier sur la table dans le hall, et un bouquet de chrysanthèmes fauves à longues tiges gisait à côté. Et à cette vue, quelque écho lointain d'un homme barbare et simple, déplorable pour la douceur de la civilisation et tout à fait obsolète, résonna en lui. Il jeta les chrysanthèmes dans la rue, où ils volèrent comme une étoile filante près de la tête du général Fortescue, qui descendait en chancelant vers le club, et claqua la porte. C'était assez mélodramatique et assez insensé, mais le désir qui l'avait motivé était tout à fait sincère et irrésistible, et si à ce moment le major Ames s'était trouvé dans cette salle fraîche lambrissée de chêne, il ne fait aucun doute que le Dr Evans aurait fait de son mieux pour lancez-le après ses fleurs.

Le docteur se donna un moment pour se remettre de sa violence superficielle, puis sortit dans le jardin. Ils étaient assis ensemble sur le banc sous le mûrier, et le major Ames se leva avec sa vivacité habituelle à son approche. D'une manière ou d'une autre, le Dr Evans avait l'impression d'être accueilli et mis à l'aise.

«Bonjour», dit le major Ames. « Magnifique journée, n'est-ce pas ? Je suis juste arrivé avec une poignée de fleurs, et nous avons eu une petite conversation, une petite conversation.

"La cousine Lyndhurst est venue très gentiment pour parler de toutes ces petites perturbations", a déclaré Millie.

Elle le regarda.

"Dois-je expliquer?" elle a demandé.

Le Dr Evans prit le siège laissé vacant par le major Ames, le laissant libre de s'asseoir sur une chaise de jardin en face ou de se lever, à sa guise.

«C'est comme ça, Wilfred», dit-elle. « La cousine Amy n'aimait pas que je rejoigne la ligue anti-suffragette que Mme Altham avait lancée, et j'ai dit à Lyndhurst que je m'en fichais d'une manière ou d'une autre, sauf que je ne pouvais pas aller en prison pour plaire à ma cousine Amy ou à ma cousine. quelqu'un d'autre. Mais cela ressemblait à prendre parti, pensa-t-elle. Lyndhurst a donc pensé que tout serait plus facile si je ne rejoignais aucune ligue. Je pense que c'est très intelligent et plein de tact de sa part de penser à cela, et je dirai certainement à Mme Altham que je trouve que je suis trop occupé. Bien sûr, il n'y a pas de querelle entre ma cousine Amy et moi, et Lyndhurst veut nous assurer qu'il n'y est pas mêlé, bien qu'il n'y en ait pas — et, bien sûr, si ma cousine Amy ne m'a pas vu, l'autre jour, quand je pensais qu'elle faisait semblant de ne pas le faire, ça fait une différence.

Millie s'est livrée à ces déclarations lucides avec son air déférent habituel.

"Je pense que c'est très gentil de la part de mon cousin Lyndhurst de prendre autant de peine", a-t-elle ajouté. "Il s'arrête pour déjeuner."

Le major Ames fit un petit geste noble qui rejeta tout crédit.

« Ce n'est rien, rien du tout », dit-il avec raison. « Mais je suis sûr que vous détestez les petits pots domestiques autant que moi. Comme Amy l'a dit un jour, ma profession était d'être un homme de guerre, mais mon instinct était d'être un homme de paix. Ha! Ha! Je suis seulement ravi que mon petit rameau d'olivier ait… ait rencontré du succès », ajouta-t-il plutôt faiblement, incapable de penser à une quelconque métaphore botanique.

Le docteur s'est levé. Il est à craindre que, dans son état d'esprit actuel, il n'ait ressenti la moindre admiration ou gratitude pour l'œuvre de Lyndhurst le pacificateur, mais n'y ait vu qu'un désir purement personnel d'assurer un *va et vient ininterrompu* entre les deux chambres. .

« Je suis sûr que je n'ai pas la moindre intention de me disputer avec qui que ce soit », a-t-il déclaré. «Cela me semble être la perte de temps et d'énergie la plus déplorable, en plus d'être très inconfortable. Allons déjeuner, Millie ; Je dois repartir à deux heures.

Millie a écrit une petite note aimable et peu sincère à Mme Altham, que le major Ames s'est engagé à lui remettre sur le chemin du retour, expliquant comment, depuis qu'Elsie était partie à Dresde pour se perfectionner en langue allemande, elle était devenue si occupée qu'elle ne l'avait pas fait. Je ne sais pas vers qui me tourner, en plus Elsie me manque beaucoup. Elle sentait donc que, puisqu'elle ne pourrait pas consacrer autant de temps qu'elle le souhaiterait à ce très intéressant mouvement anti-suffragette, il valait mieux ne pas lui en consacrer du tout. Elle écrivit cela immédiatement après que son mari soit sorti de nouveau et l'apporta au major Ames, qui l'attendait. Lui aussi avait dit qu'il devrait partir immédiatement. Elle lui a donné le message.

« Le voilà, dit-elle ; « et merci beaucoup de l'avoir quitté. Mais vous ne partez pas tout de suite, n'est-ce pas ?

"Est-ce que je ne te garde pas à l'intérieur?" Il a demandé.

Elle baissa les stores de dentelle de la fenêtre qui donnait sur la rue ; le soleil d'octobre, il est vrai, frappait assez chaudement dans la pièce, mais l'instinct qui dictait son action était plutôt un désir d'intimité.

« Comme si je ne préférais pas m'asseoir et te parler, dit-elle, plutôt que de sortir. Je n'ai personne avec qui sortir. Je suis plutôt seul depuis qu'Elsie est partie, et j'ose dire que je ne reverrai Wilfred qu'à l'heure du dîner. C'est plutôt amusant que je vienne d'écrire à Mme Altham pour lui dire à quel point je suis occupé.

Il vint s'asseoir un peu plus près d'elle.

« Ma parole, dit-il, je suis dans le même bateau que vous. Je n'ai pas vu Amy de toute la matinée et cet après-midi, je sais qu'elle a quelques rendez-vous. C'est extraordinaire à quel point cette idée du vote des femmes s'est emparée d'elle. Mais ce n'est pas une mauvaise chose, tant qu'elle ne se ridiculise pas en public et qu'elle n'a plus de querelles avec vous.

« Qu'auriez-vous fait si elle avait vraiment voulu me disputer à propos de la ligue de Mme Altham ? » elle a demandé.

« Exactement ce que je lui ai dit. J'ai dit que je ne serais pas partenaire et que tant que vous me recevriez ici *en garçon*, je viendrais toujours.

"C'était cher de ta part," dit-elle doucement.

Elle s'arrêta un instant.

« Parfois, je pense que nous avons fait une erreur en venant nous installer ici », dit-elle ; mais vous savez combien Wilfred est obstiné et combien j'ai peu d'influence sur lui. Mais là encore, je pense à notre amitié. Je n'ai pas eu beaucoup d'amis. Je pense que je suis peut-être trop timide et timide avec les gens. Quand je les aime beaucoup, j'ai du mal à m'exprimer. C'est plutôt triste de ne pas pouvoir montrer franchement ce qu'on ressent. Cela vous empêche d'être compris par les personnes que vous souhaitez le plus comprendre.

Mais derrière cette profession d'incompétence, il semblait au major Ames que se cachait une force très efficace. Il se sentait peu à peu maîtrisé par une force supérieure, une force qui ne frappait pas, ne paralysait pas et ne dominait pas, mais restreignait et paralysait le pouvoir de son adversaire, l'enveloppant, s'accrochant à lui. Il y avait encore quelque chose en lui, une part de sa volonté qui lui était hostile et opposée : c'était justement cela qu'elle attaquait. Et en alliance avec cette force paralysante se trouvaient son attirance et son charme – doux, souples, féminins ; les deux avançaient côte à côte, terribles jumeaux.

Il ne répondit pas un instant, et il lui vint à l'esprit que cette pièce fraîche, protégée des reflets de la rue par les rideaux de dentelle et imprégnée de la lueur verdâtre du soleil réfléchi par la pelouse extérieure, était comme un piège. .. Elle eut un petit rire.

«Voyez à quel point je m'exprime mal», dit-elle. « Vous êtes perplexe, fronçant les sourcils. Ne froncez pas les sourcils, vous êtes plus belle lorsque vous riez. J'en ai tellement marre des visages renfrognés. Wilfred fronce souvent les sourcils à l'heure du dîner lorsqu'il pense à quelque chose en rapport avec les microbes. Et il désapprouve ses échecs, quand il n'arrive pas à décider s'il doit échanger des fous. Nous jouons aux échecs tous les soirs.

Instinctivement, elle s'était un peu reculée lorsqu'elle avait vu qu'il ne s'avançait pas à sa rencontre, et elle parlait comme si les échecs et le pathétique de son mutisme pour exprimer son amitié étaient des choses d'égale importance. Il n'y avait là aucun calcul : c'était l'expression d'un seul type, l'éternel féminin attiré et voulant attirer. Sa descendance vers ces lieux communs lui rendit confiance ; la chambre n'était plus un piège, mais l'agréable salon qu'il connaissait si bien, avec sa charmante maîtresse assise à côté de lui. Il était presque inévitable qu'il contrastât ses peluches chaudes et ses coussins de sacoche, ses chaises angulaires et ses tapis Axminster avec les chintz frais ici, les fenêtres enveloppées de dentelle, les tapis persans. Plus marqué était le contraste entre les maîtresses des deux maisons. Amy avait beaucoup écrit à son Davenport ces derniers temps, et son dos court et raide était l'image d'elle actuelle. Voilà une femme, plongée dans la pénombre, qui avait envie de lui parler, de lui faire de timides confidences, de lui faire comprendre à quel point son amitié comptait pour elle. Sa confiance revint avec une complétude désarmante.

« Eh bien, je suis sûr que je trouverais la maison assez triste, dit-il, si je n'avais pas un endroit où aller, sachant que je devrais trouver un accueil. Attention, je ne blâme pas Amy. Depuis des années maintenant, quand nous sommes seuls le soir, elle fait son travail, et je lis le journal, et j'ose dire que nous n'avons pas dit une douzaine de mots jusqu'à ce que Parker apporte les bougies de la chambre, ou parfois nous jouons. piquet – par amour. Mais maintenant les soirées ainsi passées me paraissent bien prosaïques et lugubres. C'est peut-être Harrogate qui m'a rendu un peu plus souple et plus jeune, même si je suis sûr que c'est assez ridicule pour qu'un vieux militant coriace comme moi ressente de telles choses… »

Mme Evans avança le menton, levant son visage vers lui.

"Mais pourquoi ridicule?" elle a demandé. «Tu dois être tellement plus jeune que ma chère cousine Amy. Je me demande… je me demande si elle ressent cela aussi ?

Il y a eu là une suggestion très diabolique, d'autant plus que, proportionnellement à la suggestion, très peu de choses ont été dites. Cela a admirablement réussi.

"Pauvre chère Amy!" a-t-il dit.

Il avait dit cela une fois auparavant, lorsque Cléopâtre-Amy était comparée à Cléopâtre-Millie. Mais il y avait une signification à sa répétition. Autrefois, l'identité supposée du personnage avait suggéré le commentaire, désormais il n'y avait plus de personnage supposé. Cela concernait Millie et Amy elles-mêmes.

Mme Evans remit son menton.

"Je suis sûre que la cousine Amy devrait être très heureuse", dit-elle doucement. «Vous êtes tellement dévoué à elle, et tout. Je pense presque que tu la gâtes, Lyndhurst. Tout cela est tellement romantique. Imaginez-vous être une femme, aussi vieille que ma cousine Amy, et avoir pourtant un jeune homme aussi dévoué. Harry aussi !

Une fois de plus, un flot de confiance teinté d'estime de soi envahit le major Ames. Après tout, sa femme était beaucoup plus âgée que lui, car il était encore un jeune homme, et sa jeunesse s'agrandissait grâce aux pois de senteur et au rouleau de jardin. Et il fut plongé dans un grand envol de conjectures philosophiques.

« Mon Dieu, quelle vie de casse-tête ! » il a observé.

Elle a atteint cette ligne des hautes eaux.

"Et cela pourrait être si simple", a-t-elle déclaré. "Cela devrait être si facile d'être heureux."

Le major Ames sut alors où il se trouvait. Dans un sens, il était digne de cette occasion, dans un autre, il ne se sentait pas à la hauteur de tout ce que cela impliquait. Il se leva précipitamment.

«Je ferais mieux d'y aller», dit-il d'une voix plutôt rauque.

Mais il avait fumé cinq cigarettes depuis le déjeuner. L'enrouement aurait facilement pu être le résultat de cette indulgence.

Elle n'essaya pas de le garder et ne lui imposa pas non plus de lui donner un baiser, même cousin. Elle ne se leva même pas, mais se contenta de le regarder de sa chaise basse en lui tendant la main, en souriant un peu secrètement, comme sourit Monna Lisa. Mais elle se sentait très satisfaite de leur conversation ; il y réfléchirait et y trouverait de nouveaux signaux et des appels privés.

«Viens me voir», dit-elle. Il y avait une touche d'impératif dans son ton.

Elle regarda à travers le rideau de dentelle et le vit sortir dans la rue. Il y avait quelque chose dans le caniveau de la chaussée qu'il enquêta du bout de son bâton. Cela ressemblait à un bouquet de chrysanthèmes flétris et poussiéreux.

Mme Ames, entre-temps, avait déjeuné à la maison et était partie immédiatement après, comme son mari l'avait conjecturé, pour une réunion. Depuis un mois, le nombre des membres de sa ligue s'était considérablement accru, et il n'était plus possible de convoquer ses réunions dans son propre salon, car elle comptait une cinquantaine de personnes, dont une douzaine d'hommes aux principes éclairés. Même au début, comme on l'a vu, elle avait accueilli (ce qui lui avait valu la désapprobation de Mme Altham) plusieurs dames avec lesquelles elle n'avait pas l'habitude de s'associer, et maintenant la réunion était entièrement indépendante de toutes distinctions de classe.

L'épouse du chef de gare, par exemple, était l'un des membres les plus actifs et se promenait sur le quai avec une grande rosace aux couleurs des Suffragettes vendant des exemplaires actuels du *Clarion* . Et la croissance de Mme Ames n'est pas moins remarquable que cette croissance de la ligue. Elle n'était ni pompeuse ni condescendante envers ces personnes qu'elle aurait considérées, il y a quelques mois, comme n'existant presque pas, sauf s'ils étaient tous à l'église, alors qu'elle aurait très probablement partagé un livre de cantiques avec l'un d'entre eux. , « l'Idée » pour laquelle ils s'étaient rassemblés les galvanisant, bien que strictement temporairement, dans la classe des personnes existantes. Or, l'idée qui les réunissait dans le spacieux entrepôt, aimablement prêté et suffisamment meublé par M. Turner, leur avait donné une existence permanente, et ils n'étaient pas automatiquement effacés de son livre de vie au moment où ces réunions étaient terminées, comme ils auraient été si peu de temps auparavant à l'église, quand le dernier « Amen » a été dit. Les liens de sa conventionnalité stérile et barbare éclataient ; en fait, ce n'était pas tant que d'autres, pas même ceux de « sa classe », devenaient des femmes pour elle, mais plutôt qu'elle devenait elle-même une femme. Elle ne l'était guère jusqu'alors ; elle avait été une parfaite convenance. Et à quel point elle s'était éloignée de sa conception originale du mouvement des suffragettes comme étant propre à fournir une nouveauté pour l'automne qui éclipserait le souvenir du bal shakespearien, on peut le constater par le fait qu'elle n'occupait plus la présidence de ces réunions, mais il était un membre ordinaire. M. Turner avait beaucoup plus d'expérience dans les fonctions de président : elle l'avait elle-même proposé et l'aurait également secondé si une telle démarche avait été nécessaire.

Aujourd'hui, l'assemblée s'est réunie pour discuter du rôle que la ligue devra prendre dans les prochaines élections. Le gouvernement conservateur était actuellement au pouvoir et le resterait probablement, tandis que Riseborough lui-même était un siège assez sûr pour le membre conservateur, qui était Sir James Westbourne. Avant de pouvoir décider de mesures polémiques ou d'obstruction, il était évidemment nécessaire de connaître l'opinion de Sir James au sujet du vote des femmes, et aujourd'hui sa réponse a été reçue et a été lue à l'assemblée. Ce fut aussi insatisfaisant que bref, et leur « obéissant serviteur » n'avait aucune sympathie pour leur cause et refusa donc de promettre un quelconque soutien à leur cause. M. Turner a lu ceci à haute voix et l'a déposé sur son bureau.

« Est-ce que mesdames ou messieurs nous donneront leur avis sur la voie que nous devons adopter ? il a dit.

Une douzaine se levèrent simultanément et se rassit simultanément. Le président a demandé à Mme Brooks de prendre la parole lors de la réunion. Une autre et une autre lui succédèrent, et il y avait une parfaite unanimité dans leurs suggestions. Les réunions de Sir James et ses discours à ses électeurs ne doivent pas pouvoir se dérouler sans interruption. S'il n'avait aucune sympathie pour la cause, celle-ci manifesterait un manque marqué de sympathie à son égard. Par la suite, la ligue s'est constituée en comité des voies et moyens. Le président du Board of Trade venait appuyer la candidature de sir James dans une séance dont la date était déjà fixée dans quinze jours, et il fut décidé de faire une démonstration en force. Et à mesure que la discussion avançait et que de véritables plans pratiques étaient élaborés, cette étrange fascination et cette excitation à l'idée de crier et d'interrompre une réunion publique, de devenir pour la première fois quelque chose d'important, commencèrent à bouillonner et à fermenter. La plupart des membres étaient des femmes, dont la vie s'était déroulée dans une auto-répression continue, qui avaient été gelées par la glace narcotique d'une existence complètement conventionnelle et monotone. Beaucoup d'entre eux étaient célibataires et déjà d'âge moyen ; leurs instincts humains naturels n'avaient jamais connu l'épanouissement et le miel qu'aurait apporté l'épanouissement de leur nature. À l'empressement et à la sincérité avec lesquels elles accueillaient une œuvre qui réclamait justice pour leur sexe, s'ajoutait cette excitation de faire enfin quelque chose. Il y avait une opportunité d'expansion, de sortir, sous l'impulsion d'une idée, vers une expérience qui était réelle. En quelque sorte, cela ressemblait aux martyrs qui se réjouissaient et chantaient lorsque la perspective d'une poursuite judiciaire approchait ; de même que les martyrs, au nom de leur foi, pensaient presque avec joie au châtiment et à l'incendie, de même, minutieusement, la perspective même d'un inconfort et d'une manipulation brutale semblait attrayante, si, par de tels moyens, la cause était infiniment avancée. A cela, un désir sincère et tout à fait louable, s'ajoutait un élan plus personnel. Ils feraient quelque chose, au lieu de souffrir de l'ennui de la passivité, et agiraient au lieu d'être agi. Car ce n'est qu'à travers des siècles de coutumes que la femme, physiquement faible et susceptible d'être renversée, est devenue la servante de l'autre sexe. Elle est plus féroce de cœur, plus courageuse, plus dédaigneuse des conséquences que lui ; ce n'est que l'infériorité musculaire de la force qui l'a soumise à la place qu'elle occupe, à celle-là et aux périodes où, pour la continuation de la course, elle doit se soumettre à des mois de tendre et forte inaction. Là, elle trouve le fruit de sa nature, et là s'éveille en elle une douce indulgence pour l'étrange et enfantin désir d'être maître, de faire étalage, en élaborant des lois et des conventions, de son pouvoir fortuit, du semblant de souveraineté revendiqué par homme. Au fond, elle sait qu'il n'a fait que mettre une couronne de guirlandes sur sa tête et s'est vêtu de paillettes qui ne font que parodier l'or véritable. Elle pose une main de femme sur la tête de son enfant et, pour lui faire plaisir, elle lui dit : « Comme tu es sage, comme tu es fort, comme tu es intelligent. » Et l'enfant est content et l'aime pour cela. Et là est sa faiblesse, car la chose la plus dominante dans sa nature est le besoin d'être aimée. Depuis le début, il devait en être ainsi.

Lorsque la côte d'Adam lui a été retirée pendant son sommeil, il a perdu plus que ce qui lui restait et s'est réveillé pour constater que tout ce qu'il avait de meilleur avait disparu de lui. Il n'était plus qu'un bourdon maladroit : à la côte qui lui avait été arrachée s'accrochaient le courage de la lionne, la sagesse du serpent, la douceur de la colombe, la ruse de l'araignée et le charme mystérieux de la luciole qui danse au crépuscule. Mais à cette côte s'accrochait aussi le désir d'être aimé. Autrement, dans la race humaine, le mâle serait tué chaque année, comme le faux-bourdon de la ruche. Mais l'étrange chose qui poussait de la côte, comme les fleurs d'une charogne enterrée, désirait l'amour. Il y avait sa force et sa faiblesse.

Il désirait l'amour et, dans son désir, il souffrait de toutes les dégradations pour l'obtenir. Et aucune maigreur d'âme n'entrait dans la satisfaction de son désir. Ce n'est que lorsque son désir fut pincé et rationné, ou lorsque, par l'effet d'une loi civilisée, tout fruit du désir lui fut refusé, de sorte que la fleur du sexe se transforma en un seul bourgeon infructueux, que la révolte éclata. De longues générations ont produit le germe, de longues générations l'ont rendu actif. Enfin, il nagea jusqu'à notre vue, sortant des profondeurs sous-marines, faible et violent, conscient de la justice de sa cause et exigeant justice. Mais ce qui a contribué à rendre le désir de justice si attrayant, c'est la violence, l'évasion de l'autorépression que la revendication a permis à beaucoup de personnes qui, toute leur vie, ont été bouchées ou branchées dans un confort dont aucune femme ne se soucie. , ou enfermé dans le célibat et le vide convenable des jours. Il y avait de la justice dans la demande et une excitation hystérique dans la revendication.

Pour d'autres, et il y en avait beaucoup dans cette petite ligue de Riseborough, la perspective de formuler de telles revendications était avant tout effroyable, et pour personne d'autre que pour la pauvre Mme Ames, lorsque le plan de campagne fut discuté, décidé et confié à les membres de la ligue. Il fallait presque plus de courage que l'idée n'était capable d'en inspirer pour affronter, même par anticipation, l'idée de crier « Votes pour les femmes » lorsque le cousin James, de bonne humeur, se leva et dit « Mesdames et messieurs ! Très probablement, comme cela s'était souvent produit lors des candidatures précédentes du cousin James, Lyndhurst souhaiterait que sa femme l'invite, lui et le président de la Chambre de commerce, à dîner avant la réunion, occasion qui justifierait la matérialisation du plus somptueux de tous les événements. les dîners étaient inscrits sur les cartes de menu imprimées, tandis que le xérès était servi avec la soupe, le jarret avec le poisson, et un flux constant de champagne était maintenu ensuite, jusqu'à l'heure du port. Dans ce cas, le cousin James leur demanderait certainement de s'asseoir sur l'estrade, et ils rouleraient richement jusqu'à la mairie dans son automobile, tout flamboyant aux couleurs conservatrices, tandis qu'elle, dans un petit sac, y conduirait subrepticement sa grande suffragette. rosace, et une petite chaîne en acier avec un cadenas. Elle serait probablement assise à côté du maire, qui présenterait les orateurs et évoquerait sans doute « la présence du beau sexe » qui honorait l'estrade. Pendant ce temps, elle devait épingler ses couleurs sur sa robe, s'enchaîner comme Andromède, casser le ressort breveté du cadenas, et quand Sir James se levait... son imagination ne pouvait pas s'attaquer à l'image : elle se détournait maladivement. , refusant de contempler. Et cela à une cousine et à une invitée, qui venait de manger le meilleur sel, pour ainsi dire, de sa table, de celui qui toute sa vie avait été une si parfaite convenance ! Elle se sentait une bouteille bien trop vieille pour un vin aussi nouveau. Assise entourée de compagnons croisés et infectée par la proximité de leur enthousiasme non dilué, ce serait déjà déjà assez difficile, mais qu'elle s'enchaîne, peut-être, au pied même de la table que le cousin James frapperait bientôt dans la ferveur de son Le discours oratoire, alors qu'il annonçait toutes ces platitudes tories auxquelles elle croyait si fermement, et qu'elle devait interrompre si haut et fort, alors qu'elle était assise solitaire dans le désert de ses partisans élégants et posés, était non seulement un exploit impossible mais impensable. Quelles que soient les horreurs que le destin, cet horrible tisserand de cauchemars, pouvait lui réserver, elle sentait qu'il s'agissait là de quelque chose qui transcendait l'imagination. Elle ne pouvait pas s'asseoir sur l'estrade avec Lyndhurst et son cousin James, le maire et Lady Westbourne, et faire ce qu'on attendait d'elle, pour le bien d'une quelconque croisade. Le couvre-feu, pour ainsi dire, devrait sonner ce soir-là.

Elle et Lyndhurst dînaient seuls le soir après cette réunion des « voies et moyens », lui dans cet état d'esprit qu'elle décrivait non sans raison comme « inquiet » quand elle se sentait gentille, et « contrarié » quand elle se sentait autrement. Il était rentré chaud de sa promenade et, étant assis dans sa chambre où il n'y avait pas de feu, lorsque la soirée tombait fraîche, il avait eu un violent lumbago. Il y avait donc clairement deux motifs de plainte contre Amy, et un troisième sujet inquiétant, car il ne faisait aucun doute que c'était son bouquet de chrysanthèmes qu'il avait trouvé sur la route devant la maison du Dr Evans, et avant même le lumbago. avait produit son pessimisme caractéristique, il n'avait pu trouver aucune explication encourageante à ce naufragé floral.

« Je suis sûr que je ne sais pas à quoi m'a servi de passer tout le mois d'août, » dit-il, « dans ce sale trou d'Harrogate, à des dépenses infinies aussi, si je dois être estropié tout l'hiver. . Mais vous m'y avez fortement poussé : autrement, je n'aurais jamais dû penser à y aller.

"Ma chérie, tu n'es infirme que depuis une demi-heure à l'heure actuelle", observa-t-elle. « C'est très ennuyeux, mais si seulement vous preniez un bon bain chaud ce soir et si vous dîniez très léger, j'espère que vous irez beaucoup mieux demain matin. Parker, dis-leur de veiller à ce qu'il y ait beaucoup d'eau chaude dans la chaudière de la cuisine.

« Ce sera la seule chose chaude dans la maison, s'il y en a », dit-il. «Ma chambre était comme une glacière quand je suis arrivée. Positivement, comme une glacière. Assez pour donner à un homme une pneumonie, sans parler d'un lumbago. La soupe froide aussi.

"Ma chérie, tu devrais prendre davantage soin de toi", dit placidement Mme Ames. «Pourquoi n'as-tu pas allumé le feu au lieu d'avoir froid ? Je suis sûr qu'il a été posé.

« Et faites-le brûler à l'heure du dîner, dit-il, quand je n'en ai plus envie.

Il était encore tôt au cours du dîner.

« Allumez le feu dans le salon, Parker », dit Mme Ames. "Qu'il y ait un bon feu quand nous sortirons du dîner."

« Faites-vous rôtir vivant », dit le major Ames, à moitié pour lui-même, mais avec l'intention d'être entendu.

Mais l'esprit de Mme Ames se régalait depuis des semaines de choses qui avaient une existence plus solide que les restrictions déraisonnables de son mari. Depuis que ce nouveau régime était le sien, ses cris et ses grognements n'avaient produit aucun effet : ils l'ennuyaient souvent et la faisaient souvent jouer à la répartie, et il est fort probable qu'il y a quelques mois, elle aurait dit que son bordeaux semblait une très mauvaise boisson. Mais ce soir, elle n'éprouvait pas la moindre envie de répliquer. Elle était vraiment désolée pour son lumbago, mais n'avait aucune envie de porter la guerre dans ses territoires, ni de lui dire que si des gens, transpirant abondamment et goutteux, choisissent de s'asseoir sans se changer et ont froid, ils doivent s'attendre à ce que représailles pour leur imprudence.

« Alors nous ouvrirons la fenêtre, ma chère, dit-elle, si nous constatons que nous frissonnons. Mais je ne pense pas qu'il fera trop chaud. Les soirées sont fraîches en octobre. Avez-vous eu un agréable déjeuner, Lyndhurst ? En effet, je ne sais pas où vous avez déjeuné. J'ai commandé du curry pour toi. Je me suis assis à deux heures moins le quart, car tu n'es pas entré.

Tout cela était si infinitésimal… pourtant c'était le régime mental qui la soutenait depuis des années. Peut-être qu'après le dîner ils joueraient au piquet. Le jardin, la cuisine, depuis des années, hormis des ragots infiniment moins réels, tels étaient les sujets abordés. Il n'avait ressenti aucune joie dans la beauté du jardin, seulement un agréable sentiment de propriété, si une plante rare fleurissait ou s'il y avait plus de roses que d'habitude. Pour elle, elle avait été vaguement contente si Lyndhurst avait pris deux portions d'un plat, et tous deux avaient été vaguement inquiets si Harry citait Swinburne.

«J'ai déjeuné chez les Evans», dit-il. « Au fait, j'ai rencontré votre cousin James Westbourne cet après-midi, alors que j'étais en promenade. Il se montre extraordinairement cordial lorsqu'il y a des affaires à venir qui l'amènent à Riseborough et qu'il souhaite organiser un dîner ou deux. Il ne nous prête que peu d'attention le reste de l'année, et je suis sûr que cela fait quelques années qu'il ne nous a pas envoyé une paire de faisans, et plus que cela depuis qu'il m'a demandé de tirer là-bas. Mais comme je l'ai dit, quand il veut prendre un dîner ou deux à Riseborough, il est tout à fait chaleureux et dit qu'il ne nous voit pas assez. Il ne semble pas se forcer à essayer d'en voir plus, et il y a rarement un week-end où lui et son homme formidable n'ont pas la maison pleine de monde. Je suppose que nous ne sommes pas assez intelligents pour eux, sauf quand cela nous convient de dîner à Riseborough. Alors il n'hésite pas à boire une bouteille de mon champagne.

Mme Ames était impatiente de soutenir son mari.

« Je suis sûre que vous n'avez plus besoin d'ouvrir d'autres bouteilles pour lui, ma chère, » dit-elle. « Si le cousin James veut nous voir, il peut nous le demander à son tour. Et Harriet est un gars formidable, comme tu le dis, avec sa grosse tête de violon.

Le major Ames haussa magnifiquement les épaules.

« Je suis sûr que je ne lui en veux pas pour son dîner, dit-il, et, en fait, je lui ai dit qu'il pouvait venir dîner avec nous avant sa première rencontre. Il est accompagné d'un ministre du Cabinet, et j'ai dit qu'il pouvait l'amener aussi. Tu pourrais organiser une petite fête, c'est dire si je ne suis pas au lit avec ce lumbago infernal. Et le cousin James nous rendra notre hospitalité en nous donnant des places sur l'estrade pour l'entendre piétiner, bégayer et divaguer. Un mauvais orateur infernal. Je n'ai jamais entendu pire. Livraison misérable, rien à dire, et tout est répété cinquante fois. Assez pour qu'un homme devienne radical. Mais il se sera installé chez ma maman et peut-être s'endormira-t-il lui-même avant de nous renvoyer.

Ceci, bien sûr, représentait le point de vue du lumbago. Le major Ames s'était montré tout à fait cordial envers le cousin James et avait lui-même insisté sur le fait que le dîner qu'il représentait maintenant comme lui était imposé.

« Lui avez-vous réellement demandé, Lyndhurst ? dit Mme Ames plutôt faiblement. "A-t-il dit qu'il viendrait?"

"Saviez-vous déjà que votre cousin James refuse un dîner décent?" » demanda Lyndhurst. « Et il a eu la gentillesse de dire qu'il aimerait que ce soit à sept heures et quart. Cool, ma foi ! J'aurais aimé lui demander s'il aurait une soupe épaisse ou claire, et s'il préférait une aile à une cuisse. C'est le genre de choses auxquelles on ne pense qu'après.

Mme Ames n'y prêtait pas attention : il y avait quelque chose sous la surface qui occupait tout son esprit. Par conséquent, l'âpreté de cette ironie lui manquait, n'entendant que les mots.

"Le cousin James ne prend jamais de soupe du tout", a-t-elle déclaré. "Il m'a dit que c'était toujours en désaccord."

Le major Ames soupira ; son lumbago était moins aigu, sa mauvaise humeur avait trouvé un soulagement dans les mots et il avait découvert depuis longtemps que les femmes n'avaient aucun sens de l'humour. Dans l'ensemble, il était gratifiant de constater que cette vérité était si largement reconnue. Pour le moment, cela le mettait d'assez bonne humeur.

« J'ai bien peur d'avoir grogné pendant tout le dîner », dit-il. « On va dans l'autre pièce ? Cela n'a aucun sens de regarder les carafes, si je ne peux pas prendre mon verre de porto. Euh ! C'était un pincement au cœur !

CHAPITRE XI

« CELA ne sert à rien, Henry, » dit Mme Altham le soir même, « de me dire que ce ne sont que des bêtises et des absurdités, quand j'ai vu de mes propres yeux le paquet de rubans des Suffragettes destiné en réalité à Mme Brooks ; car la plume et l'encre sont la plume et l'encre, en fin de compte. Tapworth en a mesuré six mètres sur la contre-mesure qui donne deux pieds, car il en a donné neuf longueurs, l'a mis sur papier et l'a dirigé. Bien sûr, si neuf longueurs de deux pieds ne font pas dix-huit pieds, ce qui fait six mètres, je me trompe et vous avez raison, et deux fois deux ne font plus quatre. Et il y avait deux autres parcelles déjà aménagées, exactement de la même forme. Vous verrez si j'ai tort. Ou pensez-vous que Mme Brooks le commande juste pour enfiler sa chemise de nuit ?

« Je n'ai jamais rien dit à propos de la chemise de nuit de Mme Brooks », a déclaré Henry, qui, pour lui rendre justice, avait été piqué dans une humeur légèrement rabelaisienne : « Je n'ai jamais pensé à la chemise de nuit de Mme Brooks. Je ne savais pas qu'elle en portait un… je veux dire… »

Mme Altham a fait ce que les enfants appelleraient « un visage ». Ses yeux devinrent soudain fixes et bouillis, et sa bouche prit une expression acidulée comme si elle était pleine de jus de citron. Le « visage » était dû à l'entrée de la femme de chambre avec le pudding. C'était de la gelée et elle fut servie en silence. Mme Altham attendit que la porte se referme doucement.

« Il ne s'agit pas de la chemise de nuit de Mme Brooks, dit-elle, puisque nous sommes tous deux d'accord sur le fait qu'elle ne commanderait pas six mètres de ruban des Suffragettes pour la couper. J'ai parlé sarcastiquement, Henry, et tu m'as interprété littéralement, comme tu le fais souvent. Il en fut de même à Littlestone en août, quand un jour le bacon était si salé que je dis à Mme Churchill qu'un peu de bacon dans le bain équivaudrait à un bain de mer. Sur quoi vous devrez lui dire le lendemain matin d'envoyer votre bacon à la salle de bain, ce qu'elle fit, et il y avait une assiette de bacon sur le plateau à éponges, si extraordinaire. Mais tout cela n'a pas d'importance, même si ce qu'elle a pu penser de vous, je ne peux l'imaginer. Après tout, votre don de littéral peut vous aider maintenant. Pourquoi Mme Brooks veut-elle six mètres de ruban des Suffragettes, et pourquoi y a-t-il deux colis similaires sur le comptoir de Tapworth ? Si j'avais eu un moment seul, j'aurais certainement regardé les autres adresses et vu où elles étaient envoyées. Mais le jeune Tapworth était là tout le temps, celui-là avec le pince-nez et le menton ridicule, et il les mit dans le panier du garçon de courses et lui dit d'être prudent à ce sujet. Je n'avais donc aucune chance de voir.

« Vous auriez pu marcher derrière le garçon pour voir où il allait », suggéra M. Altham.

« Il est parti à vélo », a déclaré Mme Altham, « et il est impossible de se promener derrière un garçon à vélo et d'espérer arriver à temps. Mais il a emprunté High Street. Je ne devrais pas du tout me demander si Mme Evans était devenue suffragette, après cette note selon laquelle elle n'avait pas le temps d'assister aux réunions anti-suffragettes.

« D'autant plus qu'il n'y en avait qu'un, » dit Henry, dans l'humeur littérale qui lui avait été imposée, « et personne n'en est venu à cela. Cela ne lui aurait pas fait perdre beaucoup de temps. Je n'ai jamais entendu dire que cela avait de la valeur.

"Je ne peux pas imaginer ce qu'elle peut faire de sa journée", a déclaré Mme Altham, l'esprit complètement distrait par ce nouveau sujet. « Sa cuisinière a dit à Griffiths que la plupart du temps, elle ne descendait pas du tout à la cuisine le matin, et qu'on ne la voyait presque jamais faire du shopping dans High Street avant le déjeuner, et avec Elsie partie à Dresde et sa fille. son mari part en tournée toute la journée, elle doit être contente quand c'est l'heure de se coucher. Et elle a aussi un petit sommeil, car elle m'a dit elle-même qu'elle considère six heures comme une bonne nuit, même si je m'attends à ce qu'elle dorme plus qu'elle ne le pense, et j'ose dire qu'elle fait aussi une sieste après le déjeuner. Cher moi, de quoi parlions-nous ? Ah, oui, je disais que je ne devrais pas me demander si elle était devenue suffragette, même si je ne me souviens pas de ce qui m'a fait le penser.

« Parce que le fils de Tapworth a parcouru High Street à bicyclette », a déclaré M. Altham, qui avait un grand don pour dégager les fils simples de l'enchevêtrement de la conversation de sa femme ; « même si, après tout, la High Street mène à d'autres maisons que celle de Mme Evans. La gare, par exemple.

« Vous semblez vouloir critiquer tout ce que je dis ce soir, Henry. Je ne sais pas ce qui te rend si contraire. Mais voilà : j'ai vu dix-huit mètres de ruban des Suffragettes être envoyés quand j'étais chez Tapworth ce matin, et j'ose dire que ce n'est qu'une dîme de ce qui a été commandé, bien que je ne puisse pas en parler, à moins que vous attendez-vous à ce que je reste toute la journée dans High Street et à regarder. Et quant à ce que tout cela signifie, je vous laisse conjecturer par vous-même, car si je vous disais ce que je pense, vous me contrediriez probablement encore.

Il n'était pas étonnant que Mme Altham soit ennuyée. Elle avait été émue jusqu'aux moelles par les paquets de rubans des Suffragettes, et lorsqu'elle lui avait fait part de sa découverte, Henry, d'habitude si sympathique, n'avait rien vu de quoi s'émerveiller. Mais il n'avait pas voulu se montrer antipathique et a réparé son erreur.

"Je suis sûr, ma chère, que vous aurez une très bonne idée de ce que cela signifie", dit-il. "Dis-moi ce que tu penses."

« Eh bien, si vous voulez le savoir, » dit-elle, « je pense que tout indique qu'une manifestation est prévue, et pour ma part, je ne serais pas surpris si, un matin, je regardais par la fenêtre et voyais Mme Ames et Mme Brooks et les autres défilent dans High Street avec des rubans et des banderoles. Ils sont restés très silencieux sur tout cela, du moins pas un mot de ce qu'ils faisaient ne m'est parvenu à l'oreille, et je considère que c'est la preuve qu'il se passe quelque chose et qu'ils veulent garder le secret.»

L'esprit juridique de M. Altham lui a crié de faire valoir qu'une absence totale de nouvelles ne constitue pas nécessairement une preuve que des événements passionnants se produisent, mais il a considéré à juste titre qu'une telle logique pourrait être considérée comme le signe d'une « contradiction » continue. .» Il donna donc un accord illogique à la théorie de sa femme.

"Il est certainement étrange qu'on n'en ait plus entendu parler", a-t-il déclaré. « Je me demande ce qu'ils prévoient. Les élections approchent aussi bientôt ! Peuvent-ils planifier quelque chose en rapport avec ça ?

Mme Altham se leva, laissant tomber sa serviette par terre.

«Henry, je crois que tu as réussi», dit-elle. « Maintenant, qu'est-ce que ça peut être ? Allons au salon et battons-le.

Mais les meilleures batteuses du monde ne peuvent remplir avec succès leur fonction sans un matériau sur lequel travailler ; ils ne peuvent que montrer par leurs roues tournoyantes et leurs engins cliquetants qu'ils sont capables de battre si quelque chose leur est fourni. Les pauvres Altham se trouvaient quelque peu dans cette situation, car leurs rations de commérages étaient tristement réduites, leurs deux principales sources étant coupées d'eux. Car depuis que la mensongère Mme Brooks était apparue sous le nom de Cléopâtre, alors qu'elle avait presque promis d'être Hermione, la froide politesse avait remplacé l'intimité entre les deux maisons, car on ne savait pas quel tour elle ne jouerait pas ensuite. tandis que la ligne très tranchée qu'avait adoptée Mme Altham lorsqu'elle avait compris qu'elle était censée rencontrer des gens comme les femmes de commerçants avait provoqué une rupture complète dans les relations avec les Ames. Il était certain que des réunions de suffragettes avaient lieu, sinon quel esprit sain d'esprit pourrait expliquer le fait qu'aujourd'hui encore, un flot parfait de personnes, dont certaines ne sont même pas connues de vue de Mme Altham, et sont donc probablement de la plus basse origine , avec Mme Ames et l'épouse du chef de gare parmi eux, avaient été vus sortant de l'entrepôt de M. Turner. Il était ridicule de « me dire » qu'ils avaient tous fait des achats (personne ne le lui avait dit), et une telle supposition fut complètement démentie par la découverte ultérieure que l'entrepôt en question ne contenait qu'une quantité de chaises. Mais tout cela avait été battu à l'heure du thé, et les volants bourdonnaient sans rien dire. Contre toute probabilité d'une manifestation électorale, il y avait le fait que le membre unioniste, vers qui ces attentions seraient naturellement dirigées, était le cousin de Mme Ames, bien que « cousin » soit un mot vague, et Mme Altham ne se demanderait pas s'il C'était en effet une sorte de cousin très éloigné. Il vaudrait néanmoins la peine de se procurer des billets pour la première des réunions de Sir James, lorsque le président du Board of Trade allait parler, afin d'être sûr d'avoir une bonne place. *Il* n'était pas le cousin de Mme Ames, pour autant que Mme Altham le sache, même si elle ne prétendait pas suivre les ramifications de la famille de Mme Ames.

On laissa les volants tourner en silence pendant un certain temps après que ce maigre matériel eut été soigneusement tamisé, au cas où quelque chose se présenterait davantage ; puis M. Altham a proposé un autre sujet.

"Vous disiez que vous vous demandiez comment Mme Evans avait vécu son temps", commença-t-il.

Mais il n'avait pas besoin de dire un mot supplémentaire, ni aucune opportunité.

Mme Altham se pencha comme un faucon sur la carrière.

« Vous voulez dire le major Ames », dit-elle. "Je suis sûr que je ne passe jamais devant la maison sans savoir ce qu'il entre ou sort, et il fait beaucoup plus d'entrées que d'autres, à mon avis."

Henry a pénétré dans le sens de ce qui semblait être une réalisation plutôt curieuse et l'a corroboré.

« Il était là ce matin, dit-il, sur le pas de la porte à onze heures, ou il était peut-être une heure et quart, avec un bouquet de chrysanthèmes assez gros pour faire toutes les décorations de Mme Ames à Saint-Barnabé. . Qu'y a-t-il, ma chère ?

Car Mme Altham avait littéralement bondi de sa chaise et lui montrait un index qui tremblait d'une émotion sans nom.

« À une heure et quart, ou quelques minutes plus tard, dit-elle, ce bouquet gisait au milieu de la route. Disons une heure vingt, car je suis rentré directement à la maison, j'ai enlevé mon chapeau et j'étais prêt à déjeuner. Cela ressemblait plus à une botte de foin qu'à un bouquet : je suis sûr que si je n'avais pas enjambé dessus, j'aurais trébuché et chuté. Et dire que je ne t'en ai jamais parlé, Henry ! Comme les choses s'assemblent, si vous leur donnez une chance ! Maintenant, avez-vous réellement vu le major Ames le transporter dans la maison ?

"La porte lui a été ouverte au moment où j'arrivais en face," dit Henry avec fermeté, "et il est entré, le bouquet et tout."

"Alors quelqu'un a *dû* le jeter à nouveau", a déclaré Mme Altham.

Elle leva une main et cocha des noms sur ses doigts.

« Qui était alors dans la maison ? dit-elle. "Mme. Evans, le Dr Evans, le major Ames. Autrement, les domestiques – comment peuvent-ils trouver du travail pour six domestiques dans cette maison, je ne comprends pas – et les domestiques n'auraient jamais jeté des chrysanthèmes dans la rue. Il ne faut donc pas compter les domestiques. Pouvez -vous maintenant imaginer Mme Evans jeter un bouquet que le major Ames lui avait apporté ? Si c'est le cas, je t'envie ton pouvoir d'imagination. Ou--"

Elle s'arrêta un instant.

« Ou peut-il y avoir eu une dispute, et lui a-t-elle dit qu'elle en avait trop de lui et de ses bouquets ? Ou--"

« Dr. Evans », a déclaré Henry.

Elle hocha la tête d'une manière prodigieuse.

"Il a été chassé de la maison, lui et son bouquet", a-t-elle déclaré. « Dr. Evans est un homme puissant et le major Ames, malgré sa taille, est plutôt gros. Je ne devrais pas me demander si le Dr Evans l'a renversé. Henry, j'ai bien envie de traiter Mme Ames comme si elle ne m'avait pas autant insulté ce jour-là (et après tout, ce n'est qu'une conduite chrétienne) et de lui apporter demain après le déjeuner le livre qu'elle a dit avoir. je voulais voir en juillet dernier. Je suis sûr que j'ai oublié ce que c'était, mais n'importe quel livre fera l'affaire, puisqu'elle veut seulement qu'on pense qu'elle lit. Après tout, je serais désolé de laisser Mme Ames supposer que tout ce qu'elle peut faire devrait avoir le pouvoir de m'énerver, et j'aimerais voir si elle se teint encore les cheveux. Après les chrysanthèmes sur la route, je ne serais pas du tout surpris d'apprendre que le major Ames est malade. Alors nous saurons tout. Mon Dieu, il est déjà onze heures et je n'ai jamais eu moins envie de dormir.

Henry descendit pour boire un whisky doux et un soda après toute cette conversation et cette excitation, mais alors qu'il était encore à moitié ivre, il se sentit obligé de courir à l'étage et de frapper à la porte de sa femme.

«Je ne viens pas, ma chérie», dit-il en réponse à sa négative passionnée. "Mais si vous constatez que le major Ames n'est pas malade ?"

« Personne ne sera plus joyeux que moi, Henry, » dit-elle d'une voix déçue.

Henry redescendit doucement les escaliers.

Mme Ames était chez elle lorsque Mme Altham, indulgente, arriva le lendemain après-midi, portant un exemplaire d'un livre dont il y avait déjà deux exemplaires dans la maison. Mais elle se souvenait clairement d'avoir voulu voir un livre dont ils avaient parlé ensemble, en juillet dernier, et c'était très gentil de la part de Mme Altham d'avoir tenté de le lui fournir. Sans aucun doute, elle avait cessé de se teindre les cheveux, car les mèches grises habituelles y étaient visibles, preuve (si Mme Altham voulait une preuve, ce qu'elle ne voulait pas) que des moyens artificiels avaient été utilisés. Et même si Mme Altham, avec sa puissante observation, a remarqué la différence dans les cheveux de Mme Ames, elle a également remarqué une différence chez Mme Ames. Elle ne semblait plus pompeuse : il y avait en elle une gentillesse qui était tout à fait différente de sa condescendance habituelle, même si elle ne se manifestait que par les événements insignifiants d'un appel de l'après-midi, comme mettre un coussin sur sa chaise et lui demander si elle avait trouvé la chambre. , avec son feu prospère, trop chaud. Cela a également conduit à des informations intéressantes.

« Il fait à peine assez froid pour allumer un feu aujourd'hui, dit-elle, mais mon mari souffre d'une petite crise de lumbago.

«Je suis vraiment désolée d'entendre cela», dit fébrilement Mme Altham. "Quand l'a-t-il attrapé?"

« Il l'a ressenti pour la première fois hier soir, avant le dîner. C'est décevant, car il s'attendait à ce qu'Harrogate le guérisse de telles tendances. Mais ce n'est pas très grave : je suis sûr qu'il sera ici tout à l'heure pour prendre le thé.

Mme Altham était convaincue qu'il ne le ferait pas et s'est empressée de glaner de nouvelles éclaircissements.

« Vous devez être très occupé à penser aux élections », a-t-elle déclaré. "Je suppose que Sir James peut entrer en toute sécurité. J'ai reçu des billets pour la première de ses réunions ce matin."

"Ce sera celui au cours duquel le président du Board of Trade prendra la parole", a déclaré Mme Ames. "Mon cousin et lui dînent d'abord avec nous."

Mme Altham se décida à poser des questions plus directes.

« En réalité, il faut du courage pour être politicienne de nos jours », a-t-elle déclaré, « surtout si vous faites partie du Cabinet. M. Chilcot a eu du mal à ouvrir la bouche ces derniers temps sans être interrompu par une suffragette. Cher moi, j'espère que je n'ai pas dit la mauvaise chose ! J'avais complètement oublié vos sympathies.

"C'est certainement un sujet qui m'intéresse", a déclaré Mme Ames, "mais quant à dire de mauvaises choses, chère Mme Altham, eh bien, le monde serait un endroit très ennuyeux si nous étions tous d'accord les uns avec les autres. Mais je pense qu'il faut tout autant de courage à une femme pour se lever lors d'une réunion et l'interrompre. Je ne peux pas m'imaginer être assez audacieux. Je sens que je devrais être incapable de me lever ou de prononcer un mot. Ils doivent être très sérieux et avoir beaucoup de conviction pour les motiver.

Ce n'était pas très satisfaisant ; s'il y avait quelque chose à en tirer, c'était que Mme Ames n'était qu'une tiède partisane de la cause. Mais ce qui suivit fut encore plus frustrant, car la femme de chambre annonça Mme Evans.

«Je suis vraiment désolée d'entendre parler du major Ames, chère cousine Amy», dit-elle. "Wilfred m'a dit qu'il était venu le voir."

Mme Ames a fait un coussin, pour ainsi dire, du visage de son petit crapaud, et Millie s'est tamponné la joue dessus.

« Chère Millie, comme c'est gentil d'appeler ! Parker, dites au major que le thé est prêt et que Mme Evans et Mme Altham sont là.

Mais au moment où le major Ames arriva, Mme Altham n'était plus là. Elle était profondément dégoûtée de la transformation en paille de tous ces beaux grains qu'ils avaient pris la peine de battre la veille. Elle l'a résumé succinctement à son mari à son retour du golf.

« Je ne crois pas que les Suffragettes feront quoi que ce soit, Henry, dit-elle, et je ne devrais pas me demander si ces chrysanthèmes n'ont rien à voir avec qui que ce soit. La seule chose est que ses cheveux sont teints, parce qu'ils étaient encore tachetés de gris aussi épais que les vôtres, et je déclare que j'ai laissé derrière moi *La Sécurité de la course* , au lieu de le rapporter, comme je voulais le faire.

Henry, qui avait gagné son match de golf, était naturellement optimiste.

"Alors vous n'avez pas vraiment vu le major Ames ?" Il a demandé.

"Non, mais il n'y avait plus aucun doute sur tout cela", a-t-elle déclaré. «Je ne pense pas être indûment crédule, mais il était clair qu'il n'y avait rien de grave chez lui à part un léger lumbago. Et toute cette affaire de suffragettes ne veut rien dire du tout, malgré les mètres de rubans. Vous pouvez me croire sur parole.

"Alors cela ne servira à rien d'aller à la réunion de Sir James", dit Henry, "même si le président du Board of Trade va parler."

"Non, à moins que tu veuilles entendre le plus gros bavard du pays beurrer le plus gros con du comté. Je serais désolé de perdre mon temps là-dessus ; et il dîne chez les Ames, et donc je suppose que tout ce qu'il y aura à regarder sera leur rangée sur la plate-forme, tous gonflés par l'un des plus grands dîners de Mme Ames. Nous aurions pu nous coucher à notre heure habituelle hier soir, malgré toute l'utilité de notre conversation. Et c'est vous qui avez vu les chrysanthèmes dont vous attendiez tant et avez jugé bon de m'en parler.

Et Henry se sentait trop déprimé par la platitude totale de tout ce qui avait fait une si belle promesse, pour protester contre l'injustice palpable de ces conclusions.

Le lumbago du major Ames était de type laodicéen, ni chaud ni froid. Il restait là, le poignardant parfois astucieusement, parfois se retirant sur le mode parthe, de sorte qu'il était encouragé à boire un verre de porto, sur quoi il lui tirait de nouveau dessus, et il dut retourner à son ragoût de régime bâclé et réflexions déprimantes. Surtout, les relations dans lesquelles il s'était laissé dériver à l'égard de Millie le remplissaient d'une agitation craintive et pourtant exultante, mais il exagérait presque, sinon tout à fait, son indisposition, afin d'échapper à la responsabilité de décider ce qui devait être fait. ça vient de ça. Le temps humide et bruyant lui imposait de rester à la maison, et elle venait le voir quotidiennement. Derrière son calme sage, il devinait un esprit attentif et sûr : il n'y avait aucun doute quant à sa vision de la situation qui s'était produite entre eux. Elle avait trop souvent joué avec les émotions des autres et se laissait prendre dans l'agitation qu'elle avait si souvent suscitée sans y participer. Mme Ames était généralement présente à ces visites, mais lorsqu'il était tout à fait certain qu'elle ne regardait pas, Millie levait souvent les yeux vers les siens, et cette conviction déconcertante se cachait derrière elles. Son discours était tout aussi déconcertant, car elle disait : « Ce sera bien quand tu iras mieux », d'une manière qui démentait complètement les mots banals. Et cette force qui se trouvait derrière lui le contrôlait étrangement. Involontairement, presque, il répondait à ses signaux, se donnait le privilège d'un amoureux de paraître comprendre tout ce qui n'était pas dit. Toujours aussi, il appréciait parfaitement le mauvais goût de l'affaire, à savoir qu'une femme qui était amoureuse de lui et à qui il avait donné des indications des plus évidentes qu'il était sur son plan d'émotion devait le faire. jouer ces scènes inédites dans la maison de sa femme, venant y faire passer ses heures invalides, et qu'il y prenne sa part. C'était courant, et il ne pouvait s'empêcher de comparer cette banalité avec l'inconscience de sa femme. Parfois, il était enclin à penser : « Pauvre Amy, comme elle voit peu », mais aussi souvent il lui venait à l'esprit qu'elle était trop grande pour être consciente des petitesses dont lui et Milly étaient coupables. Et, en réalité, la vérité se situe entre ces points de vue extrêmes. Elle n'était pas trop grande pour s'en rendre compte ; elle en était parfaitement consciente, mais elle était suffisamment grande pour paraître trop grande pour en être consciente. Elle regardait et se méprisait de le faire. Elle se nourrissait de soupçons, mais était assez robuste pour les cracher à nouveau. De plus, et cela a permis à l'attitude plus robuste de s'épanouir, elle était préoccupée par son propre cauchemar qui devenait chaque jour plus vivant et incontournable.

Une décennie de journées d'octobre s'est écoulée dans cette atmosphère éprouvante de suspicion, d'incertitude et d'appréhension. Des trois, c'était le major Ames qui était le plus mal à l'aise, car il n'avait aucune inspiration qui lui permette de supporter ce sordide martyre. Il devinait que Millie évoluait dans une situation dans laquelle on s'attendrait à ce qu'il joue un rôle très important, et avec une telle ardeur qu'il était le sien, il sentait qu'il n'avait pas la température adéquate, et il se souvenait des jours paisibles où son jardin lui fournissait non seulement avec des fleurs, mais avec les émotions les plus poignantes que sa nature connaisse, presque avec regret. Tout avait été si paisible et si agréable dans ce port enclavé, et maintenant, comme un remorqueur à vapeur, il le remorquait lentement au-delà du quai jusqu'à un désert de déferlantes. À proprement parler, il lui était possible à tout moment de larguer le câble de remorquage et de regagner son paisible mouillage, mais il craignait de manquer de force morale pour le faire. Il l'avait laissée jeter la corde à bord, il l'avait aidée à l'attacher à la borne, pensant, pour ainsi dire, qu'il était le remorqueur et elle la frêle petite embarcation. Mais ce frêle petit engin était devenu un appareil à moteur, et c'était à son tour d'être remorqué, impuissant et pour le moins réticent, et totalement dépourvu d'inspiration. Les autres, en tout cas, ont eu l'inspiration pour réchauffer leur malaise : Mme Ames, le sens de la justice et de la fraternité qui levait son existence idiote, Mme Evans le feu qui, aussi étranges et illicites soient ses incendies, aussi communs et insignifiants soient-ils. la matière dont il naît doit encore être appelée amour.

C'était le soir de la première réunion de Sir James, et Mme Ames, à six heures, s'assurait que rien n'avait été omis dans les préparatifs du dîner. Les cartes de menu imprimées étaient en place, annonçant tout ce qu'il y avait de plus somptueux ; les relais nécessaires de couteaux, cuillères et fourchettes étaient sur le buffet ; les assiettes de verre opalescent pour la glace étaient à portée de main, et il n'y avait plus rien de ce terrible festin, qui lui faisait l'horreur du petit-déjeuner d'un meurtrier le dernier matin de sa vie, qui pouvait servir à la distraire davantage. . Millie devait dîner avec eux et venir avec eux à la réunion, mais pour le moment, ce que faisait Millie ne semblait pas avoir d'importance. Toute la journée, Mme Ames avait cherché des pistes problématiques qui pourraient la sauver : il était possible que M. Chilcot soit pris d'une soudaine indisposition et que la réunion soit reportée. Mais elle l'avait vu elle-même passer dans le moteur de son cousin James, l'air particulièrement chaleureux. Ou bien le cousin James pourrait attraper la grippe : Lady Westbourne en était déjà atteinte, et elle était agréablement contagieuse. Ou bien Lyndhurst pourrait avoir une crise de lumbago très aiguë, mais au lieu de cela, il se sentait à nouveau parfaitement bien aujourd'hui et avait même fait un peu de roulage dans le jardin. Une à une, ces brillantes possibilités s'étaient éteintes – il ne restait désormais plus d'ancre raisonnable, sauf que le dîner ne lui conviendrait pas du tout (et cela était peu probable, puisqu'elle se sentait incapable de manger quoi que ce soit) ou que le moteur qui devait les emmener en ville la salle tomberait en panne.

A six heures et demie, elle monta s'habiller ; elle aurait ainsi un quart d'heure avant de commencer elle-même l'opération de terrassement, pour être seule et réellement affronter ce qui allait se passer. Il ne servait à rien d'essayer d'y faire face en un seul morceau : la soirée à venir, prise dans son ensemble, couvait l'horreur et l'irréalité d'un cauchemar. Elle devait le parcourir instant par instant, depuis le moment où elle accueillerait ses invités, qu'elle allait alors, lui semblait-il, trahir, jusqu'au moment où, dans quatre heures peut-être, elle reviendrait ici. dans sa chambre, et tout ce qui s'était passé s'était tissé dans la texture laineuse du passé, au lieu de se situer dans un futur imminent et d'acier. Il y avait un dîner à faire ; c'était seulement tolérable d'y penser en raison de ce qui allait suivre : en soi, cela lui plairait de recevoir son cousin et un homme aussi remarquable en tant que ministre du Cabinet. Il est donc clair qu'elle doit séparer le dîner du reste et en profiter de manière indépendante. Mais lorsqu'elle descendit dîner, elle dut laisser ici, prête, le petit sac de velours noir... ce n'était pas si agréable à imaginer. Pourtant le petit sac en velours noir n'avait encore rien à faire. Suivrait ensuite le trajet jusqu'à la mairie : cela ne serait pas désagréable : en soi, elle préférerait profiter de l'agitation et du faste de leur arrivée. Sir James dirait sans doute au portier scrutateur : « Ces dames sont avec moi », et elles passeraient leur chemin au milieu de démonstrations de déférence. Il y aurait probablement un petit cortège sur le quai... Le Maire ouvrirait très probablement la marche avec elle, elle et son petit sac de velours noir....

Et puis la pauvre Mme Ames a soudain senti que si elle y pensait encore, elle allait faire une crise de nerfs. Et à cette pensée, son inspiration, pour ainsi dire, lui tendit une main froide et ferme. À tout prix, elle vivait ce cauchemar pour ce qui l'inspirait. Il ne servait à rien de dire que c'était agréable, ni de se faire arracher une dent. Mais toute femme ayant le moindre respect pour elle-même, une fois convaincue qu'il valait mieux se faire arracher une dent, se rendait chez le dentiste à l'heure convenue, refusait les gaz (Mme Ames avait des opinions très tranchées sur ceux qui faisaient tout un plat à propos d'une dent). peu de douleur), ouvrit la bouche et tint très fermement les accoudoirs du fauteuil. On voulait quelque chose à quoi se raccrocher dans ces moments-là. Elle se demandait ce qu'elle trouverait à retenir ce soir. Peut-être que la détention serait effectuée par quelqu'un d'autre, un policier par exemple.

Il y avait encore un détail à régler avant de s'habiller, et elle ouvrit le petit sac en velours noir. Il y avait deux chaînes, légères, mais en acier : elles lui avaient été vendues avec la recommandation gratifiante que l'une ou l'autre d'elles suffirait à retenir un dogue, ce qui était plus que ce qui était nécessaire. L'une d'entre elles était assez longue pour lui serrer la taille : un fermoir à ressort avec un moraillon passant dans le dernier maillon et se fermant par un bouton-pression intérieur, évitait la nécessité d'une clé. Elle proposa de l'enfiler sous la cape légère qu'elle portait avant de commencer. La deuxième chaîne était un peu plus longue mais par ailleurs similaire. Il devait être passé à travers celui déjà en place à sa taille, et autour de l'objet auquel elle désirait s'attacher. Un autre verrou à pression a établi la connexion nécessaire.

Elle vit que tout était en ordre et, posant la grosse rosace des Suffragettes au-dessus de l'autre appareil, ferma le sac : inutile d'essayer de s'y habituer en regardant ; autant inspecter les pinces du dentiste, espérant ainsi apaiser leur emprise. Elle laissait ici sa cape et son petit sac de velours et revenait les chercher après le dîner. Et déjà le quart d'heure était écoulé, et il était temps de s'habiller.

L'audacieuse soie rose devait être portée à cette occasion, et elle espérait qu'elle ne subirait aucun mauvais traitement. Pourtant cela n'avait guère d'importance : après cette nuit, elle ne voudrait très probablement plus jamais le revoir, et Lyndhurst le trouverait certainement plein d'associations désagréables. Et puis elle se sentit soudainement et profondément désolée pour lui, ainsi que pour l'étonnement et le chagrin qu'il allait ressentir. Il ne pouvait manquer d'avoir terriblement honte d'elle, de s'étouffer de rage et de mortification. Peut-être que cela provoquerait une nouvelle crise de lumbago, qu'elle regretterait intensément. Mais elle ne s'attendait pas à avoir le moins du monde honte d'elle-même. Mais elle aurait intensément souhaité que cela ne se produise pas.

Et maintenant, elle était prête : la soie rose brillait doucement à la lumière électrique, les chaussures de satin rose qui « allaient avec » étaient sur ses jolis petits pieds potelés, la rangée de grenats était serrée autour de son cou. Il y avait beaucoup de couleur sur son visage et elle était heureuse de voir qu'elle était si bien. La dernière fois qu'elle avait porté toutes ces fines plumes, c'était le soir où elle rentrait chez elle avec les cheveux bruns et les rides adoucies d'Overstrand. Ce ne fut pas une soirée réussie : il semblait que la soie rose était destinée à briller dans des scènes peu propices. Mais maintenant, elle était prête : c'était son dernier moment seule. Et elle s'agenouilla près du lit, dans un soudain accès de désespoir face à ce qui l'attendait, et se retrouva sur ses lèvres répétant involontairement les mots qui ont été utilisés dans la plus grande et la plus sainte agonie que l'esprit de l'homme ait jamais connue, quand pour à un moment donné, il sentit que même lui ne pouvait pas faire face au sacrifice de lui-même ou boire à la coupe. Mais l'instant d'après, elle sauta de nouveau à genoux, le visage tout enflammé par la honte de sa mesquinerie. « Espèce de misérable petit lâche ! se dit-elle. "Comment oses-tu?"

Le dîner, ce long dîner coûteux, apporta des ennuis inattendus à Mme Ames. M. Chilcot, semble-t-il, a toujours été abstinent et n'a jamais mangé que quelques œufs pochés avant de prononcer un discours. Il était également, en raison de ses expériences récentes, un peu nerveux à propos des suffragettes et exigeait des assurances réitérées que l'on n'avait pas vu de femmes irresponsables.

« Il est vrai qu'il y a une semaine ou deux, j'ai reçu une lettre me demandant mon avis, » dit Sir James, « mais j'ai écrit une réponse assez brève et je n'en ai plus entendu parler. Mon agent est plutôt réveillé. Il aurait su s'il y avait des perturbations. Non merci, Major, une coupe de champagne est tout ce que je m'autorise avant de faire un discours. Le vin capital, je sais ; Je dis toujours qu'on offre le meilleur verre de vin du Kent. Au fait, comment va le temps ? Ah, nous avons encore beaucoup de temps.

« J'aime avoir cinq minutes de silence avant de monter sur le quai », a déclaré M. Chilcot.

« Oui, tout ira bien. Peut-être pourrions-nous avoir le moteur cinq minutes plus tôt, cousine Amy. Non, pas de ris de veau, merci. Mon Dieu, quel excellent dîner vous nous offrez.

Une atmosphère horrible et lugubre s'est installée. M. Chilcot, pensant à son discours, fronça les sourcils devant ses œufs pochés et, quand ils furent finis, devant la nappe. Le cousin James refusait plat après plat, Mme Ames se sentait incapable de manger, et le major Ames et Mme Evans, qui était pratiquement végétarienne, devaient faire la fête. Les vins circulaient intacts, les silences s'allongeaient et une interminable succession de plats ne parvenait à tenter personne sauf le major Ames. A ce rythme-là, non pas un, mais toute une série de déjeuners seraient nécessaires pour achever les délices intacts de ce dîner maudit. Dehors, un vif tatouage de pluie battait sur les fenêtres, et le vent s'étant levé, le feu se mit à fumer, et M. Chilcot à tousser. Un réajustement de la porte et de la fenêtre a résolu ce problème, mais a aspergé le cousin James d'un courant d'air glacial. M. Chilcot s'éclaira un peu à mesure que le café arriva, mais le café était le seul point faible d'un admirable repas, car il était modérément chaud. Il l'a déposé. Mme Ames a essayé de réparer cette erreur.

« J'ai peur qu'il ne fasse pas assez chaud », dit-elle. "Parker, dis-leur de le réchauffer immédiatement."

Le cousin James regarda sa montre.

"Vraiment, je pense que nous devrions partir", dit-il. « Je suis sûr qu'ils peuvent obtenir une tasse de café pour M. Chilcot à l'hôtel. Nous pourrions tous y aller ensemble à moins que vous n'ayez commandé quelque chose, cousine Amy. Le moteur en contient cinq facilement.

Une pluie vive et glaciale d'octobre tombait et ils roulèrent dans des rues floues et inconsolables. Quelques silhouettes sous des parapluies marchaient rapidement sur les trottoirs tristes, une foule des plus petites dimensions, à peine deux sur le trottoir en face de l'hôtel de ville, regardait arriver ceux qui assistaient à la réunion. Il y avait une file insignifiante d'une demi-douzaine de voitures attendant leur débarquement, mais comme les aiguilles de l'horloge de la mairie indiquaient que la réunion n'était pas encore programmée pour commencer dans vingt minutes, même M. Chilcot ne pouvait pas s'inquiéter de la possibilité. d'une tasse de café avant son effort. À travers les fenêtres sillonnées de pluie, Mme Ames pouvait voir à quel point l'assemblée des détenteurs de billets était maigre, sans doute à cause de la mauvaise nuit. Il était bien sûr possible que des foules commencent bientôt à arriver, mais Riseborough se faisait généralement un devoir d'être à sa place suffisamment à l'avance et elle s'attendait à une salle peu fréquentée. Mme Brooks s'est précipitée en imperméable et en goloshes, la joyeuse famille Turner, qui était juste derrière eux dans un taxi, a plongé dans la nuit humide et est ressortie sous l'auvent. Mme Currie (épouse du chef de gare), avec sa rosette des suffragettes dans un paquet de papier, eut une conversation amicale avec un policier à la porte, et à ces vues, comme elles indiquaient un rassemblement forcé de la ligue, elle ressentit un sentiment d'émotion. peu encouragé. Puis la voiture repartit et s'arrêta de nouveau devant l'auvent, et leur groupe descendit de terre.

Un fonctionnaire très occupé exigea leurs billets, et fut sommairement écarté par un autre, tout aussi animé mais plus éclairé, qui avait reconnu Sir James et les conduisit tous au salon du maire, où ce dignitaire les reçut. Le café était déjà fourni et toute inquiétude à ce sujet avait disparu. M. Chilcot s'effaçait dans un coin avec sa tasse et ses notes, tandis que les autres, notamment Sir James, se comportaient avec ce mélange de condescendance sociale et de déférence officielle qui semble être la bonne attitude envers les maires. Alors la maire dit : « George, mon cher, la demi-heure est écoulée ; Veux-tu escorter Mme Ames ?

George a demandé à Mme Ames s'il pouvait avoir cet honneur et a observé :

« Nous n'aurons qu'une mince réunion, j'en ai peur. Très mauvais mois d'octobre.

Mme Ames rapprocha un peu plus son manteau autour d'elle, afin de cacher une chaîne plus importante que celle du maire, et sentit le petit sac de velours noir battre le rythme de ses pas contre son genou.

Ils traversèrent les passages austères et nus, avec des sols en pierre qui exhalaient une humidité froide en sympathie avec l'humidité de la soirée, et sortirent dans un soudain éclat de lumière.

De légers applaudissements provenant de bancs presque vides annonçaient leur apparition, et ils se disposèrent sur une rangée de fauteuils moelleux derrière une longue table en chêne. Le maire était assis au centre, à droite et à gauche de lui Sir James et M. Chilcot. Juste en face de Mme Ames se trouvait un grand pied de table qui avait pour elle l'importance du hangar d'exécution.

Elle posa commodément son sac sur ses genoux et détacha doucement le loquet qui le fixait. Il n'y avait plus de préparatifs à faire pour l'instant, puisque la chaîne était tout à fait prête, et dans un calme curieux et irresponsable, elle observa davantage ce qui l'entourait. À peine une centaine de personnes étaient là, au total, et les visages, tandis qu'elle passait les yeux sur les sièges, étaient amicaux et familiers. Mme Currie s'inclina et la famille Turner, dans un état d'excitation des plus agréables, rayonnait ; Mme Brooks lui fit un signe de la main excité. Ils étaient tous assis à proximité les uns des autres, mais elle était seule, comme sur les mers inexorables, alors qu'ils étaient sur la jetée... Alors le Maire s'éclaircit la gorge.

Il avait été convenu que le maire serait entendu sans interruption, car il était l'épicier local, et on avait peut-être tacitement pensé qu'il pourrait adopter des mesures de représailles en raison de la qualité inférieure des livraisons ultérieures de sucre. Il se livrait à des phrases qui n'avaient pas de fin, et qui auraient probablement duré une éternité, s'il n'avait pas, avec une valeur louable, coupé leur queue lorsque leurs anneaux menaçaient de l'étrangler, et recommencé. Le fait est qu'ils ont eu l'honneur d'accueillir le président du Board of Trade et Sir James Westbourne. Heureusement, les affiches dont la ville était placardée depuis quinze jours corroboraient l'information, et aucune personne raisonnable ne pouvait plus en douter.

Il se réjouissait de voir une assemblée aussi nombreuse se réunir - ce n'était pas très heureux, mais la phrase avait été soigneusement pensée et il était dommage de ne pas la reproduire - et il était convaincu que tous passeraient un moment des plus intéressants et des plus agréables. soirée qui allait certainement faire date. La politique était prise au sérieux à Riseborough, et il était agréable de voir le rassemblement honoré par autant de membres du beau sexe. Il estimait qu'il les avait tous détenus assez longtemps (non) et qu'il ne les retiendrait plus (oui), mais qu'il ferait appel au très honorable M. Chilcot (acclamations).

Tandis que M. Chilcot se levait, M. Turner se levait également et disait d'une voix claire et joyeuse : « Votez pour les femmes ». Il avait une rosace, épinglée un peu de travers, qui pendait de son épaule. Immédiatement, sa femme et sa fille se levèrent à leur tour et dirent dans une sorte de chant grégorien : « Droits des femmes », accompagnés par un bruit de chaînes agréable et léger. De dessous son siège, Mme Currie sortit une bannière garnie des couleurs appropriées, sur laquelle était brodé « Votes pour les femmes ». Mais les plis s'accrochaient de manière décourageante : il n'y a jamais eu de bannière plus abattue. Deux vaillants porteurs qu'elle avait amenés avec elle se levèrent également, s'essuyèrent la bouche du revers de la main et dirent d'une voix basse et rauque : « Votez pour les femmes ».

Cela ne dura que quelques secondes et le silence revint. On ne pouvait imaginer démonstration moins impressionnante : elle semblait l'incarnation de l'inefficacité. M. Chilcot s'était immédiatement assis au début et, bien qu'il ait eu des raisons de se méfier des suffragettes, il ne semblait pas du tout dérangé ; il souriait avec bonhomie et consulta encore un instant ses notes. Et puis, tout à coup, Mme Ames réalisa qu'elle n'y avait pris aucune part ; cela avait commencé si vite et s'était terminé si vite que, pour l'instant, elle se contentait de regarder. Mais ensuite son sang et son courage lui revinrent : ce ne serait en aucun cas sa faute si les débats manquaient de feu. L'Idée, tout ce qui avait tant compté pour elle ces derniers mois, semblait se tenir à ses côtés, lui demandant son aide. Elle ouvrit le petit sac de velours noir, épinglé sur sa rosace, passa la deuxième chaîne (assez solide pour retenir un dogue) dans la première, et contourna le pied de la table devant elle, entendit le cliquetis du verrou à ressort et se leva pour se lever. ses pieds en agitant la main.

"Votes pour les femmes!" elle a pleuré. "Votes pour les femmes. Hourra!"

Instantanément, tout le monde sur la plate-forme se tourna vers elle : elle vit le visage enflammé et étonné de Lyndhurst, avec la bouche ouverte dans une surprise incrédule, comme un poisson dans un aquarium ; elle vit le froncement de sourcils d'horreur distinguée du cousin James. Mme Evans avait l'air sur le point de rire, et la maire a dit : « Lor' ! M. Chilcot se retourna sur son siège et son sourire de bonne humeur s'effaça, laissant place à un visage combatif et colérique. Mais toute cette hostilité et cet étonnement, loin de l'intimider ou de la faire taire, lui semblaient comme une gorgée de vin. "Votes pour les femmes!" elle a encore pleuré.

À ce moment-là, le cri fut repris sérieusement : par un effort désespéré, Mme Currie déploya sa bannière, de sorte qu'elle flottait librement, ses porteurs hurlèrent leur message avec la conviction qu'ils mettaient dans leurs annonces à un train à l'arrêt qu'il s'agissait de Riseborough, la famille Turner a crié joyeusement ensemble : Mme Brooks, incapable d'ajuster sa rosace, l'a agitée follement, et un solide groupe de passionnés juste en dessous de la plate-forme a émis des cris forts et militants. Tout ce qui était plat et sans vie un instant auparavant était inspiré et vital. Et Mme Ames l'avait fait. Pendant un instant, elle n'eut que la gloire dans son cœur.

M. Chilcot se pencha vers elle par-dessus la table.

«Je ne savais pas, dit-il, lorsque j'ai eu l'honneur de dîner avec vous, que vous aviez proposé immédiatement après de me traiter avec un manque de courtoisie aussi grossier.»

"Votes pour les femmes !" cria encore Mme Ames.

Cette fois, le cri fut repris avec moins de véhémence, car il n'y avait rien à interrompre. M. Chilcot conféra un moment tranquillement avec Sir James, et Mme Ames vit que Lyndhurst et Mme Evans parlaient ensemble : la première bégayait de rage, et Mme Evans avait posé sa main mince et gantée de blanc sur son genou. dans une tentative, semblait-il, de l'apaiser. À l'heure actuelle, cette entreprise ne semble pas rencontrer de succès notable. Même au milieu de son excitation, Mme Ames trouvait à quel point le visage de Lyndhurst était ridicule ; elle se sentait aussi désolée pour lui. En outre, elle avait le sentiment que c'était extrêmement amusant : jamais de sa vie elle n'avait été aussi efficace, jamais elle n'avait paralysé ne serait-ce qu'un instant les projets des autres. Mais c'était ce qu'elle faisait maintenant ; M. Chilcot était venu ici pour parler, et elle ne le lui permettait pas. Et encore une fois, elle a crié « Votes pour les femmes ! »

Un inspecteur de police était arrivé sur la plate-forme et, après quelques mots avec Sir James, il descendit dans le corps de la salle. L'instant d'après, une douzaine de policiers arrivèrent de l'extérieur, et immédiatement après, la famille Turner, toujours rayonnante, fut poussée le long de la passerelle et fermement expulsée. Diverses notes aiguës et cris étouffés venaient de l'extérieur, mais après quelques secondes, ils étaient muets, comme si un robinet avait été fermé. Il y eut un peu plus de problèmes avec Mme Currie, mais quelques remorqueurs intelligents enlevèrent la rampe en bois un peu fragile à laquelle elle s'était attachée, et elle fut entraînée dans une sorte de pas trébuchant, comme un ours joyeux dansant, avec elle. les chaînes tintaient autour d'elle, après les Turner, et s'éloignaient tranquillement dans la nuit. Puis Sir James rencontra Mme Ames.

"Cousin Amy," dit-il, "vous devez s'il vous plaît nous donner votre parole de
ne plus causer de perturbations, sinon je dirai à quelques hommes de vous
emmener."

"Votes pour les femmes!" cria encore Mme Ames. Mais l'excitation qui
l'habitait s'éteignait rapidement, et de la salle il n'y eut aucune réponse sauf
des rires très audibles.

«Je suis vraiment désolé», a déclaré le cousin James.

Et puis, avec une soudaine vague écrasante, la futilité de tout cela la frappa.
Qu'avait-elle fait ? Elle avait simplement été extrêmement grossière avec ses
deux invités, avait sérieusement inquiété son mari et avait suscité des rires
tout à fait légitimes. Le général Fortescue était assis à quelques rangées de là
: il la regardait avec son pince-nez, et son visage rouge et bon enfant était tout
sourire. Alors deux policiers, dont l'un avait été battu dans St. Barnabas Road,
sautèrent sur la plate-forme, et plusieurs personnes quittèrent leur place pour
regarder d'une position plus avantageuse.

«Je vous demande pardon, madame», dit le policier de Saint-Barnabé en
touchant son casque avec une politesse imperturbable. "Elle est enchaînée
aussi, Bill."

Bill était un homme lent, grand, à l'allure paternelle, et il examinait les chaînes
de Mme Ames. Puis un large sourire apparut sur son visage aimable.

"Il vient tout juste de passer autour du pied de la table", a-t-il déclaré.
"Attache le pied de la table, mon pote, et enlève-le."

C'était trop vrai... Le cadenas breveté et la chaîne retenant le dogue furent
glissés le long du pied de la table, et Mme Ames, avec le policier à l'air paternel
portant poliment ses chaînes et le petit sac de velours, fut doucement et
inévitablement propulsée à travers le porte par laquelle, un quart d'heure plus
tôt, elle était entrée, escortée par le maire, et descendit le couloir de pierre et
sortit dans la rue dégoulinante. La pluie tombait lourdement sur la robe de
soie rose, et le policier paternel entoura son manteau, à moitié tombé, pour
la protéger davantage.

« Mieux vaut prendre un taxi, madame, et rentrer tranquillement chez vous »,
dit-il. "Vous allez attraper froid si vous restez ici, et nous ne pouvons plus
vous laisser entrer, vous demandant pardon, madame."

Mme Ames regarda autour d'elle : Mme Currie était en train de traverser la
route, apparemment sur le chemin du retour, et une voiture est partie avec la
famille Turner. Un sentiment d'échec total et de futilité l'envahit : il faisait
froid et humide, et un vent froid agitait l'auvent, soufflant sur elle une pluie
de gouttes de pluie. L'excitation et le courage qui l'avaient possédée tout à

l'heure s'étaient envolés : rien n'avait été fait, à moins que se rendre ridicule puisse être considérée comme un exploit.

"Appelle un taxi pour la dame, Bill", dit son policier d'un ton apaisant.

Celui-ci fut bientôt invoqué, et Bill toucha son casque alors qu'elle entra, et avant de fermer la porte, il ouvrit la fenêtre pour elle. Le cocher la connaissait aussi et il n'était pas nécessaire de lui donner son adresse. La pluie crépitait sur les fenêtres et sur le toit, et le cheval pataugeait allègrement dans les flaques d'eau de la chaussée.

Parker lui ouvrit la porte, surpris de la rapidité de son retour.

"Pourquoi, madame!" s'exclama-t-elle, "est-ce qu'il s'est passé quelque chose ?"

"Non, rien, Parker", dit-elle, sentant qu'une terrible vérité se cachait sous ses paroles. "Dites au major, quand il entrera, que je suis couché."

Elle regarda un moment dans la salle à manger. Si peu de temps s'était écoulé que la table n'était pas encore débarrassée : les cartes de menu imprimées avaient été récupérées, mais le café, pas assez chaud, restait intact dans les tasses, et les tranches d'ananas, coupées, mais pas mangés, étaient entassés de façon ruineuse. La pensée de tous les déjeuners qui seraient nécessaires pour consommer toute cette nourriture chère lui donnait la nausée... Ces petites choses avaient pris dans son esprit une taille ridicule ; ce qui semblait si grand était pitoyablement diminué. Elle se sentait désespérément fatiguée, froide et seule.

CHAPITRE XII

« ET que faut-il faire maintenant ? dit le major Ames en écaillant son bacon en l'air au-dessus de son assiette. « Si vous ne m'entendiez pas, j'ai dit : « Que faut-il faire maintenant ? Je ne sais pas comment vous pourrez à nouveau regarder Riseborough en face, et, ma parole, je ne vois pas comment je pourrais le faire. Ils me montreront du doigt dans la rue et diront : « C'est le major Ames, dont la femme s'est ridiculisée. C'est ce que tu as fait, Amy. Vous vous êtes ridiculisé. Et à quoi bon tout cela ? Êtes-vous plus près d'obtenir le vote qu'avant, parce que vous avez crié une douzaine de fois « Votez pour les femmes » ? Vous n'avez fait que prouver encore davantage à quel point vous êtes totalement inapte à avoir quoi que ce soit à vous, encore moins à voter. J'ai passé une nuit blanche à penser à votre folie, et je me sens terriblement mal ce matin.

Cela constituait clairement un point culminant, et Mme Ames profita de la pause rhétorique qui suivit.

« C'est absurde, Lyndhurst », dit-elle ; "Je t'ai entendu ronfler."

« C'est suffisant pour faire ronfler un homme », dit-il. « Ronflez, en effet ! Pourquoi n'avais-tu même pas pu me dire que tu allais te comporter comme un fou idiot, et si je n'avais pas pu te persuader d'agir sainement, j'aurais pu m'arrêter au lieu d'assister à une telle exposition ? Tout le monde supposera que je devais le savoir et que je vous ai approuvé. J'ai bien envie d'écrire au *Kent Chronicle* et de dire que j'ignorais absolument ce que vous alliez faire. Vous nous avez déshonorés ; c'est ce que vous avez fait.

Il but imprudemment une gorgée de thé, car il était beaucoup plus chaud qu'il ne l'avait prévu.

"Et maintenant, je me suis brûlé la bouche !" il a dit.

Mme Ames posa sa serviette, quitta son siège et vint se tenir à ses côtés.

« Je suis désolée que vous soyez si contrarié, » dit-elle, « mais je ne peux pas et je ne discuterai de rien avec vous si vous parlez ainsi. Vous ne pensez qu'à vous-même, à savoir si vous êtes déshonoré et si vous avez passé une mauvaise nuit.

« Vous ne semblez certainement pas avoir pensé à moi », dit-il.

"En fait, je l'ai fait", a-t-elle déclaré. «Je savais que ça ne te plairait pas et j'étais désolé. Mais pensez-vous que j'ai aimé ça ? Mais j'ai surtout réfléchi à la raison pour laquelle je l'ai fait.

« Vous l'avez fait pour la notoriété », a déclaré le major Ames avec conviction. « Vous vouliez voir votre nom dans les journaux, comme ayant interrompu le discours d'un ministre. Vous n'aurez même pas cette satisfaction, je suis heureux de le dire. Votre cousin James, qui est après tout un type honnête, s'est adressé aux journalistes hier soir et leur a demandé de laisser de côté tout récit des troubles. Ils consentirent ; ce sont aussi de braves gens ; ils ne voulaient pas faire de publicité à votre folie. Ils étaient désolés pour toi, Amy ; et comment aimeriez-vous qu'une demi-douzaine de journalistes gagnant une livre par semaine soient désolés pour vous ? Votre cousin James était tout aussi généreux. Il n'a eu aucune méchanceté envers moi, il m'a serré la main et m'a dit qu'il avait vu que vous n'étiez pas bien lorsqu'il s'est assis pour dîner. Mais quand un homme du monde, comme l'est votre cousin James, dit qu'il pense qu'une femme ne va pas bien, je sais ce qu'il veut dire. Il pensait que tu étais ivre. Ivre, en fait. C'est ce qu'il pensait. Il pensait que tu étais ivre. Ma femme est ivre. Et c'était l'interprétation la plus aimable qu'il pouvait en donner. Fou ou ivre. Il a choisi ivre. Et il espérait que je pourrais venir un jour de la semaine prochaine l'aider à éclaircir les faisans. Très sympathique, compte tenu de tout ce qui s'est passé.

Mme Ames s'éloigna légèrement de lui.

"Voulez-vous y aller?" elle a demandé.

« Bien sûr que je veux y aller. Il fait preuve d'un esprit très généreux, et je pense pouvoir expliquer le plus haut de ses fusées. Il veut arranger les choses, être généreux, et tout ça, tendre le rameau d'olivier. Il reconnaît que je dois oublier ta folie, et si l'on sait que j'ai tourné avec lui, cela nous aidera. Pardonne et oublie, hein ? J'irai là-bas, *en garçon* , et je arrangerai les choses. J'ose dire qu'il vous redemandera un jour. Il ne veut pas être dur avec toi. Moi non plus, j'en suis sûr. Mais il y a des choses qu'aucun homme ne peut supporter. Un homme doit parfois mettre le pied à terre, même s'il le fait à sa femme. Et si j'ai été un peu dur avec toi tout à l'heure, tu dois réaliser, Amy, tu dois réaliser que je ressentais des sentiments forts, forts et à juste titre. Nous devons vivre ce que vous avez fait. Eh bien, je suis à tes côtés. Nous le vivrons ensemble. Je ferai la paix avec ton cousin. Tu peux me faire confiance."

Ces magnifiques assurances n'ont pas ébloui Mme Ames, et elle n'en a pas tenu compte. Au lieu de cela, elle est revenue assez brusquement et de manière gênante à un sujet précédent.

« Vous me dites que le cousin James croyait que j'étais ivre », dit-elle. "Maintenant, tu savais que je ne l'étais pas. Mais tu sembles l'avoir laissé passer.

Le major Ames estimait que des assurances plus magnanimes pourraient être mises en place.

"Il y a certaines choses qu'il vaut mieux passer sous silence", a-t-il déclaré. « Laissez les chiens endormis mentir. Je pense que moins on parle d'hier soir, mieux c'est. J'espère que je suis assez généreux pour ne pas vouloir en parler, Amy, pour ne pas te mettre plus mal à l'aise que tu ne l'es.

Mme Ames s'assit sur une chaise près de la cheminée. Un immense incendie y brûlait, tout à fait disproportionné par rapport à la journée, et elle se cachait le visage du brasier avec le journal du matin. Elle a également pris note mentalement d'en parler à Parker.

« Vous me mettez vraiment très mal à l'aise, Lyndhurst, » dit-elle ; « en ne me disant pas ce que je te demande. As-tu laissé passer ça quand tu as vu que James pensait que j'étais ivre ?

"Oui; il ne l'a pas dit avec tant de mots. S'il l'avait dit, eh bien, j'ose dire que j'aurais dû… j'aurais répondu d'une manière ou d'une autre. Et, remarquez bien, ce n'est pas une accusation qu'il a portée contre vous ; il t'a trouvé une excuse !

Le petit visage insignifiant de Mme Ames devint soudain très ferme et fixe.

« Nous n'avons pas besoin d'entrer dans cela », a-t-elle déclaré. « Vous avez vu qu'il pensait que j'étais ivre et qu'il n'a rien dit. Et après cela, vous comptez aller tuer ses faisans. Est-ce ainsi?"

« Certainement. Vous faites une montagne avec… »

«Je ne fais aucune montagne de quoi que ce soit. Personnellement, je ne crois pas que le cousin James pensait quelque chose de pareil. Ce qui compte, c'est que vous le laissiez passer. Ce qui compte, c'est que je sois obligé de vous dire que vous devez vous excuser auprès de moi, au lieu que vous le voyiez par vous-même.

Le major Ames se leva, repoussant violemment sa chaise.

« Eh bien, voilà un joli état de choses, s'écria-t-il ; « que tu devrais me dire de m'excuser pour l'exhibition dégradante d'hier soir ! Je me demande ce que vous allez demander ensuite ? Un remerciement de Monsieur le Maire, je ne devrais pas m'étonner, et un discours illuminé. Tu m'apprends ce que je dois faire ! J'aurais pensé qu'une femme serait trop heureuse de se confier à son mari, s'il était assez bon, comme je l'ai été, pour vouloir la tirer des conséquences de sa folie. Et maintenant c'est vous qui devez vous asseoir là, devant un feu digne de rôtir un bœuf, et me dire que je dois m'excuser. Au diable mes excuses ! Là! Ce n'est pas dans mes habitudes de jurer, comme vous le savez bien, mais il y a des occasions... Au diable mes excuses !

Et un instant plus tard, la maison trembla sous le tonnerre de la porte d'entrée claquée.

Mme Ames est restée assise pendant quelques minutes exactement là où elle était, se protégeant toujours le visage du feu. Elle ressentit tous les effets effrayants de la réaction qui suit l'excitation, que l'excitation soit extatique ou aussi écœurante que celle de la nuit dernière, mais pas un instant elle ne regretta sa part ni dans les événements de la veille ni dans la suite. de ce matin. La nuit dernière s'était terminée par un fiasco total, mais elle avait fait de son mieux ; la conversation de ce matin s'était terminée par une querelle assez vive, mais, une fois de plus, il lui était impossible de reconsidérer sa part dans cette discussion. Humainement, elle se sentait battue, ridiculisée et malade au cœur, mais elle n'avait pas honte. Elle avait passé une nuit blanche et était horriblement fatiguée, de cette fatigue qui semble saper tout courage et toute force de résistance, et peu à peu ses yeux s'obscurcirent, et les larmes maigres et difficiles de l'âge mûr, si amères, commencèrent à couler. le long de ses joues, et les sanglots durs et inélastiques montaient dans sa gorge... Pourtant, cela ne servait à rien de rester assise ici à pleurer, le déjeuner et le dîner devaient être commandés, qu'elle se sente malheureuse ou non ; il fallait qu'elle constate l'ampleur des dégâts causés à ses chaussures de satin rose par les trottoirs mouillés la nuit dernière ; il fallait qu'elle parle de ce feu de bœuf qui rôtit. Il fut également prévu une réunion des suffragettes chez M. Turner à onze heures, au cours de laquelle les réalisations passées et les projets futurs seraient discutés. Elle avait à peine le temps de se laver le visage, car il était impensable que Parker ou la cuisinière se rende compte qu'elle avait pleuré et accomplisse ses tâches ménagères avant qu'il ne soit temps de commencer.

Elle s'essuya les yeux et se dirigea vers la fenêtre par laquelle coulait le pâle soleil d'octobre, couleur safran. Tous les troubles orageux de la nuit étaient passés, et l'air étincelait de « l'éclat clair après la pluie ». Mais le gel de quelques nuits auparavant avait noirci les fleurs d'automne et la pluie glaciale avait terni la gloire des chrysanthèmes de son mari, de sorte que les parterres semblaient flétris et échevelés, comme ceux dont l'intérêt pour la vie est fini et qui ne se soucient plus de l'apparence qu'ils présentent. L'intérêt des autres pour eux semblait également terminé ; ce n'était pas ici le jour du jardinier, car il ne venait que deux fois par semaine, et le major Ames, qui aurait dû être assidu à panser les tiges cassées, à encourager les invalides et à nettoyer les ravages causés par la tempête, était parti. la maison. Peut-être était-il allé au club, peut-être même maintenant essayait-il de prendre tout cela à la légère. Elle pouvait presque l'entendre dire : « Les femmes ont des idées étranges dans leur tête, et ces idées s'enfuient avec elles, bénies-les. Vous prendrez un verre de sherry avec moi, Général, n'est-ce pas ? Allez-vous, par hasard, au tournage de Sir James la semaine prochaine ? Je tourne là-bas un jour. Ou en parlait-il ailleurs, peut-être sans en prendre à la légère ? Elle ne savait pas; tout ce qu'elle savait, c'est qu'elle était seule et qu'elle voulait quelqu'un qui comprenait, même s'il n'était pas d'accord. Peu importe que Lyndhurst soit totalement en désaccord avec elle, ce qui compte c'est qu'il ait si complètement mal compris ses motivations que l'insinuation monstrueuse selon laquelle elle avait été ivre lui semblait une excuse. Et il n'était pas désolé. Que pouvait-elle faire puisqu'il n'était pas désolé ? Il était aussi difficile de répondre à cette question que facile de savoir quoi faire au moment où il était désolé. En effet, il serait alors inutile de faire quoi que ce soit ; la réconciliation serait automatique et apporterait avec elle quelque chose à quoi elle aspirait ardemment, une opportunité de lui faire comprendre qu'elle se souciait, que la femme en elle se tendait vers lui, d' une manière maintenant différente de celle par laquelle elle avait tenté de reconquérir l'apparence de la jeunesse et son admiration éveillée. Aujourd'hui, elle revient sur cet épisode avec honte. Elle s'était donné tant de peine pour un but si mesquin. Et pourtant cette coquetterie innocente et naturelle n'était pas tout à fait morte en elle ; Le cœur d'une femme n'a pas besoin d'être si vieux qu'il ne se soucie plus de savoir si elle plaît aux yeux de son mari. Seulement aujourd'hui, il semblait à Mme Ames que ses souffrances avaient été aussi disproportionnées par rapport à son objectif qu'elles l'avaient été par rapport à son résultat ; maintenant, elle avait envie de se donner du mal dans un but un peu plus profond que celui pour lequel elle adoucissait ses rides et rafraîchissait la couleur de ses cheveux.

Elle se détourna de la fenêtre et du jardin vide, espérant que la pluie reviendrait, afin qu'elle ait une excuse pour se rendre chez M. Turner dans un taxi fermé. Dans l'état actuel des choses, une telle excuse n'existait pas, et elle sentait qu'il lui faudrait un effort pour passer devant la fenêtre du club et parcourir toute la longueur de High Street. La femme de Riseborough, par cette chaude matinée ensoleillée, elle savait qu'elle serait là en force, entrant et sortant des magasins et tenant de petites conversations sur le trottoir. Il n'y aurait qu'un seul sujet aujourd'hui et pendant plusieurs jours encore ; il faudra longtemps avant que la nouveauté automnale ne perde rien de sa fraîcheur. Elle se demandait comment son apparition en ville serait accueillie ; Les gens souriraient-ils et se détourneraient-ils à son approche, et murmureraient-ils ou riraient-ils après son passage ? Qu'en est-il du Maire qui, en honnête commerçant, se montre souvent à la porte de sa boutique, ou en train de regarder « l'habillage » de ses vitrines ? Un policier se tenait toujours au bas de la rue, contrôlant la circulation transversale depuis St. Barnabas Road. Serait-il celui qui l'avait aidée à avancer dans ses mouvements la nuit dernière ?... Elle crut presque qu'elle devait le remercier... Et puis tout d'un coup, son courage revint, ou c'est qu'elle comprit que ce n'était pas le cas, comparativement parlant, faites attention à tout commentaire individuel ou à tout incident qui pourrait avoir lieu dans la High Street, ou à son poids accumulé. Il y avait d'autres choses dont il fallait se préoccuper. Pour eux, elle se souciait énormément.

La High Street s'est avérée pavée d'incidents. Tournant rapidement au coin de la rue, elle faillit tomber sur Bill, le policier, en congé à cette heure-là, et qui, visiblement, donnait une sorte de récital humoristique à un petit cercle amusé à l'extérieur du pub. Elle fut brusquement interrompue lorsqu'elle apparut, et elle sentit que l'intérêt que son public développait pour le ciel ensoleillé d'octobre, qu'ils contemplaient avec de légers sourires, succéderait à un rire étouffé après son décès. Quelques pas plus loin, contrôlant la circulation le jour du marché, se trouvait son autre policier Bill, qui lui souriait d'une manière agréable et familière, comme s'il s'agissait d'une plaisanterie capitale qui leur était privée. Vingt mètres plus loin, dans la rue, se tenait le maire, contemplant sa vitrine ; il la vit, et des affaires urgentes parurent exiger sa présence à l'intérieur. Après cela, le général Fortescue arriva en chancelant au club ; il traversa la rue pour aller à sa rencontre, ôta son chapeau et lui serra la main.

"Par jupiter! Madame Ames, dit-il, je n'ai jamais autant apprécié une réunion, et ma femme est folle de ne pas y être allée. Quelle alouette ! Je me suis senti à nouveau très jeune. Je voulais aussi crier et leur dire de donner le droit de vote aux dames. Monstrueusement amusant ! Je vais juste au club pour discuter de tout cela.

Et il continua son chemin, son vieux corps gros et tremblant de rire. Puis, se sentant plutôt malade à cause de cette rencontre, elle entendit des pas rapides qui la poursuivaient, et Mme Altham la rejoignit.

"Oh, Mme Ames," dit-elle. «Je pourrais mourir de vexation de ne pas être là. Est-il vraiment vrai que vous avez jeté un verre d'eau sur M. Chilcot et que vous avez frappé le policier ? Imaginez que la nuit aurait dû être si terriblement humide, et Henry et moi sommes restés assis à la maison, sans jamais penser que cinq minutes en taxi feraient une telle différence. Nous nous sommes assis et avons joué à la patience ; J'aurais été très impatient si j'avais su. Et que va-t-il se passer ensuite ? C'était tellement stupide de ma part de ne pas rejoindre votre ligue ; Je me demande s'il n'est pas trop tard.

C'était assez épouvantable ; Mme Ames s'était préparée à la colère de son mari, ainsi qu'à l'orgueil et à l'aversion de personnes comme Mme Altham. Ce qui était totalement inattendu et malvenu, c'est qu'elle était censée avoir remporté une sorte de succès populaire, que Riseborough considérait l'épouvantable fiasco de la nuit dernière comme un exploit, quelque chose non seulement dont il fallait parler, mais une sorte de nouveau jeu, plus excitant que croquet ou critique. Elle avait commencé par considérer le mouvement des Suffragettes comme une nouveauté d'automne, mais la maigreur s'est rapprochée de son âme lorsqu'elle a découvert qu'il apparaissait maintenant aux autres tel qu'elle l'avait elle-même pensé pour la première fois. Depuis, elle avait voyagé ; elle en avait vu l' *arrière-pays* ; l'idée qui a surgi derrière tout cela, austère, belle et sage. Tout ce que ces autres voyaient était simplement la jungle hystérique qui délimitait la côte. Ce matin, après en avoir fait l'expérience, la jungle hystérique lui semblait... une jungle hystérique. Si c'est seulement par cette voie que l'on peut atteindre les sommets, alors c'est cette voie qu'il faut suivre. Elle était prête à réessayer. Mais n'y avait-il pas quelque part et d'une manière ou d'une autre une meilleure route ?

Il n'était pas nécessaire d'être particulièrement cordial avec Mme Altham, et elle ne laissait entrevoir aucune perspective certaine d'une répétition immédiate des scènes de la nuit dernière, ni aucun désir de recrues supplémentaires. Mais d'autres épreuves l'attendaient au cours de cette courte promenade. Le Dr Evans, conduisant le cob à pas haut, fit demi-tour et descendit de cheval, jetant les rênes au palefrenier.

«Je dois juste vous féliciter», dit-il, «car Millie m'en a parlé hier soir. Je lui ai dit que si elle avait la moitié de ton courage, elle s'en porterait mieux. J'espère que tu n'as pas attrapé froid ; nuit bestiale, n'est-ce pas ? Faites-moi savoir quand il reviendra. Je déteste vos principes, vous savez, mais j'aime votre pratique. Je viendrai aussi crier !

C'était parfaitement horrible. Personne n'a compris ; ils sympathisaient tous avec elle, mais ne se souciaient pas du tout de ce qui l'avait poussée à faire ces choses sensationnelles... Ils aimaient les choses sensationnelles... c'était amusant pour eux. Mais ce n'était pas amusant pour ceux qui croyaient aux principes qui les animaient. Ils la considéraient comme un clown dans une pantomime ; ils voulaient voir Dan Leno.

Elle était en retard de quelques minutes lorsqu'elle arriva chez M. Turner, déprimée et peu encouragée par ces applaudissements incompréhensibles qui prenaient pour une excellente plaisanterie toutes les manifestations qui avaient été dirigées par un dessein si sérieux. Ce qui était pour elle tragique et nécessaire était pour eux une farce divertissante. Mais maintenant elle allait retrouver ses coreligionnaires, ceux qui savaient, ceux dont les convictions, de même qualité que les siennes, étaient d'un tel poids qu'elles lui faisaient sentir que même sa querelle avec Lyndhurst était légère en comparaison.

La joviale famille Turner, père, mère, fille, était dans le salon et l'acclamait comme une héroïne. Sans elle, il n'y aurait pas eu de « scène » du tout. Les policiers ont-ils été blessés ? M. Turner avait une petite ecchymose au genou, mais il était douteux qu'il l'ait eu lorsqu'il a été retiré. Mme Turner avait perdu une petite parure de perles, mais elle ne savait pas si elle l'avait mise avant de se rendre à la réunion. Miss Turner a eu un rhume aujourd'hui, mais il était certain qu'elle l'avait senti arriver avant qu'ils ne soient tous mis sous la pluie.

Aucun d'eux n'en avait vu la fin ; on supposait que Mme Ames avait jeté un verre d'eau sur un policier et avait frappé M. Chilcot. Ils étaient tous tout à fait prêts pour la prochaine réunion de Sir James ; ou serait-il un lâche et ferait-il surveiller ceux qui désiraient être admis ?

Mme Brooks est arrivée ; on ne l'avait pas chassée la nuit dernière, mais elle avait pris froid et ne pensait pas avoir fait grand-chose. M. Chilcot avait prononcé son discours, apparemment très intelligent, sur la réforme tarifaire, et Sir James avait suivi, sans interruption, parlant de la Chambre des Lords aux bancs à moitié vides mais sympathiques. Aucune allusion n'avait été faite aux troubles ni aux motifs qui les avaient provoqués. Elle avait également perdu sa rosette des Suffragettes. Il a dû lui être arraché, même si elle ne l'a pas senti.

Mme Currie a donné plus de vie aux débats. Elle pourrait faire venir quatre porteurs à la prochaine réunion, fabriquer une autre banderole et assurer le bon déploiement de la première, qui était restée si inexplicablement coincée. Il s'était parfaitement agité lorsqu'elle l'avait essayé une heure auparavant, et il s'était parfaitement agité (car il lui avait été rendu après son éjection) lorsqu'elle l'avait réessayé une heure plus tard à la maison. Deux bannières s'étendant correctement seraient une affaire très différente d'une autre qui ne s'étendrait pas du tout. Son mari avait ri au point de se faire du mal à cause de son récit de la procédure.

Une douzaine d'autres membres de la ligue seulement firent leur apparition, car il y avait clairement une réaction et un refroidissement après l'incendie de la nuit dernière, mais tous rendirent leur hommage à Mme Ames. Leurs petites fusées n'avaient fait que pétiller et crépiter jusqu'à ce qu'elle « leur montre le chemin », comme l'exprimait Mme Currie. Mais pour eux même, c'était le rituel, pour ainsi dire, le dérangement, les cris, le sentiment de faire quelque chose, plutôt que la croyance qui se cachait derrière le rituel, qui excitait leur imagination. Si la cause avait été mieux servie par le fait d'endurer un mal de dents solitaire pendant une heure, plutôt que par le fait d'agiter des banderoles à la mairie et d'être humainement expulsé par des policiers bienveillants, il y aurait eu moins d'empressement à souffrir. Et Mme Ames aurait volontiers passé de nombreuses heures de douleur physique plutôt que de souffrir du chagrin qui la troublait ce matin. Et personne ne semblait comprendre ; Mme Currie avec ses quatre porteurs et ses deux banderoles, Mme Brooks avec son rhume de tête et son odeur d'eucalyptus, les joyeux Turners qui pensaient que ce serait une si bonne idée de jeter des pétards sur le quai, étaient tous aussi loin de c'est le cas du général Fortescue, discutant au club, ou même de Lyndhurst avec le bacon bien ébréché et la porte d'entrée claquée. C'était pour eux un jeu, tel qu'il s'était présenté à elle à l'origine, une nouveauté d'automne pour, disons, le jeudi après-midi de cinq à sept heures. Si seulement les effets inverses avaient été produits ; s'ils l'avaient tous pris avec autant de poésie que Lyndhurst, et lui avec autant de gaieté qu'eux !

Entre-temps, après avoir claqué la porte d'entrée, il avait pris d'assaut St. Barnabas Road, avec une passion si sincère qu'il avait presque atteint le club avant de se rappeler qu'il avait à peine touché à son petit-déjeuner ou jeté un coup d'œil au journal. Alors, comme cela ne servait à rien de mourir de faim (la famine consistant à ne prendre que la moitié de son petit-déjeuner), il se présenta à ces portes hospitalières et se commanda une omelette. Jamais de sa vie il n'avait été aussi en colère, jamais dans l'étonnante chronique du mariage, lui semblait-il, un homme n'avait reçu une telle provocation de la part de sa femme. Elle avait insulté les invités qui avaient dîné avec elle, elle s'était publiquement ridiculisée, et quand, le lendemain matin, lui, après avoir fait les dénonciations qu'il était moralement tenu de faire, avait été assez noblement magnanime pour lui assurer qu'il allait tout arranger pour elle et vivre avec elle, on lui avait dit que c'était à lui de s'excuser ! Pas étonnant qu'il ait juré ; Moïse aurait juré ; il aurait eu absolument tort de ne pas jurer. Il y avait des situations dans lesquelles il était lâche pour un homme de ne pas dire ce qu'il pensait. Encore maintenant, alors qu'il attendait son omelette, il émettait des petits cris et des exclamations explosives, presque incrédule de ses torts.

Il mangea son omelette, ce qui ne parut qu'alimenter sa rage, et se rendit au fumoir où, autour d'un cigare club, car il avait en fait oublié d'apporter son propre étui, il se tourna vers la considération des problèmes pratiques. détails. On ne savait pas comment rentrer dans sa maison. Il était sorti avec un bruit qui faisait claquer les fenêtres, mais il n'était guère possible de continuer à claquer la porte à chaque fois qu'il entrait et sortait, car aucune menuiserie ne supporterait ces chocs répétés. Et que fallait-il faire, même s'il parvenait à imaginer une rentrée efficace ? À moins qu'Amy ne se remette entre ses mains et ne retienne sans réserve tout ce qu'elle avait dit, il lui était impossible de lui parler. D'une manière ou d'une autre, il sentait qu'il y avait peu de choses moins susceptibles d'arriver que cela. Certes, il ne servirait à rien de reprendre les opérations d'assaut, car il n'avait pas de canons plus gros que ceux qu'il avait déjà tirés, et s'ils n'étaient pas d'un calibre suffisant, il devait simplement l'assiéger de silence, d'un silence digne et mécontent.

Il leva les yeux et vit que M. Altham le regardait à travers la porte vitrée ; sur quoi M. Altham se retira rapidement. Peu de temps après, le jeune Morton occupa et se retira du même observatoire. Un instant de réflexion permit au major Ames d'interpréter ce comportement singulier. Ils avaient entendu parler de la conduite de sa femme et se nourrissaient avidement d'un spectacle aussi inhabituel que lui dans le club à cette heure, et reconstituaient dans leur esprit de singe ses troubles domestiques. Ils s'assureraient probablement qu'il avait déjeuné ici. Tout cela était extrêmement désagréable

; il n'y avait aucune sympathie dans leurs regards secrets, seulement de la curiosité.

Personne qui n'est pas une brute, et le major Ames n'était pas cela, n'apprécie une querelle avec sa femme, et personne qui n'est pas complètement égocentrique, et il ne l'était pas non plus, ne manque de désirer de la sympathie lorsqu'une telle querelle a lieu. s'est produit. Il avait besoin de sympathie maintenant ; il voulait raconter à des oreilles amies l'histoire des méfaits d'Amy, de sa propre magnanimité, entendre sa propre appréciation de sa conduite confirmée, assez confirmée, par une femme qui comprendrait son point de vue aussi bien que le sien. Le fumoir avec ces voyeurs était intenable, mais il pensait savoir où trouver de la sympathie.

Millie était là et le verrait ; par habitude, en traversant le couloir, il regarda vers la patère où le Dr Evans accrochait son chapeau et son manteau et, voyant qu'ils n'étaient pas là, il en déduisit que le médecin était absent. Cela lui convenait ; il voulait se confier et être sympathisé, et estimait que l'optimisme enjoué et l'habitude d'esprit d'Evans de sortir de chez lui ne lui fourniraient pas le genre de réconfort dont il ressentait le besoin. Il voulait qu'on lui dise qu'il était un martyr et un très bon garçon, et qu'Amy n'était pas digne de lui…

Millie était dans le salon vert et frais où elles s'étaient assises un jour après le déjeuner. Elle se leva à son entrée et s'avança vers lui avec un sourire tremblant aux lèvres et les deux mains tendues.

«Chère Lyndhurst», dit-elle. «Je suis tellement contente que tu sois venu. Asseyez-vous. Je pense que si tu n'étais pas venu, j'aurais dû téléphoner pour te demander si tu ne me verrais pas. J'aurais peut-être dû suggérer que nous fassions une petite promenade, car je ne pense pas que j'aurais pu risquer de voir ma cousine Amy. Je sais ce que tu ressens, oh, si bien. C'était abominable, honteux.

Il était certainement au bon endroit. Millie le comprenait : il avait deviné qu'elle le ferait. Elle s'assit près de lui et plaça un instant sa main devant ses yeux.

« Ah ! j'ai été tellement en colère ce matin », dit-elle ; « et cela m'a donné mal à la tête. Wilfred a ri de tout cela ; il a également dit que ce qu'Amy avait fait montrait énormément de courage. C'était absolument sans cœur. Je savais à quel point tu devais souffrir et j'étais tellement en colère contre lui. Il n'a pas compris. Oh non, mon mal de tête n'est rien ; il aura bientôt disparu, maintenant.

Elle souligna légèrement le dernier mot, le caressa, pour ainsi dire, comme pour attirer l'attention sur lui.

« J'en ai le cœur brisé », a déclaré le major Ames, ce qui sonnait mieux que de dire : « Je suis dans une rage violette à ce sujet. « J'ai le cœur brisé. Elle s'est déshonorée elle-même et moi… »

"Non pas toi."

"Oui; une femme ne peut pas faire ce genre de chose sans que le monde entier croie que son mari était au courant. Et ce n'est pas tout. Ma parole, je ne sais pas si ce qu'elle a fait ce matin n'est pas pire que ce que vous avez vu hier soir.

Millie se pencha en avant.

« Dis-moi, dit-elle, si cela ne te fait pas trop mal. »

Il décida que cela ne lui ferait pas trop de mal.

« Eh bien, je suis arrivé ce matin, dit-il, avec la volonté et l'envie de tirer le meilleur parti d'un mauvais travail. Nous l'étions tous aussi : hier soir, James Westbourne s'est montré tout aussi généreux et a demandé aux journalistes de ne rien dire à ce sujet et m'a invité à une journée de tournage la semaine prochaine. Très décent de sa part. Comme je l'ai dit, je suis venu ce matin, déterminé à rendre les choses aussi faciles que possible. Bien sûr, je savais que je devais en parler longuement à Amy : j'aurais complètement failli à mon devoir envers elle en tant que mari si je ne l'avais pas fait. Je lui ai fait exploser, mais pas la moitié de ce qu'elle méritait, mais une explosion. Même alors, quand j'avais dit mon mot, je lui avais dit que nous vivrions cela ensemble, ce qui était suffisamment généreux, je pense. Mais, pour son bien, je lui ai dit que James Westbourne avait dit qu'il voyait qu'elle n'allait pas bien, et que lorsqu'un homme dit cela, il veut dire qu'elle est ivre. Peut-être que Westbourne ne voulait pas dire cela, mais c'est à cela que cela ressemblait. Et le croiriez-vous, juste parce que je ne l'avais pas renversé ni frappé au visage, elle me dit que je devrais lui présenter mes excuses pour avoir laissé passer une telle suggestion. Eh bien, je me suis enflammé à cela : quel homme d'esprit ne se serait pas enflammé ? Je quittai aussitôt la maison et allai finir mon petit-déjeuner au club. J'aurais dû m'étouffer, ma foi, j'aurais dû m'étouffer si je m'étais arrêté là ou si j'avais eu une apoplexie. Dans l'état actuel des choses, je me sens diablement malade.

Millie se leva et resta un moment silencieuse, regardant par la fenêtre, blanche et élancée.

«Je ne pourrai jamais pardonner à ma cousine Amy», dit-elle longuement. "Jamais!"

"Eh bien, c'est difficile", a déclaré le major Ames. « Et après toutes ces années ! Ce n'est peut-être pas exactement le rendement auquel on pourrait s'attendre.

"C'est tristement célèbre", a déclaré Millie.

Elle revint s'asseoir à nouveau près de lui.

"Qu'est-ce que tu vas faire?" elle a demandé.

"Je ne sais pas. Si elle s'excuse, je lui pardonnerai et j'essaierai d'oublier. Mais je ne pensais pas ça à elle. Et si elle ne s'excuse pas, je ne sais pas. On ne peut pas s'attendre à ce que je retienne mes paroles : ce serait approuver ce qu'elle a fait. Je ne pourrais pas le faire : ce ne serait pas sincère. Je suis hétéro, j'espère : si je dis quelque chose, on peut considérer comme acquis que je le pense.

Elle le regarda avec le menton relevé.

« Je pense que tu es merveilleux, dit-elle, de pouvoir même penser à lui pardonner. Si je m'étais comporté ainsi, je ne devrais pas m'attendre à ce que Wilfred me pardonne. Mais alors tu es si grand, si grand. Elle ne vous comprend pas : elle ne comprend rien à votre sujet. Elle ne sait pas… oh, à quel point certaines femmes sont aveugles !

Il n'était pas étonnant qu'à cette époque le major Ames commençait à se sentir un homme extraordinairement bien, et il n'était pas non plus plus merveilleux qu'il éprouve le sentiment chaleureux d'être compris. Mais dès le début, Millie l'avait compris. Il ressentait cela particulièrement maintenant, à ce moment-là, alors qu'Amy l'avait si horriblement bafoué et lui avait fait du tort. Tout au long de l'été dernier, la situation d'aujourd'hui avait été annoncée ; c'était toujours dans cette maison plutôt que dans la sienne qu'il avait été accueilli et apprécié. Il avait été l'architecte et le conseiller du bal de Shakespeare, tandis qu'à la maison, Amy distribuait ses absurdes cartes de menu imprimées sans le consulter. Et le jardin qu'il aimait, qui avait si souvent dit : « Ces douces fleurs, sont-elles vraiment pour moi ? Qui, en revanche, avait si souvent dit : « Les pois de senteur ne vont pas très bien, n'est-ce pas ? Et puis il regarda le visage doux et jeune de Millie, ses yeux qui cherchaient les siens avec un attrait timide et sensible, ses cheveux dorés et pâles, sa bouche enfantine et mystérieuse. Pour contraster, il y avait le petit visage fort de crapaud, les yeux plutôt brillants, les cheveux — gris ou bruns, lequel était-ce ? De plus, Millie a compris ; elle le voyait tel qu'il était, généreux peut-être, mais grand, grand, comme elle l'avait si bien dit. Elle le faisait toujours se sentir si à l'aise, si content de lui-même. C'était la véritable substance de la mission d'une femme : rendre son mari heureux, le rendre dévoué à elle, au lieu de semer l'enfer à la mairie et d'exiger ensuite des excuses.

« Vous m'avez remonté le moral, Millie, » dit-il ; « tu m'as fait sentir que j'ai un ami, après tout, un ami qui se sent avec moi. Je suis reconnaissant; Je suis—je suis plus que reconnaissant. Je suis un vieil homme coriace, mais j'ai toujours du cœur, je crois. Que va-t-il nous arriver à tous ?

C'était l'émotion, une émotion réelle et authentique, qui rendait Millie intelligente à ce moment-là. Son esprit n'était pas de haut niveau ; Si elle réfléchissait à quelque chose, on pouvait lui faire confiance pour ne montrer rien de plus subtil qu'une juste compréhension de l'évidence. Mais maintenant, elle ne réfléchissait plus : elle était poussée par un instinct qui transcendait complètement toute réalisation dont son cerveau était capable.

« Retournez chez vous », dit-elle, « et soyez prêt à ce que la cousine Amy dise qu'elle est désolée. Il est fort probable qu'elle vous y attende maintenant. Oh, Lyndhurst... »

Il se releva aussitôt : ces quelques mots lui donnèrent un sentiment de noblesse totale ; ils la faisaient se sentir noble également. L'atmosphère de noblesse était presque suffocante....

« Vous avez raison, dit-il ; « tu es toujours tout ce qui est juste, bon et délicieux ? Ha!"

Il n'y avait aucun doute sur les relations cousines qui les unissaient. Une caresse si naturelle et spontanée ne nécessitait aucune explication.

La maison était apparemment vide à son retour, mais il fit une entrée suffisamment bruyante pour signaler en tout cas au salon qu'il était revenu, et personnellement prêt, puisqu'il n'entra pas « plein de colère », comme Hypérion. , pour accepter mes excuses. Finalement, il y entra, comme pour chercher un journal, au cas où il serait occupé, et, sous le même prétexte, entra dans le salon de sa femme. Puis, toujours avec désinvolture, il entra dans sa loge, où il avait dormi la nuit dernière, et s'assura qu'elle n'était pas dans sa chambre. Sa pénitence, qui se manifesterait naturellement par l'attente, les yeux éteints, de son retour, n'avait donc rien de péremptoire.

Il sortit dans le jardin et constata les dégâts causés par la pluie de la nuit dernière. Il n'était pas nécessaire de punir les plantes parce qu'Amy s'était rendue coupable d'un comportement que son propre cousin qualifiait d'infâme : il voulait aussi quelque chose pour s'occuper jusqu'à l'heure du déjeuner. Pendant que ses mains travaillaient mécaniquement, attachant quelques touffes de chrysanthèmes qui avaient encore quelques jours de flammes dans leur cœur doré, éliminant les débris de feuilles mortes et de brindilles tombées, son esprit était également occupé, travaillant non pas mécaniquement mais avec impatience et excitation. Comme la sympathie avec laquelle il était accueilli et réconforté par Millie était différente des malentendus et des querelles qui lui faisaient sentir qu'il avait perdu ses années avec quelqu'un qui ne l'appréciait absolument pas. Pourtant, si Amy était désolée, il était prêt à faire de son mieux. Mais il se demandait s'il voulait qu'elle soit désolée ou non.

A une heure et demie, la cloche du déjeuner sonna, et, entrant dans le salon, il découvrit qu'elle était revenue et qu'elle écrivait un mot à sa table. Elle ne leva pas les yeux, mais lui dit, comme si de rien n'était :

« Veux-tu entrer et commencer, Lyndhurst ? Je veux terminer ma note.

Il ne répondit pas et passa dans la salle à manger. Peu de temps après, elle le rejoignit.

"Il semble qu'il y ait eu beaucoup de pluie dans la nuit", a-t-elle déclaré. "J'ai peur que vos fleurs aient souffert."

Certes, cela ne ressemblait pas à une pénitence, et il n'avait aucune réponse à lui donner. D'une manière étrange, cela lui semblait être la solution la plus digne et la plus appropriée.

Puis Mme Ames parla pour la troisième fois.

« Je pense, Lyndhurst, que si nous ne parlons pas, dit-elle, je verrai quelles nouvelles il y a. Parker, s'il te plaît, va me chercher le journal du matin.

À ce moment-là, il la détestait.

CHAPITRE XIII

TROIS jours plus tard, le major Ames rentrait chez lui à pied au milieu de l'après-midi, revenant de la maison dans laquelle il avait récemment passé une si grande partie de son temps. Mais c'était le dernier jour où il s'y rendrait et, sauf cette fois encore, il ne franchirait pas le seuil de sa propre maison. Le point culminant était arrivé, et d'ici une heure ou deux, Millie et lui allaient quitter Riseborough ensemble.

Maintenant que leur décision était prise, il lui semblait qu'elle était inévitable dès le départ. Depuis l'été où, par quelque mélange de sympathie sincère et de fausse galanterie, il s'était laissé dériver vers des relations avec elle, la force qui l'attirait et le retenait n'avait cessé de croître en force, et aujourd'hui elle s'était révélée irrésistible. . Le facteur déterminant avait sans doute été sa dispute avec sa femme ; cela a donné l'impulsion qui manquait encore, l'impulsion finale qui a bouleversé l'équilibre de ce qui chancelait et était prêt à basculer.

La scène de cet après-midi avait été à la fois courte et calme, comme le sont de telles scènes. Le Dr Evans avait été appelé en ville pour affaires hier matin, revenant peut-être ce soir mais plus probablement demain, et ils avaient déjeuné seuls. Par la suite, le major Ames avait de nouveau parlé de sa femme.

« La situation est intolérable », avait-il déclaré. «Je ne peux pas le supporter. Si ce n'était pas pour toi, Millie, je devrais partir.

Elle s'était approchée de lui.

« Moi non plus, je ne suis pas très heureuse », dit-elle. "Sans toi, je ne pense pas que je pourrais le supporter."

Et puis c'était déjà inévitable.

«C'est trop fort pour nous», dit-elle. « Nous n'y pouvons rien. Je ferai face à tout avec toi. Nous allons y aller tout de suite, Lyndhurst, et vivre, au lieu de mourir de faim comme ça.

Elle prit ses deux mains dans les siennes, complètement emportée pour la première fois de sa vie par quelque chose d'extérieur à elle. Aussi perfide et mesquine que fût la voie à laquelle elle était déterminée, elle était peut-être une femme plus belle dans ce moment de déloyauté suprême que pendant toutes les années de sa vie conjugale irréprochable.

« Je n'ai jamais aimé auparavant, Lyndhurst, » dit-elle doucement, « et je n'ai jamais su ce que cela signifiait. Maintenant, je ne peux plus envisager autre chose ; peu importe ce qui arrive à Wilfred et Elsie. Rien ne compte sauf toi.

Cette fois, ce n'est pas lui qui l'embrassa ; c'était elle qui pressait sa bouche contre la sienne.

Il n'y avait pas grand-chose à régler, leurs plans étaient parfaitement simples et impitoyables. Ils passeraient cette nuit-là à Boulogne et, dès que la loi les libérerait, se marieraient. Un train pour Folkestone a quitté Riseborough dans un peu plus d'une heure, en liaison avec le bateau. Ils pourraient facilement l'attraper. Mais il était plus sage de ne pas aller ensemble à la gare : ils s'y retrouveraient.

Alors qu'il rentrait chez lui dans le brillant après-midi d'octobre, le major Ames n'était conscient ni de la lutte ni du regret. Le pouvoir que Millie avait eu sur lui pendant tous ces mois, de sorte que c'était toujours elle qui prenait vraiment les devants, et le poussait à faire un pas en avant, puis un autre, le saisissait et le conduisait jusqu'à la dernière étape de toutes. Il obéissait toujours et suivait cette femme mince et fragile qui serait bientôt sienne ; il était aussi nécessaire de faire ce qu'elle voulait ici que de l'embrasser, quand d'abord, sous le mûrier, elle avait tourné son visage vers le sien. Ces derniers jours semblaient avoir tué en lui tout sentiment de loyauté et de virilité ; il ne pensait pas du tout à sa femme et considérait Harry uniquement comme le fils d'Amy. D'ailleurs, il n'était pas responsable : tout homme qu'il fût, il était entièrement entre les mains de cette femme. Toute sa vie, il n'avait eu aucun véritable principe pour le diriger, il avait vécu une vie décente uniquement parce qu'aucune tentation de vivre autrement ne l'avait jamais vraiment approché, et même maintenant, ce n'était en aucun cas la méchanceté de son projet qui l'avait poussé à le faire. je l'ai ramené; c'était simplement de la timidité face à un pas irrévocable.

Amy, il le savait, était sortie : au petit-déjeuner, elle lui avait annoncé qu'elle ne comptait pas rentrer avant l'heure du dîner, et il lui avait dit qu'il sortirait pour le dîner. De telles phrases traitant des arrangements domestiques avaient été la somme de leurs discours des derniers jours, et elles n'étaient pas tant prononcées les unes aux autres que dans l'air, entendues plutôt qu'adressées à quelqu'un en particulier.

Et pourtant, la perspective de la vie qui s'ouvrirait à lui, une fois ce pas irrévocable franchi, ne l'emplissait pas de ce désir irrésistible qui, bien qu'il ne puisse excuser, explique en tout cas le pas lui-même. Millie, bien qu'elle l'ait entraîné tout au long jusqu'au point culminant, avait au moins l'aiguillon authentique pour la conduire : la vie avec lui lui semblait être la vraie vie : c'était passionnément qu'elle la désirait. Mais chez lui, outre la force avec laquelle elle le dominait, c'était la fuite des circonstances très inconfortables de la maison qui l'attirait principalement. D'une certaine manière, il l'aimait ; il éprouvait pour elle une chaleur et une tendresse d'une qualité plus forte que celles qu'il pouvait se rappeler d'avoir jamais éprouvées auparavant, et comme il n'est pas donné à tous les hommes d'aimer violemment, on peut admettre qu'il ressentait le plus grand feu dont sa nature était capable. capable. Mais c'était assez d'ardeur pour brûler dans son esprit les détritus des considérations mineures et des exigences matérielles.

Les taxis étaient rares à cette extrémité de St. Barnabas Road, et en rencontrant un par hasard juste devant sa maison, il dit au chauffeur d'attendre. Puis, entrant, il monta directement à sa loge. Il n'avait pas le temps de préparer toute sa garde-robe, et un portemanteau modéré suffirait réellement. Et ici les banalités commencèrent à devenir énormes et captivantes : même si l'après-midi était chaud, il ferait sans doute frais, sinon froid sur le bateau, et il serait certainement conseillé de prendre son épais pardessus, qui à présent n'avait pas quitté son quartiers d'été. Ceux-là étaient dans un grand placard dans le passage extérieur, donnant sur le jardin, où ils étaient remplis de petites boules de naphtaline prophylactiques. Celles-ci l'avaient imprégné assez puissamment, mais il valait mieux être odorant que mal vêtu. En passant par la fenêtre, il vit que les chrysanthèmes avaient répondu vaillamment à ses réconforts quelques matins auparavant : s'il n'y avait plus de gel, ils seraient encore gais pendant encore quinze jours. Doit-il en emporter un bouquet avec lui ? Il ne voyait pas pourquoi il n'en jouirait pas. Pourtant, il n'avait guère le temps de les cueillir : il lui fallait se dépêcher d'emballer son petit portemanteau, ce qui lui posait d'interminables problèmes.

Un chapeau panama devrait certainement être inclus ; aussi une paire de tennis blanches, dans lesquelles il se voyait se promener au défilé : un costume de flanelle blanche, bien que nous soyons en octobre, semblait compléter le costume. Il n'avait pas besoin de s'encombrer d'un veston : un smoking suffisait. Elle lui avait dit qu'elle en avait six cents par an : il en avait trois de plus. C'était ennuyeux que son éponge soit plutôt déchiquetée ; il avait eu l'intention d'en acheter un nouveau ce matin. Peut-être que Parker pourrait le rassembler avec un peu de fil. Une éponge en désordre le contrariait toujours : elle était peu militaire et négligée. « Montrez-moi un lavabo pour homme, avait-il dit un jour, et je vous parlerai de son propriétaire. » Le sien n'invitait pas à l'inspection, avec son éponge éparse.

Puis, pendant un instant, toutes ces banalités s'éloignèrent de lui, et pendant un instant, il vit où il se trouvait et ce qu'il faisait : la bassesse, la sordidité, la vulgarité de tout cela. Les principes élevés, la noblesse de vie n'étaient pas des sujets dont il s'était beaucoup occupé jusqu'ici, et il serait inutile d'espérer qu'ils viendraient à son secours maintenant, mais pour le moment sa bonté, telle qu'elle était, son affection pour son épouse, telle qu'elle était, mais surtout la respectabilité suffisante et continue de ses jours lui conféraient un formidable réquisitoire. Que pourrait-il plaider contre une telle accusation ?

Aucune nécessité irrésistible ou impérative de l'âme qui revendiquait Millie comme sienne par droit d'amour. Il savait que son désir pour elle n'était pas de cet ordre ardent, car il pouvait voir, sans éblouissement ni brûlure, les qualités qui l'attiraient. Il admirait sa frêle beauté, la jeunesse qui l'entourait encore, il se nourrissait du plus bel appétit du dévouement et de l'admiration qu'elle lui apportait. Il aimait être le dieu et le héros de cette jolie femme, et c'était cela, bien plus que le dévouement qu'il lui apportait, qui le dominait.

La respectabilité criait contre lui et sa bêtise. Il n'y aurait plus de se pavaner et de se gonfler autour du club parmi les hommes doux et honorables qui le fréquentaient et le considéraient comme une autorité en matière d'Inde et de jardinage, ni plus de ces soirées pompeuses et satisfaisantes où le général Fortescue lui assurait qu'il Il n'y avait pas dans le Kent un aussi bon verre de porto que celui que le major offrait à ses invités. Être connu sous le nom de major Ames, ancien membre de l'armée indienne, signifiait imposer le respect ; or, moins il était connu sous le nom de major Ames, feu de Riseborough, meilleures seraient ses chances d'être tenu en estime. Et à quelle vie condamnerait-il la femme qui, pour lui, laissait une respectabilité non moins solide que la sienne ? À la compagnie d'êtres comme elle, aux colombes souillées d'une station d'eau française. Bien sûr, ce ne serait qu'une habitation temporaire, mais après cela, quoi ? Où était la société qui les recevrait, par laquelle il y aurait une satisfaction à être reçu ? Ni l'un ni l'autre n'avaient la moindre touche de bohème dans leur nature : tous deux étaient de l'école habituée aux théières en argent et à la vie dans des maisons avec un jardin derrière. Il hésita un instant en repliant les manches de son smoking ; puis le flot des banalités le submergea de nouveau, et il remarqua qu'il y avait une tache de cire renversée sur le poignet.

Entre autres occupations ce samedi après-midi, Mme Ames était occupée à la décoration de l'église Saint-Barnabé pour le service dominical du lendemain, et elle s'y était rendue après le déjeuner avec une décoration de feuillage teinté de rouge en octobre, car elle ne s'était pas sentie disposé à demander à Lyndhurst si elle pouvait cueillir le reste de ses chrysanthèmes. Elle aussi, comme lui, ressentait l'impossibilité de la situation actuelle et, tout en travaillant, elle se demandait s'il était en quelque sorte en son pouvoir de mettre fin à cette parodie de la vie domestique. Chaque jour, elle avait tenté de commencer à briser ce silence ridicule et très inconfortable qui existait entre eux, par l'introduction de sujets ordinaires, espérant peu à peu combler à nouveau la brèche qui béait entre eux, mais à présent elle avait réussi à combler le vide. aucun sentiment du moindre effort de réponse de sa part. Sur le plan psychique autant que conversationnel, il n'avait absolument rien à lui dire. Si dans les politesses communes de la vie quotidienne il n'avait rien pour elle, il semblait vain d'espérer trouver davantage de réceptivité si elle ouvrait la discussion sur leur querelle. D'ailleurs, une certaine fierté très naturelle lui barrait le chemin : il lui devait des excuses, et quand elle l'avait indiqué, il lui avait injurié. Il ne semblait pas déraisonnable (même lors de la décoration d'une église) de s'attendre à ce que ce soit lui qui fasse le pas initiatique. Mais que se passerait-il s'il ne le faisait pas ?

Mme Ames poussa un petit soupir et sa bouche et sa gorge travaillèrent de manière inconfortable. La querelle était si puérile, et pourtant elle était sérieuse, car ce n'était pas une chose légère, quelle qu'eût été sa provocation, de passer des journées ainsi. Une demi-douzaine de fois, elle revint sur les circonstances, et une demi-douzaine de fois elle sentit qu'il était tout à fait juste qu'il lui fasse l'avance, ou du moins qu'il se comporte avec la courtoisie habituelle en réponse à ses civilités ordinaires. Il est vrai que la dissension originelle lui était due, mais elle croyait de tout son cœur à la cause pour laquelle elle l'avait provoquée. Tous ces derniers mois, elle avait senti sa nature s'élargir sous l'influence de cette idée : elle se savait une femme meilleure et plus grande qu'elle ne l'avait été. Elle croyait aux droits de son sexe, mais n'avaient-ils pas aussi leurs devoirs ? Il y avait près de vingt-cinq ans qu'elle n'avait pas assumé volontairement un certain devoir. Et si cela venait en premier, avant tout droit ou privilège ? Et si ce qu'elle avait alors entrepris comme un devoir était en soi un droit ?

Mais même alors, que pouvait-elle faire ? En soi, elle était très loin d'avoir honte du parti qu'elle avait pris, mais était-il possible de peser cela indépendamment, sans considérer les points où cela entre en conflit avec des devoirs qui ne la concernaient certainement pas moins ? Elle ne pouvait espérer convaincre son mari de la justesse de la cause, ni de l'opportunité de la promouvoir de cette manière. Pour elle-même, elle en connaissait la justice et ne voyait aucun autre moyen de le promouvoir. Ceux qui travaillaient pour cette cause depuis des années disaient que tout le reste avait été essayé, qu'il ne restait plus que cette violente croisade. Mais n'était-elle pas personnellement, compte tenu de ce qu'en pensait son mari, exclue de la croisade ? Elle l'avait profondément offensé et vexé. Y aurait-il autre chose que la rigueur de la loi morale pour justifier cela ? Rien de ce qu'il avait fait, rien de ce qu'il pouvait faire, sauf la violation des principes essentiels de la vie conjugale, ne pouvait la dispenser de l'accomplissement d'un seul titre de son devoir envers lui.

Pendant un instant, malgré sa perplexité et la difficulté de sa décision, Mme Ames se sourit d'elle-même pour l'usage mental de tous ces grands mots comme devoir et privilège, pour un si petit incident. Car que s'était-il passé ? Elle n'avait été militante suffragette qu'une seule fois, et au petit déjeuner du lendemain matin, il s'était permis, dans les affaires qui en découlaient, de l'insulter. Pourtant, il lui semblait que, malgré toute leur mesquinerie et leur insignifiance, il s'agissait de grandes lois. Car la loi de la bonté est brisée par la démonstration d'inconscience la plus trompeuse, la loi de la générosité par le mot de méchanceté ou de médisance le plus infime. En effet, c'est surtout dans les petites choses, puisque la plupart d'entre nous ne s'occupent pas des grandes choses, que ces violations se produisent, et dans les tasses d'eau froide qu'elles s'accomplissent. Et pour une fois, Mme Ames n'a pas terminé sa décoration avec ordre et précision, un fait clairement constaté par Mme Altham le lendemain.

Il y avait une réunion des Suffragettes à quatre heures, mais elle était prête à être en retard pour cela, ou, si nécessaire, à ne pas y assister. De toute façon, en chemin, elle passait chez elle, au cas où son mari serait là. Elle n'avait pas de plan précis : il était impossible de prévoir sa part dans l'entretien. Mais elle était déterminée à essayer de souffrir longtemps, d'être gentille… pour tenir la promesse d'il y a vingt-cinq ans. Il y avait un taxi arrêté à l'entrée, et il lui vint vaguement à l'esprit que Millie pourrait être ici, car elle ne l'avait pas vue depuis plusieurs jours, et il était possible qu'elle ait appelé. Mais il était peu probable qu'elle eût attendu, puisque les domestiques lui auraient dit qu'elle ne rentrerait pas elle-même avant l'heure du dîner. Ou est-ce que Lyndhurst lui donnait du thé ? Et Mme Ames redevint soudain attentive à des sujets auxquels elle n'avait guère pensé au cours de ces derniers mois.

Elle entra et se rendit au salon : il n'y avait personne, ni dans la petite pièce voisine où l'on se réunissait avant le dîner, les soirs où l'on donnait une fête. Mais juste au-dessus d'elle, elle entendit des pas bouger : c'était dans la loge de Lyndhurst.

Elle y monta, frappa et, en réponse à son assentiment, entra. Le portemanteau était presque plein, il se tenait près de lui en manches de chemise. Il avait à la main son sac-éponge – il avait anticipé l'entrée de Parker avec l'éponge cousue.

Elle regarda tour à tour le portemanteau et lui, et vice-versa.

« Vous partez, Lyndhurst ? elle a demandé.

Il fit une horrible tentative pour trouver une réponse raisonnable et crut avoir réussi.

« Oui, je vais… je vais chez ton cousin pour tirer. Je t'ai dit qu'il me l'avait demandé. Vous vous êtes opposé à mon départ, mais j'y vais quand même. J'aurais dû te laisser un mot. De retour demain soir.

Elle sentit alors qu'elle savait tout, aussi certainement que s'il le lui avait dit.

« Depuis quand Cousin James donne-t-il des soirées de tournage le dimanche ? » elle a demandé. « S'il vous plaît, ne me mentez pas, Lyndhurst. Cela rend les choses bien pires. Vous n'allez pas chez le cousin James, et… vous n'y allez pas seul. Dois-je vous en dire plus ?

Elle ne devinait pas : tous les événements du mois dernier, le bal de Shakespeare, Harrogate, leur propre querelle, et par-dessus ce mensonge stupide sur une fusillade constituaient une série de données qui proclamaient la conclusion. Et la soudaineté de la découverte, l'ampleur des problèmes impliqués, ont servi à la calmer. Il y avait une valeur authentique dans sa nature ; même si elle s'était levée pour interrompre la réunion politique, sans même songer à se soustraire à son rôle, sa pause n'était plus timorée, mais plutôt le ralliement de toutes ses forces, qui se rendaient avec empressement et sans crainte à son appel.

Apparemment, Lyndhurst ne voulait pas qu'on en dise davantage : en tout cas, il ne l'a pas demandé. À ce moment-là, Parker arriva avec l'éponge réparée. Elle le lui donna et il se tenait debout, un sac-éponge dans une main, une éponge dans l'autre.

"Dois-je apporter du thé, madame?" dit-elle à Mme Ames.

« Oui, apporte-le au salon maintenant. Et renvoyez le taxi. Le major n'en voudra pas.

Lyndhurst fourra l'éponge dans son sac.

« Il me faudra le taxi, Parker », dit-il. "Ne le renvoyez pas."

Mme Ames se tourna vers Parker avec une rapidité étonnante.

"Fais ce que je te dis, Parker," dit-elle, "et sois rapide!"

Ce n'était qu'un simple conflit de volonté qui, pendant les cinq secondes suivantes, fit rage silencieusement entre eux, mais aussi précis et aussi percutant que n'importe quelle affaire de récompense. Et il était impossible qu'il n'y ait qu'une seule fin, car Mme Ames y consacrait toutes ses forces et sa volonté, tandis que dès le début le cœur de son mari n'était pas dans la bataille. Mais elle se battait pour elle tout entière, et pas seulement pour elle, mais pour lui, et pas seulement pour lui, mais pour Millie. Trois existences étaient en jeu, et la ruine de deux maisons était menacée. Et quand il parlait, elle savait qu'elle gagnait.

«Je dois y aller», dit-il. "Elle attendra à la gare."

"Elle attendra en vain", a déclaré Mme Ames.

« Elle sera » – aucun mot ne semblait adéquat – « sera furieuse », dit-il. "Un homme ne peut pas traiter une femme de la sorte."

N'importe quel coup ferait l'affaire : il n'avait aucune défense : elle pouvait le frapper à sa guise.

«Elsie rentre à la maison la semaine prochaine», dit-elle. « Un agréable retour à la maison. Et Harry devra quitter Cambridge !

"Mais je l'aime!" il a dit.

«C'est absurde, ma chère», dit-elle. « Les hommes ne ruinent pas les femmes qu'ils aiment. Les hommes, je veux dire !

Cela piquait ; elle voulait dire que ça devrait.

«Mais les hommes tiennent parole», dit-il. "Laissez-moi passer."

«Tenez-moi parole, dit-elle, et essayez d'aider la pauvre Millie à garder la sienne auprès de son mari. Ce n'est pas une bonne chose de voler la femme d'un homme, Lyndhurst. Il est bien plus beau d'être respectable.

"Respectable!" il a dit. « Et à quoi nous a amené la respectabilité ? Toi et moi, je veux dire ?

« Ce n'est pas une honte, en tout cas, » dit-elle.

«C'est trop tard», dit-il.

« Jamais trop tard, Dieu merci », a-t-elle déclaré.

Mme Ames poussa un petit soupir. Elle savait qu'elle avait gagné, et tout à coup, toutes ses forces semblaient la quitter. Ses petites jambes tremblantes refusaient de la soutenir, un curieux bourdonnement résonnait dans ses oreilles et une brume plissée nageait devant ses yeux.

"Lyndhurst, j'ai peur de me ridiculiser et de m'évanouir", a-t-elle déclaré. "Aidez-moi juste à monter dans ma chambre et emmenez Parker———"

Elle vacilla et chancela, et il la rattrapa juste avant qu'elle ne tombe. Il l'allongea sur le sol et ouvrit grand la porte et la fenêtre. Il y avait une bouteille de cognac dans sa valise, posée sur le dessus, conçue pour être facilement accessible en cas de traversée de la Manche par mauvais temps. Il en mélangea une cuillerée à soupe avec un peu d'eau, et tandis qu'elle bougeait et ouvrait à nouveau les yeux, il s'agenouilla sur le sol près d'elle, la soutenant.

"Prends une gorgée de ça, Amy," dit-il.

Elle lui obéit.

"Merci, ma chérie," dit-elle. "Je suis meilleur. Tellement idiot de ma part.

"Une autre gorgée, alors."

«Tu veux me saouler, Lyndhurst», dit-elle.

Puis elle sourit : ce serait dommage de perdre l'occasion d'une allusion humoristique à ce qui, à l'époque, était si loin de l'humour.

"Vraiment ivre, cette fois", dit-elle. "Et puis tu dis à mon cousin James qu'il avait raison."

Elle se laissa reposer plus longtemps que ce qui était physiquement nécessaire dans le creux de son bras, et se laissa garder les yeux fermés, même si, si elle avait été seule, elle les aurait certainement ouverts. Mais il fallait traverser ces premières minutes d'une manière ou d'une autre, et elle sentait que le silence les comblait mieux que la parole. Il était également approprié qu'il l'entoure de ses bras.

« Là, je vais mieux », dit-elle enfin. «Laisse-moi me lever, Lyndhurst. Merci de prendre soin de moi.

Elle se leva, puis se rassit dans son fauteuil.

« Pas encore tout à fait stable ? » il a dit.

"Très proche de. Je serai tout à fait prêt à descendre vous offrir votre thé lorsque vous aurez déballé votre petit portemanteau.

Elle ne le regardait même pas, mais se détournait de lui et du petit portemanteau. Mais elle entendait des bruissements de papier, des ouvertures et des fermetures de tiroirs, des bruits d'objets métalliques de toilette déposés sur la coiffeuse et le lavabo. Puis vint le déclic d'un moraillon. Puis elle s'est levée.

«Maintenant, prenons le thé», dit-elle.

"Et si Millie vient?" Il a demandé.

Elle avait été déterminée à ce qu'il mentionne son nom en premier. Mais une fois qu'il en eut parlé, elle fut plus que prête à discuter des questions qui se posaient naturellement.

"Tu veux dire qu'elle reviendra peut-être ici pour voir ce qui t'est arrivé ?" elle a demandé. « C'est bien pensé, ma chère. Voyons. Mais nous descendrons.

Elle réfléchit attentivement pendant qu'ils descendaient l'escalier et s'occupa de préparer le thé avant d'arriver à sa conclusion.

« Elle vous demandera, dit-elle, si elle vient, et il ne serait pas très sage que vous la voyiez. Par contre, il faut lui dire ce qui s'est passé. Je la verrai alors. Ce serait mieux ainsi.

Le major Ames se leva.

« Non, je ne peux pas avoir ça », dit-il. "Je ne peux pas avoir ça!"

"Ma chérie, tu dois l'avoir. Vous êtes dans un désastre épouvantable. En tant qu'épouse, je suis la seule personne à pouvoir vous en sortir. Quoi qu'il en soit, je ferai de mon mieux.

Elle a sonné.

"Je vais dire à Parker de dire à Millie que vous êtes à la maison si elle vous demande, et de lui faire entrer ici", a-t-elle déclaré. « Je ne vois pas d'autre moyen. Je n'ai pas l'intention de n'avoir plus rien à voir avec elle. Au moins, je veux éviter cela, si possible, car c'est un moyen faible de sortir des difficultés. Il faudra certainement que je la voie un jour, et cela ne sert à rien de différer. Je crains, Lyndhurst, que vous feriez mieux de finir votre thé immédiatement ou de le monter à l'étage. Prenez une autre tasse à l'étage ; vous n'en avez bu qu'un, et vous le buvez dans votre loge, dans le fauteuil confortable.

Il y avait une sagesse extraordinaire dans cette attention minutieuse aux détails, et c'est grâce à cela qu'elle a pu se montrer à la hauteur d'une grande occasion. Il était nécessaire qu'il sente que sa véritable intention était de lui pardonner et de tirer le meilleur parti des jours qui l'attendaient. Elle n'avait pas de grands mots ni de nobles sentiments pour exprimer cette impression, mais, dans une certaine mesure, elle pouvait lui montrer son esprit par de minutieuses dispositions pour son confort. Mais il s'attarda, indécis.

«Vous devez me faire confiance», dit-elle. "Faites ce que je vous dis, ma chère."

Elle n'eut pas longtemps à attendre après qu'il soit monté à l'étage. Elle entendit la sonnerie de la cloche et l'instant d'après, Millie entra dans la pièce. Son visage était rouge, sa respiration était rapide, ses yeux brillaient de trouble, de suspense et de ressentiment.

«Lyndhurst», commença-t-elle. "J'ai attendu--"

Puis elle aperçut Mme Ames et se retourna confusément, comme pour quitter à nouveau la pièce. Mais Amy se leva rapidement.

"Viens t'asseoir immédiatement, Millie," dit-elle. « Nous devons parler. Alors rendons-nous les choses aussi faciles que possible les uns pour les autres.

Millie tenait son manchon près de son visage et la regardait par-dessus, les yeux fous, terrifiée.

"Ce n'est pas toi que je veux", dit-elle. « Où est Lyndhurst ? Je–j'avais rendez-vous avec lui. Il était en retard… nous… nous allions faire un tour en voiture ensemble. Que sais-tu, cousine Amy ? elle a presque crié ; "et où est-il?"

"Asseyez-vous, Millie, comme je vous le dis", dit très doucement Mme Ames. « Il n'y a pas de quoi avoir peur. Je sais tout."

"Nous allions faire un tour en voiture", commença encore Millie, toujours en regardant autour d'elle. « Il n'est pas venu et j'ai eu peur. Je suis venu voir où il était. Je vous ai demandé si vous saviez… si vous saviez quelque chose sur lui, n'est-ce pas ? Pourquoi dis-tu que tu sais tout ?

Soudain, Mme Ames vit qu'il y avait ici quelque chose d'infiniment plus digne
de pitié qu'elle ne l'avait soupçonné. Il n'y avait aucun doute sur le sérieux
angoissant qui sous-tendait cette répétition futile et enfantine d'absurdités.
Et avec cela lui vint à l'esprit une plus grande compréhension à l'égard de son
mari. Ce n'était pas si merveilleux qu'il n'ait pas pu résister au visage qui l'avait
attiré.

« Comportons-nous comme des femmes sensées, Millie », dit-elle. « Vous
êtes descendu de la gare. Lyndhurst n'était pas là. Veux-tu que je te dise autre
chose ?

Millie hésita sur place, puis elle trébucha sur une chaise.

"Est-ce qu'il m'a abandonné?" dit-elle.

« Oui, si vous voulez le dire comme ça. Il serait plus vrai de dire qu'il vous a
sauvé, vous et lui-même. Mais il ne vient pas avec vous.

"C'est toi qui l'as créé ?" elle a demandé.

«J'ai contribué à sa création», a déclaré Mme Ames.

Millie se releva.

«Je veux le voir», dit-elle. « Tu ne comprends pas, cousine Amy. Il doit venir.
Je me fiche de savoir si c'est méchant ou non. Je l'aime. Vous ne le comprenez
pas non plus. Vous ne savez pas à quel point il est splendide. Il est
malheureux à la maison ; il me l'a souvent dit.

Mme Ames saisit la malheureuse femme à deux mains.

"Vous délirez, Millie", dit-elle. « Il faut arrêter d'être hystérique. Vous savez
à peine à qui vous parlez. Si vous ne vous ressaisissez pas, j'enverrai chercher
votre mari et je dirai que vous êtes tombée malade.

Millie éclata soudain de rire.

"Oh, je ne suis pas aussi stupide que tu le penses!" dit-elle. «Wilfred est
absent. Où est Lyndhurst ?

Mme Ames ne l'a pas lâchée.

«Millie», dit-elle, «si vous n'êtes pas raisonnable tout de suite, je vous dirai que
je le ferai. J'appellerai Parker, et ensemble nous vous mettrons dans votre
taxi, et vous serez reconduit directement chez vous. Je suis parfaitement
sérieux. J'espère que vous ne m'obligerez pas à faire cela. Il serait bien plus
sage de vous ressaisir et de discuter. Mais comprenez très clairement une
chose. Vous n'allez pas voir Lyndhurst.

La tension de ces grands yeux enfantins se détendit lentement, et sa tête
s'inclina en avant, et là vinrent les larmes terribles et bénies, dans une

cataracte sauvage et une tempête ruisselante. Et Mme Ames, en la regardant, sentit toute sa droiture se détendre ; elle n'avait que pitié pour cette pauvre âme démunie, aveugle à tout à force de ce désir mystérieux qui, en soi, est si divin que, tout en désirant le honteux et l'impossible, elle ne peut se rendre tout à fait abominable, ni se désavouer. lui-même de sa royauté. Quelque chose de la vérité à ce sujet, même si ce n'était que de simples fragments et une plume muée, arrivait maintenant à Mme Ames, alors qu'elle attendait que la tempête de larmes se soit apaisée. L'aigle royal était passé au-dessus d'elle ; comme signe de son passage, il y avait cette plume qui était tombée, et elle en comprit la signification.

Lentement, les larmes cessèrent et les sanglots se calmèrent, et Millie leva ses yeux sombres et gonflés.

«Je ferais mieux de rentrer chez moi», dit-elle. «Je me demande si tu me laisserais me laver le visage, cousine Amy. Je dois être une véritable frayeur.

« Oui, chère Millie, dit-elle ; « Mais rien ne presse. Tu vois, dois-je renvoyer ton taxi chez toi ? Il y a vos bagages dessus ; Oui? Ensuite, Parker l'accompagnera et leur dira de le rapporter dans votre chambre, de le déballer et de tout remettre en place. Ensuite, quand nous aurons parlé un peu, je reviendrai avec toi.

Encore une fois, le réconfort d'avoir des petites choses à régler atteignit Millie, cela et le sentiment qu'elle n'était pas tout à fait seule. Elle était comme une enfant qui a été méchante et qui a été punie, et elle ne se souciait pas beaucoup de savoir si elle avait été méchante ou non. Ce qu'elle voulait avant tout, c'était être réconfortée, avoir l'assurance que tout le monde n'allait pas lui en vouloir pour toujours. Puis, en revenant, Mme Ames lui prépara du thé frais, et cela la réconforta aussi.

"Mais je ne vois pas comment je pourrai un jour être à nouveau heureuse", a-t-elle déclaré.

Il y avait là quelque chose d'enfantin et d'enfantin.

"Non, Millie," dit l'autre. «Aucun de nous trois ne voit cela exactement. Nous devrons tous être très patients. Très patient et ordinaire.

Il y a eu un long silence.

"Je dois te dire une chose", dit Millie, "même si j'ose dire que cela te fera me détester davantage. Mais c'était ma faute dès le début. Je l'ai entraîné... je... je ne l'ai pas laissé m'embrasser, je l'ai obligé à m'embrasser. C'était comme ça tout au long !

Elle avait l'impression que Mme Ames attendait quelque chose de plus, et elle savait exactement ce que c'était. Mais il lui fallait un plus grand effort pour parler de cela qu'elle ne pouvait en commander immédiatement. Enfin, elle leva les yeux vers ceux de Mme Ames.

"Non, jamais", dit-elle.

Mme Ames hocha la tête.

"Je vois," dit-elle chauve. « Maintenant, comme je l'ai dit, nous devons être patients et ordinaires. Nous devons, vous et moi, recommencer. Vous avez votre mari, moi aussi. Les hommes sont si facilement satisfaits et rendus heureux. Ce serait dommage si nous échouions.»

Une fois de plus, le regard impuissant et perplexe apparut sur le visage de Millie.

« Mais je ne vois pas par où commencer », dit-elle. « Demain, par exemple, que dois-je faire demain ? Je ne penserai qu'à ce qui aurait pu arriver.

Mme Ames prit sa main douce, insensible et insensible.

"Oui, bien sûr, pensez à ce qui aurait pu se passer", a-t-elle déclaré. « Une ruine totale, une misère totale et—et tout cela est de votre faute. Vous l'avez guidé, comme vous l'avez dit. Il s'en fichait comme vous. Il n'aurait pas pensé à partir avec toi s'il n'avait pas été si furieux contre moi. Pensez à tout ça.

Un retardataire parmi cette foule de sanglots secoua Millie pendant un moment.

«Peut-être que Wilfred m'emmènerait à la place», dit-elle. «Je vais lui demander s'il ne peut pas. Pensez-vous que je me sentirais mieux si je partais quinze jours, cousine Amy ?

Le petit sourire tordu de Mme Ames jouait sur sa bouche.

"Oui", dit-elle. «Je pense que c'est un excellent plan. Je suis sûr que vous vous sentirez mieux dans quinze jours, si vous pouvez envisager ainsi et si vous voulez être meilleur. Et maintenant, voudriez-vous vous laver le visage ? Après cela, je rentrerai chez toi avec toi.

CHAPITRE XIV

C'ÉTAIT une matinée fraîche de novembre, et M. et Mme Altham, qui prenaient leur petit-déjeuner à huit heures et demie en été et à neuf heures en hiver, étaient assis pour le petit-déjeuner, et M. Altham pensait à quel point la saveur du fromage était excellente. rognons grillés. Mais il n'était pas sûr qu'ils soient vraiment en bonne santé, et il jouait un match de golf important cet après-midi. Peut-être que deux reins approchaient des limites de la sagesse. D'ailleurs, sa femme parlait de choses vraiment absorbantes ; il devrait pouvoir détourner son esprit des reins qu'il se proposait de se priver, sous l'aiguillon d'un contre-intérêt si puissant.

« Et dire que Mme Ames ne sera plus une suffragette ! dit-elle. "J'ai rencontré Mme Turner lors de ma promenade tout à l'heure, et elle m'a tout raconté."

Un mot d'explication s'impose. Le fait était que les exercices suédois et une courte marche à jeun produisaient actuellement des résultats merveilleux à Riseborough, en particulier parmi ses habitants féminins. Désormais, au lieu de se réunir dans High Street avant le déjeuner, pour rester debout sur le trottoir et échanger des nouvelles, ils s'y retrouvaient avant le petit déjeuner, alors que, par ces fraîches matinées d'automne, il était plus sage de ne pas rester debout. Ils parcouraient donc rapidement la rue ensemble, en jupes courtes et chaussures de marche. La pluie et le beau temps, dans ce premier élan d'enthousiasme, se ressemblaient pour eux, et ils prirent ensuite leur bain. Ces exercices donnaient un appétit considérable au petit-déjeuner et produisaient une sensation de fatigue très agréable et confortable. Mais cette fatigue était un effet légitime, voire désirable, car leur système exigeait naturellement du repos après l'effort, et une heure de repos après le petit déjeuner était recommandée. Ainsi, se lever plus tôt n'entraînait pas vraiment de gain de temps réel, même si tout le monde se sentait très occupé et se couchait tous un peu plus tôt.

M. Altham a trouvé qu'il s'en sortait très bien sans cette gymnastique, mais il a ensuite joué au golf après le déjeuner. Il ne servait à rien de jouer des tours à sa santé si elle était déjà excellente : autant fouiller dans les travaux d'une montre ponctuelle. Il avait déjà reçu une leçon assez dure à ce sujet, à propos de la consommation de lait caillé. Cela l'avait rendu extrêmement malade, et il avait ensuite interrompu son trajet pendant quinze jours. Tout à l'heure, il a sevré son esprit des pensées sur les reins et l'a consacré en moitiés équitables à la marmelade et à la conversation de sa femme. Pour en profiter, il fallait du silence de sa part.

"Elle est allée à une réunion hier", a déclaré Mme Altham, "c'est ce que Mme Turner me l'a dit et m'a dit que même si elle avait toujours à cœur le succès de la cause, elle ne serait pas en mesure d'y prendre une part active. dedans.

C'est une forme de sympathie très courante. Je suppose que, d'après ce que l'on sait de Mme Ames, nous aurions pu nous attendre à quelque chose de ce genre. Vous souvenez-vous de son plan insensé consistant à demander des femmes sans mari et des maris sans femmes ? Je vous ai prévenu à l'époque, Henry, de ne pas y prêter attention, car j'étais sûr que cela n'aboutirait à rien, et je crois pouvoir dire que j'ai raison. Je ne sais pas ce que *vous* pensez.

M. Altham, par une heureuse coïncidence, avait à ce moment fini de mâcher son dernier morceau de pain grillé et était libre de répondre.

«Je n'y pense pas pour le moment», dit-il. « Je suppose que vous avez tout à fait raison, mais pourquoi ?

Mme Altham eut un petit rire aigu. La vivacité au petit déjeuner produite par cette promenade matinale et les exercices était très marquée.

« Je déclare, dit-elle, que j'avais oublié de vous le dire. Mme Ames nous a écrit pour nous demander de dîner samedi. J'avais bien oublié ! Il y a quelque chose dans l'air avant le petit-déjeuner qui fait oublier les bagatelles. C'est ce qui est dit dans le dépliant. Les soucis et les soucis ménagers disparaissent et cela devient une joie d'être en vie. Je ne pense pas que nous ayons des engagements. Je vous prie de ne pas prendre une troisième tasse de thé, Henry. Le tanin combine les effets des stimulants et des stupéfiants. Une tasse d'eau chaude, maintenant, vous ne le regretterez jamais. Laissez-moi voir! Oui, dîner chez les Ames samedi, et elle n'est plus suffragette. Comme je l'ai dit, on aurait pu le deviner. J'ose dire que son mari lui a bien parlé après la nuit où elle a jeté de l'eau sur le policier. Je ne devrais pas me demander s'il y avait de la folie dans la famille. Je crois avoir entendu dire que la mère de Sir James était très bizarre avant de mourir !

«Elle a vécu jusqu'à quatre-vingt-dix ans», remarqua M. Altham.

"C'est souvent le cas des personnes dérangées", a déclaré Mme Altham. « Les fous vivent notoirement longtemps. Il n'y a aucune pression sur le cerveau.

— Et elle n'était pas une parente de Mme Ames, poursuivit Henry. "Mme. Ames est apparenté aux Westbourne. Elle n'a pas plus à voir avec la mère de Sir James que moi avec la vôtre. Je prendrai du thé, ma chère, pas de l'eau chaude.

« Tu veux me rattraper, Henry, » dit-elle, « et prouver que j'ai tort d'une manière ou d'une autre. Je disais seulement qu'il y avait très probablement de la folie dans la famille de Mme Ames, et j'allais ajouter que j'espérais que cela ne ressortirait pas chez elle. Mais il faut reconnaître qu'elle a été très volatile. On aurait pu penser qu'une femme âgée comme celle-là pouvait se décider une fois pour toutes avant de s'exposer. Elle pense qu'elle est comme une personne royale qui va ouvrir un bazar, puis n'a plus rien à voir avec cela, mais se précipite à Leeds ou ailleurs pour dévoiler un mémorial. Elle pense qu'il lui suffit d'aider au début, de recevoir toute la publicité, puis de tout laisser tomber comme des patates froides.

"Chaud", dit Henry.

« Chaud ou froid : c'est comme elle. Elle joue au chaud et au froid. Un jour, elle est suffragette et le lendemain, elle ne l'est pas. Il est fort probable qu'elle soit végétarienne samedi et qu'on nous serve des choux.

"Le major Ames est allé chez Sir James pour tirer, on ne lui a pas demandé", a déclaré Henry, revenant à un sujet précédent.

"Te voilà!" s'exclama Mme Altham. « Cela expliquera qu'elle abandonne cette théorie du mari et de la femme. Je suis sûr qu'elle n'aimait pas ça, étant donné qu'elle était la parente de Sir James et qu'on ne lui avait pas demandé. Mais je n'ai jamais vraiment pu comprendre quelle était cette relation, même si j'ose dire que Mme Ames peut le comprendre. Il y a des gens qui se disent cousins, parce que la nièce d'une grand-mère a épousé le neveu de l'autre grand-mère. À ce rythme-là, nous pouvons tous être des descendants de la reine Elizabeth ou de Charles II. »

« Il serait plus facile d'être un descendant de Charles II que de la reine Elizabeth, ma chère », remarqua Henry.

Mme Altham pinça les lèvres un instant.

"Je ne pense pas que nous ayons besoin d'entrer dans ce sujet", a-t-elle déclaré. « Je vous demandais si vous souhaitiez accepter l'invitation de Mme Ames pour samedi. Elle dit qu'elle attend Sir James et sa femme, alors peut-être en entendrons-nous davantage sur cette merveilleuse relation, ainsi que sur le Dr Evans et sa femme et un ou deux autres. À mon avis, cela semble plutôt comme si le plan du mari et de la femme n'était pas tout à fait celui auquel elles s'attendaient. Et renoncer également à toute participation active au mouvement des Suffragettes ! Mais j'ose dire qu'elle sent son âge, même si Dieu seul sait ce que c'est. Cependant, ce sera clairement une grande fête samedi, et le serveur de la Couronne sera là pour aider Parker, faisant le tour et versant un peu de mousse dans les verres de tout le monde. Je ne sais pas d'où le major Ames tire son champagne, mais je n'obtiens jamais que de la mousse. Mais je suis sûr que je ne souhaite pas être méchant, et le pauvre major Ames n'a certainement pas l'air bien. J'ose dire qu'il a des soucis que nous ignorons et, bien entendu, il n'y a aucune raison pour qu'il nous en parle. Celle des Evans aussi ! Je ne me suis jamais assuré de la raison pour laquelle ils sont partis en octobre. Ils ont dû être absents depuis près de trois semaines, car ce n'est qu'hier que je les ai vus descendre de la gare, avec tellement de bagages sur le toit du taxi que je me demande s'il n'est pas tombé.

"Cela ne peut pas être hier, ma chère", a déclaré M. Altham, "parce que vous m'en avez parlé il y a deux jours."

« Vous ferez ce que vous voulez, Henry, » dit-elle. « Je suis tout à fait disposé à ce que vous pensiez que c'était il y a douze mois, si vous le souhaitez. Mais je suppose que vous ne contesterez pas qu'ils soient partis en octobre, ce qui est une période très étrange pour passer des vacances. Bien sûr, Mme Evans s'est arrêtée ici tout le mois d'août, du moins c'est ce qu'elle dit, et elle pourrait répondre qu'elle avait envie de changer d'air. Mais pour ma part, je pense qu'il doit y avoir quelque chose de plus, même si, comme je l'ai dit, je n'arrive pas à deviner ce que c'est. Heureusement, cela ne me regarde pas et je n'ai pas besoin de m'inquiéter à ce sujet. Mais j'ai toujours pensé que Mme Evans avait l'air loin d'être forte, et il semble étrange que la femme d'un médecin ne soit pas plus robuste, alors qu'elle a le choix entre tout son laboratoire.

Henry alluma sa cigarette et se dirigea vers la fenêtre. La pelouse était encore blanche du givre non fondu, et le jardinier s'affairait dans les massifs, à ranger les choses pour l'hiver. Cela consistait à cueillir tout ce qui était d'origine végétale et à l'emporter dans une brouette. Les massifs étaient ainsi prêts à recevoir les premiers plants repiqués en mai prochain.

« Je me souviens, ma chère, dit Henry, que vous pensiez autrefois qu'il y avait eu une certaine… une certaine entente entre Mme Evans et le major Ames, et un certain malentendu entre le major Ames et le Dr Evans.

Mme Altham haussa les sourcils et posa son doigt sur son front.

« Il me semble me souvenir d'une de vos histoires ridicules, Henry, à propos d'un bouquet de chrysanthèmes sur la route devant la maison du Dr Evans, comment vous aviez vu le major Ames les emmener et les voilà ensuite sur la route. Il me semble que vous étiez tellement enthousiasmé par cela que j'ai tenu à aller chez Mme Ames le lendemain avec... avec un livre. Je crois qu'à l'époque, corrigez-moi si je me trompe, je vous ai convaincu qu'il n'y avait rien du tout là-dedans... Ou avez-vous vu ou entendu quelque chose puisque cela vous fait penser autrement ? ajouta-t-elle un peu plus vivement.

«Non, ma chère, rien du tout», dit-il.

Mme Altham se leva.

"Je suis heureuse, très heureuse", a-t-elle déclaré. « En tout cas, nous savons à Riseborough que nous sommes à l'abri de ce genre de choses. Je déclare que lorsque je suis allé à Londres la semaine dernière, j'ai à peine dormi en pensant aux choses terribles qui pourraient se passer autour de moi. Mon cher, il est presque dix heures. Je ne sais pas si les heures ou les journées passent plus vite ! Il est toujours une demi-heure plus tard que prévu, et nous voici déjà en novembre. Je me reposerai une heure, Henry, et j'écrirai à Mme

Ames avant le déjeuner pour lui dire que nous serons ravis de venir samedi. Le 12 novembre aussi ! D'ici là, presque la moitié du mois de novembre sera écoulée, ce qui ne nous laisse que six semaines avant Noël, et ce sera tout ce que nous pourrons faire pour parcourir tout ce qui doit être fait avant cela. Mais avec ces exercices de suédois, je déclare que je me sens chaque jour plus jeune et plus capable de tout affronter. Vous devriez les suivre, Henry ; à onze heures, ils ont fini et vous êtes reposé. Avec un peu de gestion, vous trouveriez du temps pour tout.

Henry était assis devant le feu de la salle à manger, réfléchissant à cela. Comme on l'a dit, il ne voulait rien changer à son excellente santé, mais, d'un autre côté, un peu de repos après le petit-déjeuner serait agréable, et quand cela serait fini, il serait presque l'heure d'aller au club.

Mais il était impossible de régler une question comme celle-là à l'improviste. Après avoir lu le journal, il y réfléchirait.

Mme Altham revint précipitamment dans la pièce.

"Henry, tu ne devineras jamais ce que j'ai vu!" dit-elle. «J'ai jeté un coup d'œil par la fenêtre du couloir en me dirigeant vers ma chambre et j'ai vu Mme Ames vaciller sur la route à vélo. Le major Ames le tenait droit à deux mains, et cela semblait être tout ce qu'il pouvait gérer. Pourtant, elle n'a pas de temps pour les Suffragettes ! Je serais désolé si je pensais devoir un jour invoquer une excuse aussi creuse. Et à son âge aussi ! Je n'ai pas eu le temps de t'appeler, mais j'ose dire qu'elle reviendra bientôt si tu veux bien la regarder. Le siège près de la fenêtre du hall est assez confortable.

Henry y apporta son journal.

LA FIN